J. A. GIANNOTTI

Lições de filosofia primeira

1ª reimpressão

COMPANHIA DAS LETRAS

Copyright © 2011 by José Arthur Giannotti

Grafia atualizada segundo o Acordo Ortográfico da Língua Portuguesa de 1990, que entrou em vigor no Brasil em 2009.

Capa
Marco Giannotti

Preparação
Márcia Copola

Índice remissivo
Luciano Marchiori

Revisão
Ana Maria Barbosa
Márcia Moura

Dados Internacionais de Catalogação na Publicação (CIP)
(Câmara Brasileira do Livro, SP, Brasil)

    Giannotti, J. A.
        Lições de filosofia primeira / J. A. Giannotti. — 1ª ed. — São Paulo : Companhia das Letras, 2011.

    ISBN 978-85-359-1799-4

    1. Conhecimento - Teoria 2. Filosofia 3. Filosofia - História 4. Lógica 5. Metafísica 6. Pensamento 7. Razão I. Título.

10-13557   CDD-100

Índice para catálogo sistemático:
1. Ato de pensar : Filosofia   100
2. Pensamento : Filosofia   100

[2021]
Todos os direitos desta edição reservados à
EDITORA SCHWARCZ LTDA.
Rua Bandeira Paulista, 702, cj. 32
04532-002 — São Paulo — SP
Telefone (11) 3707-3500
www.companhiadasletras.com.br
www.blogdacompanhia.com.br
facebook.com/companhiadasletras
instagram.com/companhiadasletras
twitter.com/cialetras

*Para
Alexandre e Tiago,
Luca e Benjamin,
meus netos*

Sumário

Apresentação 9

Parte 1 — A conquista do terreno 19

   I. Uma nova forma de pensar 21
   II. Ser ou não ser sofista 36
   III. A filosofia reinante de Platão 49
   IV. Platão, parricida de Parmênides 66
   V. Categorias e atividade substancial
      segundo Aristóteles 78
   VI. Da ciência dos homens à ciência de Deus 108
   VII. O retorno do sábio, o estoicismo 129
   VIII. O cético e o desconfiado 160
   IX. Agostinho de Hipona 176

Parte 2 — O terreno minado 203

   I. Uma lógica da vida: Nietzsche 205

II. A reforma da aritmética 246
III. A nova fenomenologia: Husserl. 266
IV. Da lógica à analítica da existência: Heidegger 293
V. Linguagem como jogo: Wittgenstein 345
VI. Considerações transitórias. 370

Índice remissivo 377

Apresentação

Espero ter escrito uma introdução à filosofia, não às opiniões deste ou daquele filósofo, mas à maneira pela qual eles pensam determinados problemas. Elegi como foco as relações entre lógica e ontologia, isto é, uma teoria da linguagem e do ser. Outros caminhos poderiam ter sido trilhados. No fundo consiste numa introdução meio enviesada à filosofia primeira, *prôte philosophia*, tal como foi proposta por Aristóteles.

Desde logo, entretanto, convém advertir que não estou supondo a existência de determinados problemas, parâmetros no ar, que cada filósofo trataria de aplicar a seu modo. Um problema filosófico, sua formulação e esforço de solução estão intimamente entranhados. Não é por isso, porém, que estou negando a historicidade de tais questionamentos, apenas não creio que se enfileiram numa única dimensão, pelo contrário, se ajustam conforme se atritam entre si e se apoiam uns nos outros. Se a marinha inglesa diferenciava suas cordas introduzindo nelas um contínuo fio vermelho que as perpassava por inteiro, não é por isso que se deva esperar a mesma continuidade na reflexão filosófica do Ocidente.

Hegel dizia que a filosofia vê o mundo invertido. Surgiriam daí as inversões por que passam as linguagens filosóficas? A língua do senso comum somente serve para uma filosofia do senso comum. Pretender se iniciar na filosofia supõe a vontade de enfrentar essa reviravolta, por conseguinte as torturas do pensamento refinado. Não se lê filosofia como se lê jornal. Espero tratar de assuntos filosóficos tornando-os, na medida de minhas forças, o mais acessíveis possível. Quem pretende estudar matemática precisa aprender a pensar formalmente e a lidar com símbolos, quem pretende estudar direito precisa se familiarizar com o pensamento e com a linguagem das leis, e assim por diante. Quem pretende estudar filosofia necessita se familiarizar com seu modo arrevesado de pensar. Esse aprendizado é inevitável e implica não somente ler os textos com cuidado, mas ainda ter a paciência de voltar a eles. Nas alturas de minha idade provecta ainda me surpreendo de encontrar, em textos já lidos tantas vezes, caminhos que até agora nunca atravessara.

Esta introdução está dividida em duas partes e um volume complementar. A primeira, depois de considerar o lugar da filosofia no pensamento atual, apresenta alguns dos filósofos gregos e, por fim, as reflexões de Agostinho de Hipona, o último filósofo da Antiguidade e o primeiro grande filósofo cristão. Eles foram selecionados tendo em vista o material necessário para entender as partes posteriores. A segunda começa examinando o primeiro dos filósofos radicalmente anticristãos, Nietzsche, mas tendo em vista sua tentativa de reconstruir uma metafísica, uma apresentação geral dos entes, além de qualquer bipolaridade, seja a mais simples, aquela entre o verdadeiro e o falso, seja a mais complexa, entre o bem e o mal. É como se voltássemos à problemática platônico-aristotélica do ser enquanto ser, mas partindo de uma desmistificação do logos. No entanto, o novo percurso é atropelado pela crise dos fundamentos da aritmética, no fim do século XIX, que exige uma reformulação do próprio sentido da lógica formal.

Isso explica por que, ao estudar o desmoronamento da metafísica, deixei de lado a filosofia transcendental kantiana. Kant apenas leu, com pequenos retoques, a lógica formal e escolar de seu tempo, a partir da atividade ponente do eu transcendental. Cria a lógica transcendental, e a partir dela arma seu extraordinário monumento. Do mesmo modo, seus sucessores, os idealistas alemães, ficaram confinados a essas fronteiras. Fichte, Schelling, Hegel não escapam desse abraço. Nem o marxismo e a teoria crítica atual. Isso explica por que tenho tentado escapar desse circuito, que não amplia o âmbito do relacionamento do logo e do ser, do ser e do ente, além de uma lógica formal incapaz de compreender o novo estatuto lógico das estruturas matemáticas. É sintomático que amigos meus sejam incapazes de ler meu texto *Certa herança marxista*.

Da crise dos fundamentos da aritmética partem dois caminhos, um que leva à fenomenologia moderna, outro, à filosofia analítica. Obviamente diferentes linhagens poderiam ser levantadas, mas interessa chegar até as aventuras pensantes de Martin Heidegger e de Ludwig Wittgenstein. Não foram eles que puseram em xeque o estatuto do discurso filosófico tal como este estava estabelecido depois de Platão e Aristóteles? A terceira parte tenta um diálogo, ou melhor, um contraponto, entre esses dois filósofos, na esperança de entender aquelas escolhas, aquelas torções intelectuais, as quais dão origem a caminhos tão diferentes do pensar que, contudo, muitas vezes se refletem de modo enviesado, um sendo a imagem invertida do outro. Já que esse diálogo não pode ser posto como uma introdução, será apresentado num segundo volume, que, para marcar a diferença, possui título próprio: *Contraponto: Heidegger/Wittgenstein*. Cabe ainda notar que, se a história da filosofia não descreve o seu progresso, cada grande sistema filosófico pensando todos os problemas pela raiz, não é por isso que os textos em geral não vão ficando mais difíceis, pois aqueles que vêm depois dialogam com os pensadores que os antecederam. Daí a dificuldade crescente deste livro.

Como se percebe, não pretendo escrever uma história da metafísica. Deixo um buraco enorme, que vai da filosofia medieval, pulando o racionalismo clássico e toda a teoria do conhecimento, à crítica que se desenvolve a partir de Kant. É possível falar da filosofia sem estudar Tomás de Aquino, Descartes, Hume, Kant, e assim por diante? Não, mas, se eu enveredasse por esse percurso, não teria escrito este livro, que não pretende ser global nem apresentar um panorama completo dos problemas levantados. Que estas lições sejam apenas um estímulo para investigações posteriores. Minhas escolhas, todavia, não foram totalmente arbitrárias. Visando examinar as relações entre lógica e ontologia, tratei de ressaltar alguns pontos relevantes para a problemática em questão. Assumo, porém, ter deixado duas falhas: uma por excesso, outra por economia. Agostinho de Hipona não é um grande lógico, mas não me sinto confortável para pensar a filosofia sem mencionar os problemas levantados por um Deus criador. A segunda diz respeito a Leibniz, cuja filosofia tem tudo a ver com os temas aqui tratados. Mas não conseguiria falar de Leibniz sem situá-lo diante do cartesianismo. Além do mais, quis evitar toda a problemática do sujeito, e a mônada é antes de tudo um sujeito absolutamente representante e querente.

Sempre tive o maior interesse em ler textos de filosofia e com meus mestres aprendi que devem ser estudados em vista de suas próprias estruturas. O estudante de filosofia se depara com múltiplos textos assinados por este ou por aquele filósofo. Esse traço já distingue a filosofia das outras ciências. Costumamos falar da física de Newton ou da teoria da relatividade inventada por Einstein. Mas as leis formuladas por essas teorias físicas independem da assinatura de seus autores. Valem porque são consideradas hoje como verdadeiras. Do mesmo modo falamos, em matemática, do teorema de Pitágoras, mas o teorema vale independentemente de ter sido formulado por esse pensador; aliás, essa autoria é até mesmo contestada.

Não acontece o mesmo com a filosofia, porquanto, em geral, cada sistema filosófico configura seu próprio conceito de verdade. É como se cada um descobrisse o seu, embora todos eles pareçam estar visando um mesmo conteúdo. Daí a importância que darei às torções ao passar de um pensamento a outro, como se um mesmo permanecesse junto a uma mudança radical. O que pode ser, porém, esse mesmo que está se diferenciando conforme é tratado por este ou por aquele filósofo? Nesse jogo, os textos de Martin Heidegger e Ludwig Wittgenstein ganham relevo, já que ambos desenvolvem o problema da verdade de maneiras radicalmente opostas. A tal ponto que só podem falar dele utilizando tautologias e contradições, o primeiro para transformar o discurso filosófico numa invocação do Ser, o segundo para considerar a filosofia uma doença da linguagem a ser tratada convenientemente.

Será possível, hoje em dia, continuar a filosofar sem passar por essas duas experiências radicais? Demorar-se na leitura de um texto clássico não tem sentido se o resultado for apenas um novelo de pensamentos entrecortados; importa chegar às raízes mesmo que para isso seja necessário mergulhar num labirinto, cuja construção precisa ser desmontada para que se perceba a permanência no emaranhado. Esta não se resolve numa enumeração de problemas de origem grega a serem retomados por outros filósofos ao longo da história. Se a história da filosofia se mostra, à primeira vista, como repetição de figuras semelhantes àquelas que se cristalizam no caleidoscópio, não é por isso que podemos fazer dela uma sequência de discursos redutíveis a elementos primários, a grãos de luz elementares. Cada caleidoscópio traz consigo sua própria matéria, seus objetos simples, de sorte que a diversidade das imagens se reporta tanto às figuras como aos materiais, embora todos eles se igualem num mesmo modo de proceder.

À primeira vista cada grande filósofo retoma os temas colocados pelos pensadores gregos e os trata a seu modo, mas esse fundo já aparece de tal maneira contorcido que é o mesmo ainda sendo outro. Daí o perigo de mergulhar num único pensador e não perceber diferenças que vivem de pequenas sutilezas. A filosofia é sempre a mesma e diferente, de sorte que um estudante de filosofia se obriga a conhecer vários filósofos. Não pode, contudo, perder de vista que no século XX a própria ideia de filosofia passou por uma profunda crise, a ponto de ser questionada a natureza do discurso filosófico tradicional. Deixar de refletir sobre essa novidade transforma autores do passado em peças de museu; pensá-la faz dessa reflexão um modo de vida.

Até que ponto, porém, não estou sendo seduzido pelas maravilhas da vida contemplativa que se desembaraça rapidamente dos rigores da vida prática? Não estaria me esquecendo do conselho dado por Karl Marx em sua 11ª tese sobre Feuerbach: em vez de *interpretar* o mundo de forma diferente, não caberia chegar a transformá-lo? A pergunta é ambígua; Martin Heidegger de certo modo levou a sério esse conselho e terminou colaborando com o nazismo. Durante décadas nos foi ensinado que o mundo estava prenhe de uma revolução emancipadora, a todos nós cabendo nos juntar a ela. Mas todos os movimentos revolucionários, depois de um momento glorioso de libertação, pouco a pouco caíram na vala comum do totalitarismo. Nesse percurso o pensamento de Marx foi invocado para combater ou para justificar tanto a revolução como a contrarrevolução, de sorte que tem sofrido as mais diversas deformações. Todos os grandes filósofos suscitam reações à esquerda e à direita, mas poucos tiveram a diversidade de reações, beatas ou iradas, dos textos de Marx.

Até os anos 70 do século passado, o marxismo foi um extraordinário ator no palco da filosofia. Com a ruína dos regimes totalitários ele se refugiou nos departamentos de História e de Literatura. Os partidos políticos populares trataram rapidamente de esquecê-lo. A profunda crise do capitalismo, que agora nos atinge, reabre questões que podem ser tratadas desse ponto de vista. Marxismo, qual deles, porém? Atualmente os textos de Marx estão cobertos por camadas e camadas geológicas de reflexões sadias e tolices inomináveis. Cabe voltar à leitura cuidadosa dos textos originais, antes de armar um novo discurso sobre a "emancipação", a "democracia radical" e outras palavras de ordem. Para tanto é preciso não perder de vista certas escolhas teóricas que Marx fez durante a montagem de sua obra. E todos sabemos que uma de suas inspirações veio da dialética hegeliana, embora pretendendo revirar sua lógica de ponta-cabeça. Como não teve tempo de se explicitar a respeito, o pensamento marxiano ficou inconcluso. Daí a importância de estudar a lógica hegeliana e sua reviravolta a partir dos questionamentos da lógica contemporânea. Se nestas lições eu mesmo não posso chegar até esses problemas, espero que ao menos sirvam para levantar a lebre. Desde logo cabe evitar a tolice de justapor à lógica formal, obediente às contradições, uma lógica dialética, que alegremente as incorporasse. Essa dualidade é montada sem que o próprio conceito de contradição seja explorado. Entendê-lo foi uma tarefa que me propus desde o começo de minha carreira e alguns de seus germes ainda permanecem nos veios destas lições.

Se a filosofia nasce na Grécia antiga, se constatamos que vários povos, embora desenvolvendo uma visão do mundo, não a colocam numa discussão pública, é de esperar que seja eminentemente histórica. De um lado, aquela historicidade ligada à tradição filosófica, como os filósofos herdam certos problemas, os reformulam, procuram soluções e as transmitem para novas gerações. De outro, aquela que marca a forma pela qual os filósofos espelham questões que eles mesmos estão vivendo conjuntamente com seus contemporâneos. Daí a necessidade de começar pelo começo, estudar como a filosofia nasce na Grécia e até hoje muitas vezes fala grego.

Espero assim mostrar como certos conceitos filosóficos — aquele de razão, de percepção, de proposição, e assim por diante — não possuem matrizes universais que se reencarnariam em diferentes momentos da história. Não é por isso, entretanto, que se reduzem a meras projeções de situações de fato. Decretar simplesmente que a filosofia nasce de erros gramaticais sem examinar como esses erros se entranham no próprio funcionamento da linguagem, ou ainda que se reduz a uma falsa consciência de conflitos radicais sem explicitar os procedimentos estruturais que levam a esse encobrimento do real, tão só denota ignorância do próprio sentido da filosofia.

Não ignoro que as diferenças entre os procedimentos da razão grega e aqueles da "razão" contemporânea estão enraizadas nas respectivas diferenças de modo de vida, em particular no modo pelo qual a própria vida social se repõe. Mas sair da história da filosofia para situá-la no contexto de outros conhecimentos e da própria prática social sem se dar conta da especificidade das ideias filosóficas, isso me parece uma tarefa desde logo prometida ao fracasso. Não vejo como se possa negar a filosofia sem passar por seu interior.

Por certo isso significa que a filosofia, sob esse aspecto, se resolve num eterno voltar-se para si mesma, sem dúvida passando por caminhos que estão fora dela, mas sempre reencontrando seu próprio domínio. Mas esse tipo de reflexão não se encontra em outras formas do saber? Não está presente na física, que se abre para os problemas do mundo mas de tempos em tempos sempre volta a examinar seus próprios princípios? A investigação filosófica, porém, não se cristaliza num sistema assentado, não constitui corpo de conhecimentos que possa ser resumido num manual. Por isso, ao pretender escrever uma introdução à filosofia, me vejo na obrigação de esmiuçar noções filosóficas tratando de revelar como elas passam por certas *torções* que desvendam o sentido oculto do que está sendo examinado. Como, por exemplo, variam as análises da proposição em Platão, Aristóteles, Frege ou Wittgenstein? A que inspirações suas respostas correspondem? No fundo a proposição é entendida diversamente por diferentes autores e uma mesma expressão pode ou não ser tomada como proposição.

Por isso, insisto: este livro pretende ser uma introdução ao filosofar, não uma apresentação de opiniões e ideias filosóficas. Sob esse aspecto ele ousa se opor àquela famosa tirada de Kant de que o filosofar não se ensina, tão só temas filosóficos. De que serve o exame das doutrinas se ele próprio não se converter num filosofar? A tirada de Kant minimiza a força dos exemplos, principalmente quando também são apresentados como critérios de um modo de pensar diferente. Uma introdução, portanto, que não pode ser facilitada. Nada me parece mais ridículo do que um professor de filosofia se colocar diante de uma câmera e dissertar sobre o pensamento de Aristóteles ou de Nietzsche, como se fossem duas pérolas encontradas num sambaqui. Bem sei que meu modo de tratar a filosofia está fora de moda, que não entusiasma aqueles estudantes que, dado um problema, o localizam pela internet, imprimem a resposta e se voltam para a vida cotidiana tendo a consciência da tarefa cumprida. Tomo a filosofia sobretudo como exercício de quebrar ideias feitas, essas ruínas de pensamento com as quais estamos acostumados a pensar. Não abdico, assim, da profissão de professor, mas procuro refletir sobre o que isso significa para quem me lê ou me ouve, assim como para mim mesmo. Mas não é por isso que saiba de antemão o que venha a ser professor de filosofia. Também me instruo nos exemplos em que me meto. Tomo este livro como introdução, mas igualmente pretendendo abrir portas para as tensões da reflexão. Ele é inútil para aqueles que não se prestam a se pôr em xeque.

Por fim cabe-me fazer os agradecimentos de praxe, que nem por isso deixam de ser sinceros. Leram e comentaram a primeira versão do texto — todo ele ou os capítulos de sua especialidade — Carlos Alberto R. de Moura, Luiz Henrique dos Santos — este tem sido meu constante interlocutor —, Luciano Codato, Marcio Sattin, Marco Giannotti, Marco Zingano, Oswaldo Giacoia Jr., Oswaldo Porchat Pereira, Pedro Paulo Poppovic e Romélio Aquino. Moacyr Novaes ainda corrigiu minhas traduções dos textos latinos de Agostinho. As traduções a que tive acesso em geral são vagas e não deixam transparecer o que se encontra nos textos. Todos me ajudaram à sua maneira, mas a todos devo a oportunidade de voltar com maior cuidado ao que já havia escrito. Os estudantes que seguiram os vários cursos que às vezes ministrei sobre essa matéria tentaram dar algum senso de realidade às minhas investigações. Por fim devo agradecer a cuidadosa revisão de Márcia Copola e Otávio Marques da Costa. Quem ler este livro não deve esquecer que, antes de tudo, procuro alinhavar boas influências.

USP/Cebrap, julho de 2010

PARTE I
A CONQUISTA DO TERRENO

1. Uma nova forma de pensar

1.

O filósofo sempre foi considerado um personagem bizarro, estranho, capaz de cair num poço quando se embrenha em suas reflexões — é o que contam a respeito de Tales (cerca de 625-458/6 a.C.). O primeiro filósofo, segundo a tradição grega, combina enorme senso prático para os negócios com uma capacidade de abstração que o retira do mundo. Por isso é visto como indivíduo dotado de um saber especial, admirado porque manipula ideias abstratas, importantes e divinas. No fundo não está prefigurando as oposições que desenharão o perfil do homem do Ocidente? O divino Platão e o portentoso Aristóteles fizeram desse estranhamento o autêntico espanto diante das coisas, o empuxo para a reflexão filosófica.

Nos dias de hoje essa imagem está em plena decadência; o filósofo se apresenta como um profissional competindo com tantos outros, ensina nas escolas ou em centros do saber, paga imposto de renda e se intitula e é titulado "filósofo". Ninguém se importa com as promessas já inscritas no nome de sua profissão: a prometida amizade pelo saber somente se cumpre se a investigação for levada até seu limite, cair no abismo onde se perdem suas raízes. A palavra grega *filosofia* significa "amigo da sabedoria", por conseguinte recusa da adesão a um saber já feito e compromisso com a busca do correto. Em contrapartida, o filósofo contemporâneo participa do mercado de trabalho, procura avaliar seu preço nos congressos, nos colóquios, mede sua importância segundo os convites que recebe, sua capacidade de convidar colegas e de ser convidado, vale quanto pesam o arco de suas viagens e o número de revistas a que tem acesso. Torna-se cada vez mais seguro de si conforme aumenta a venda de seus livros, embora prudentemente aparente desprezar os campeões de venda. Às vezes muito contente participa do jogo da mídia. Graças a esse comércio transforma seu saber em capital, e as novidades que encontra na leitura de textos, em moeda de troca.

Sabemos que a filosofia ocidental nasceu na Grécia, no século VII a.C., ao mesmo tempo que se formava a cidade-estado, a *pólis*. Não é por isso que os filósofos, com exceção dos sofistas, se integravam completamente nela. Costumavam ser leigos, mas Anaximandro, discípulo de Tales, era uma espécie de mago, e toda uma escola filosófica, os discípulos de Pitágoras, se organizava como verdadeira seita. Somente quando a pólis entrou em decadência eles criaram escolas propriamente ditas — lugares de ócio (*skholê* em grego), onde não se praticava o neg-ócio —, dedicadas à formação dos jovens, visando lhes abrir o caminho para uma vida feliz, contemplativa, inteiramente dedicada ao saber, assim como prepará-los para enfrentar os meandros da nova política. Depois que a pólis perdeu poder, durante as conquistas de Alexandre Magno, e, mais tarde, integrada ao Império Romano, os filósofos se tornaram cosmopolitas. Com o advento do cristianismo foram se transformando em padres da Igreja, nem sempre obedientes aos ditames do Vaticano. A partir do século XII se ligaram às universidades. Foram grandes mestres da disputa, do debate de ideias, do conflito ou da conciliação entre a fé e o saber. Ganharam maior independência durante o Renascimento. Conforme se instalava o Estado-nação, uns colaboraram com essas mudanças, particularmente Francis Bacon (1561-1626) e Thomas Hobbes (1588-1679), que se puseram à disposição da monarquia inglesa em formação. René Descartes (1596-1650) foi mais prudente: abandonou a França para se instalar nos Países Baixos, onde a liberdade de opinião era muito maior, mas, por uns tempos, serviu sob as ordens de Maurício de Nassau, príncipe de Orange. Como bom cientista, interessava-lhe conhecer mais o mundo do que os livros. Percorreu a Europa e acabou morrendo em Estocolmo, dando aulas à rainha Cristina. Reclamava do horário que a rainha lhe dispensava — cinco horas da manhã — e não resistiu ao frio sueco, falecendo de pneumonia. John Locke terminou servindo o conde de Shaftesbury. David Hume tentou lecionar na universidade, mas foi recusado por ateísmo, depois passou a servir a nobreza; George Berkeley era bispo da Igreja reformada. Gottfried Wilhelm Leibniz (1646-1716) foi um típico funcionário do Estado, tendo sido diplomata e historiógrafo na corte de Hanôver; muitos de seus ensaios foram escritos enquanto viajava de uma cidade para outra. Já Christian Wolff (1679-1754) se dedicou a ensinar em várias universidades alemãs, enquanto Immanuel Kant (1724-1804) foi um professor que nunca saiu de Königsberg. Jean-Jacques Rousseau (1712-78) queria conhecer os homens e, para poder se situar do lado deles, precisava viajar; Kant, ao contrário, queria conhecer *o* homem, de sorte que acreditava não precisar sair de sua cidade. Foi um típico acadêmico. Como estamos percebendo, os filósofos de um modo geral tratam de se relacionar com um poder público ou religioso.

Nem sempre, todavia, de maneira pacífica. Lembremos alguns mais salientes: Bento de Espinosa (1632-77), judeu de origem portuguesa, depois de ter sido barbaramente excomungado pela sinagoga de Amsterdam, onde estudava para ser rabino, se isola em Leiden, em seguida em Haia. Relaxava de seus estudos polindo lentes, naquela época ofício que requeria finos conhecimentos e extrema habilidade. Cioso da liberdade de seu pensamento, recusou-se a ensinar na universidade de Heidelberg, para onde fora convidado com a condição de não se exceder e de não "perturbar a religião estabelecida". Arthur Schopenhauer (1788-1860) era tão rabugento que, por duas vezes, fracassa na tentativa de ser professor universitário e se isola em companhia de seu cão.

Do século XIX em diante, os filósofos passam a ser basicamente professores, mas nem sempre foram conformistas. De uma maneira ou de outra foram tocados pelos movimentos revolucionários da época. Johann Gottlieb Fichte (1762-1814) foi expulso da universidade de Iena sob a acusação de ateísmo. Bertrand Russell (1872-1970) foi preso por ser contra a Primeira Guerra Mundial. Em contrapartida, Martin Heidegger (1889-1976) em 1933 se filiou ao partido nazista e se fez sacerdote da germanidade. A um jornal de estudantes alemães chegou a declarar: "Não tome princípios e ideias como regra de seu ser. Só o *Führer* é ele mesmo a realidade e a lei da Alemanha de hoje e de amanhã". A comissão de desnazificação o afastou da universidade por alguns meses, mas logo ele voltou a seu cargo. A pergunta, porém, permanece: como um dos maiores pensadores do século XX pôde se associar ao nazismo? Por sua vez Wittgenstein (1889-1951) namorou a ideia de trabalhar na União Soviética, onde uma nova sociedade lhe parecia estar nascendo. Em resumo, o estudo da filosofia não abole os interesses práticos nem imuniza contra maluquices.

O filósofo professor nem sempre guarda a temperança grega,

está aberto aos vícios do sindicalismo burocrático e, às vezes, mais se interessa em conquistar vantagens do que em conquistar discípulos. Ao tratar as ideias filosóficas como se fossem meras opiniões, isoladas da trama de seus problemas e de seus pressupostos ligados ao mundo, pode ser seduzido pela rigidez de ideias sem molejo, convertendo-se assim num militante doutrinário. Outras vezes, cai nas frivolidades da vida mundana — é o filósofo "café-soçaite". Não vejo na prática da filosofia contemporânea nenhum estímulo para que o estudioso se comprometa com uma prática moral e política mais consciente de si mesma, venha a ser mais tolerante no que respeita às opiniões alheias, aprenda a ser mais consciente de suas obrigações cívicas. A filosofia como profissão burocrática cria lealdades grupais, que nem sempre se conciliam com as lealdades institucionais, aquelas que dizem diretamente respeito à finalidade social da instituição. A filosofia burocrática amortece os cuidados do "saber de si".

Num mundo em que as coisas e as pessoas se tornam descartáveis, a filosofia e o filósofo também se tornam dispensáveis, sempre havendo uma doutrina ou um profissional capaz de coroar e enaltecer uma trama de interesses privados. A constante exposição à mídia pode levá-lo a dizer o que o grande público espera dele e, assim, também pode gozar de seus quinze minutos de celebridade. Diante do perigo de ser engolfado pela teia de condutas que inverte o sentido original de suas práticas, o filósofo, principalmente o iniciante, se ainda pretende ser amante de um saber autêntico, precisa não perder de vista que assumiu o compromisso de afastar-se das ideias feitas — ressecadas pela falta da seiva da reflexão — e de desconfiar das novidades espalhafatosas. Se aceita consagrar-se ao estudo das ideias, que ao menos reflita sobre o sentido de seu comportamento.

2.

A filosofia é uma forma de saber raciocinador, que se ocupa do cosmo, da linguagem (do logos), do sentido e dos limites do conhecimento científico, do significado de outras práticas e da política. Nasce, desde logo, opondo-se ao pensamento mitológico. Para os pensadores positivistas do século XIX essa oposição ao mito era tão surpreendente, o nascimento da filosofia tão inesperado, que o nomearam "o milagre grego". Hoje se percebe que as duas formas de pensamento se entremeiam, sem contudo se confundir. Alguns antropólogos estudam a cosmologia e a metafísica dos povos "primitivos" como se estas fossem comparáveis à reflexão grega. Ninguém pode negar a beleza e o refinamento dessas narrações. Mas se não há corte abrupto entre elas e o pensamento grego, do ponto de vista da travação das ideias, não cabe menosprezar outras diferenças, tanto no plano do discurso como no das práticas ligadas a elas. É de notar que, com raríssimas exceções, o filósofo costuma escrever um texto para apresentá-lo a um público, que o discute, aprova ou reprova. Outro filósofo dá à luz mais um texto, às vezes sintetizando o debate em curso, arredondando os problemas ou apontando suas contradições. Por sua vez, outro ainda pode escrever um texto tão novo que altera o rumo das investigações, iniciando nova tradição. Não é raro um autor lamentar o deserto da reflexão anterior, mas, se arma um sistema, é para que ele seja desfeito pela sanha dos discípulos e dos adversários. Toda essa disputa é ignorada pelo pensador tupi, por exemplo, que simplesmente aceita sua rica cosmologia. Se, quando narra, introduz variações, estas têm seu campo determinado por estruturas mais ou menos definidas. Sua mitologia, ele não a põe à prova de um modo sistemático. O que seria da filosofia se respeitasse esse tipo de fronteira?

É importante evitar delimitações rígidas. Uma das mais comuns é separar a história da filosofia do próprio filosofar. O estudioso de hoje tem diante de si mais de 2 mil anos de tradição. O tempo, as mudanças de pontos de vista, a intolerância devastaram as bibliotecas que guardavam os monumentos do pensamento antigo. Graças aos conventos a filosofia medieval foi mais preservada. Do século IV a.C. até a invenção da imprensa, por volta de 1440, os textos filosóficos foram copiados e recopiados, cada copista introduzindo erros ou novas interpretações. Copiava-se seguindo as modas da época. Por isso de muitos filósofos às vezes restam apenas fragmentos, alguns talvez transcrevendo o que o próprio autor escreveu; na maioria, porém, são citações recortadas para enaltecer ou combater as teses propostas no original. O estudioso moderno desde logo se confronta com a tarefa de reconstruir, de recompor os textos antigos.

Na verdade corre o perigo de se perder nas firulas da interpretação, como se sua tarefa se resumisse em restaurar peças quebradas. Mas o que fazer com elas? Simplesmente tomá-las como saco de argumentos a serem ressuscitados segundo o interesse do debate contemporâneo? Ou tentar mostrar que estão sorrateiramente alinhavadas por um fio vermelho de uma história, que pode estar inscrita na história da razão? Ou ainda decretar, a partir de um ponto de vista já firmado, que toda filosofia, ao lidar com conceitos abstratos, deve resolver-se numa falsa consciência, engendrada a favor das classes hegemônicas de um determinado período histórico? Em contrapartida outros enxergam, na barafunda das discussões filosóficas, apenas acertos e desacertos de uma *philosophia perennis* a boiar num mar de fragmentos, livros e outros textos de variada espécie, legados pela tradição.

Seja como for, hoje o estudioso de filosofia se defronta com uma enorme quantidade de textos os mais diversos, cujos sentidos precisam ser recompostos. Essa tarefa carece de uma técnica e de um aprendizado. Nada mais ingênuo do que imaginar que se começa a filosofar simplesmente procurando dar uma resposta correta a perguntas do tipo: "Devo considerar a mentira um mal?". Ao tratar de responder a essa pergunta, não só se está pressupondo o sentido da palavra *mentira*, mas ainda se vai sorrateiramente lançando mão de um conceito de juízo moral que nem sempre será aceito por todos os seus pares. A mera suposição de que todo o sentido desse enunciado seja totalmente unívoco já pressupõe um ponto de vista filosófico muito peculiar que, obviamente, não será aceito sem mais pela comunidade dos filósofos.

Por que, diante da disparidade e desencontro das teses filosóficas, não se ocupar antes de tudo com suas diferenças? Mais do que as diferenças dos sistemas, importam os matizes que ganham os enunciados ao serem usados desta ou daquela maneira. Focar essas torções nos dá uma das primeiras experiências da diversidade do pensar filosófico. Examinemos, pois, como funcionam tais conceitos. Mas lembremos que esse funcionamento é público. Por mais que possa se esconder num gabinete bem aquecido ou num quarto de hotel, a atividade de filosofar não dispensa o olhar nem sempre neutro, mas quase sempre crítico, do outro.

3.

Esse seu traço remonta às origens. A filosofia nasceu quando se formou a pólis, a cidade-estado grega, desenhando um espaço público onde uma elite ampliada, que se considerava o próprio povo, deliberava sobre seus problemas e elegia uma solução de acordo com procedimentos formais previamente estipulados. Isso aconteceu na Grécia, a partir do século VII a.C. Os cidadãos — entre eles não se incluíam as mulheres, os escravos e os estrangeiros — participavam do poder reivindicando o direito da isegoria, isto é, a possibilidade de pedir a palavra na assembleia comunal, e aquele da isonomia, de ser tratado igualmente perante a lei. Em todas as cidades gregas, da Jônia, na Ásia Menor, à Magna Grécia, isto é, o sul da Itália e a Sicília, a despeito das enormes diferenças, instalou-se uma cultura em que o problema dos direitos dos cidadãos passava a fazer sentido.

Na passagem do século VIII ao VII, entra em crise um modo de produção e de poder que girava em torno de palácios reguladores, contabilistas e monolíticos. Micenas é o exemplo típico. As trocas mercantis se expandem pelo Mediterrâneo. Não é por isso, entretanto, que se trata de uma sociedade propriamente mercantil, pois as trocas continuam sendo marcadas pela circulação de dons, os objetos sendo apreciados antes de tudo para serem oferecidos aos deuses e aos nobres. Para compensar, grande parte dos bens de consumo provém da propriedade familiar, do *oikos*. A nobreza, armando o tecido das trocas, faz circular objetos preciosos, bens em que os nobres tanto manifestam seu poder como deixam que seu poder se incorpore neles. O antigo rei distribuía sementes para que elas frutificassem, mas também para que se tornassem reais. Ânforas, tripés, vasos, copas, joias alimentam esse circuito entre os nobres cidadãos. Conta-se que Tales venceu um concurso para indicar o mais sábio de todos os sábios. Como prêmio recebeu um tripé, que logo passa adiante, para quem lhe parecia mais sábio ainda. Essa operação se repete e o tripé circula entre as mãos dos sete sábios — a lista não é consensual — consagrados no momento. Quando retorna a Tales, ele o oferece ao deus Apolo.

Mutatis mutandis, o poder também circula. Em vez de repousar nas mãos de um rei, dito *anax* ou *basileus*, passa a ser compartilhado, primeiramente pelos nobres cavaleiros, depois, generalizando-se, pelos proprietários mais ricos até abranger todo cidadão adulto, desde que estivesse ligado a um *demos*, por assim dizer um distrito. Daí o nome "democracia" para essa forma de governo, poder dos distritos, numa livre tradução. Desaparece aquela realeza que girava em torno de um rei mago e absoluto, para dar lugar a um Estado onde se separam as funções legislativas e executivas, junto a uma rede de tribunais especializados em julgar transgressões determinadas. A religião, ademais, se torna de Estado, protegida por uma rede racional ligada à luz do deus Apolo. Mas sob essa casca apolínea vibravam o impulso e o extravasamento, a exuberância do deus Dioniso — em latim *Bachus*—, de cujas festas desencadeadas pelas bacantes a população participava intensamente.

No lugar de um palácio a centralizar todas as atividades da população, surge a cidade murada protegendo cidadãos e estrangeiros, e, na hora do perigo, acolhendo os camponeses que trabalhavam nos arredores. No centro, ergue-se o foco religioso aberto a todos, o templo, cujas colunas e frisos contam para o exterior o poder do deus que ali habita. Não é por isso, entretanto, que os mistérios desapareçam; deixam de ser privilégio nobiliário para ser monopólio de iniciados. Esse contraste entre apolíneo e dionisíaco, descoberto pelo filósofo Friedrich Nietzsche, marca todo o ritmo da Antiguidade clássica. É bom lembrar que, mil anos depois, no Iluminismo, o caminhar das luzes também veio acompanhado pelas sombras das sociedades secretas.

Esse saber público, que é a filosofia, não nasce do nada. Na sua raiz conserva traços profundos do pensamento indo-europeu, como, por exemplo, a oposição entre o visível e o invisível, privilegiando este último o plano do ser e aquele o do conhecimento. O grego sempre considerou o existente distribuído em dois mundos, aquele dos astros em movimento circular, divinos porque se movem da forma mais perfeita, e aquele das coisas mutáveis, o mundo sublunar. Somente no helenismo essa separação foi questionada. Do ponto de vista grego, os planetas surpreendem, pois não seguem como os outros astros movimentos regularmente circulares. Por isso a primeira tarefa dos astrônomos gregos era "salvar os fenômenos", encontrar uma regularidade invisível que explicasse as irregularidades visíveis. Essa preocupação, nós a herdamos, pois até hoje a ciência estuda o que está escondido, o que necessita de um raciocínio ou de cálculo para explicar seu modo de aparecer. A mera descrição, uma fenomenologia (o estudo, o logos, do que aparece), somente assume a liderança do saber em casos muito especiais.

É interessante notar que a substituição do rei mago (o *anax*) por uma assembleia de pares, inclusive com poderes religiosos, necessita da intermediação de um sabedor (*sophos*), de um sábio dos meandros da pólis ideal. Até mesmo Tales, embora sendo considerado pela tradição o primeiro filó-sofo, foi igualmente considerado um sábio e, político, influenciou os gregos da Jônia para que se unissem num Estado federativo. Em geral os sábios, a exemplo de Sólon e Licurgo, são legisladores, que, afastando-se das disputas das cidades nascentes, retornam para lhes oferecer uma constituição; Sólon para Atenas, Licurgo para Esparta.

Importa-nos como o filósofo toma distância do sábio. Em geral se traduz *philos* por "amigo" e *philia* por "amizade". Em grego essas palavras possuem conotação muito ampla, pois significam uma relação por semelhança que pode valer entre os seres humanos ou entre as coisas. O *philos* da *sophia* é então aquele que se projeta nela, aceitando chegar a ela por uma ascese. Não é legislador, embora Platão tenha defendido a tese de que o verdadeiro rei deveria ser um filósofo, alguém que se ocupasse, antes de formular e aplicar a lei, de buscar seu significado e sua verdade. Uma nova disciplina, a filo-sofia, nasce procurando o sentido e a verdade ocultos no fluxo das coisas e das atividades humanas; fluxo considerado antes de tudo do ponto de vista do nascimento, da formação a partir de um fundo. Por isso é primeiramente reflexão sobre a *physis*, que os romanos traduziram por *natura*, particípio futuro do verbo *nascor*, "nascer", isto é, a ação de fazer nascer, de fazer vir ao mundo.

4.

A reflexão filosófica não deixa de hesitar entre o mito da ascese e o pensar aquilo que é, o ser. Veremos, porém, que o próprio ser pode dotar-se de um movimento de ascensão. É notável que, entre os textos dos pensadores pré-socráticos — esta é uma divisão tradicional na medida em que considera Sócrates ponto de inflexão na filosofia grega —, o mais abstrato, aquele que afirma o direito do pensamento pensar por si próprio, o texto de Parmênides, seja escrito em versos como um poema de Homero. Além do mais, se inicia por uma cena de encantamento: o filósofo é conduzido pelas filhas do Sol até a deusa *Dikê* (da justiça), que lhe abre duas portas, a da Luz e a da Noite, demarcando dois caminhos, o da verdade e o da opinião. O caminhar é a condição para que o pensamento se prepare para explorar a verdade e suas contrafações.

O cerne da dificuldade retoma um tema indo-europeu: como pensar o uno no múltiplo e vice-versa? O conceito "cadeira" diz respeito a várias cadeiras; o de mundo, a tudo o que acontece. Para os gregos, o que acontece com os astros, considerados divinos, assim como com os fenômenos da vida corrente pode ser visto a partir de uma unidade posta como sendo. Qual é a natureza desse uno? A solução mais simples é tomá-lo como fonte do múltiplo. Foi o que fizeram os primeiros filósofos. Para Tales ele é o úmido, a água, como princípio de tudo o que existe na natureza. Seu discípulo Anaximandro já o transforma num indefinido (*apeiron*), fonte informe das coisas definidas. Sabemos ter sido ele o primeiro filósofo que, com certeza, escreveu um livro, do qual sobrou apenas uma única sentença. Não se pode afirmar que ele próprio a enunciou, pois chegou até nós depois do trabalho de vários copistas e intérpretes. Daí mais uma dificuldade para apreender seu pensamento original. Além disso, cada tradutor ou cada filósofo a lê a seu modo. Para exemplificar, apresentamos duas traduções. A primeira é de Cavalcante de Souza: "Pois donde a geração é para os seres, é para onde também a corrupção se gera segundo o necessário; pois concedem eles mesmos justiça e deferência uns aos outros pela injustiça, segundo a ordenação do tempo".[1] Outra é de Martin Heidegger, na transcrição de Ernildo Stein: "De onde as coisas têm seu nascimento, para lá também devem afundar-se na perdição, segundo a necessidade; pois elas devem expiar e ser julgadas pela injustiça segundo a ordem do tempo".[2]

Convém lembrar que nessa época o direito não estava inteiramente constituído, de modo que não se pode considerar essa injustiça cometida pelas coisas que se subtraem do uno indefinido como transgressão a uma lei jurídica. Injusto é escapar da unidade, precisamente constituir a trama de coisas, de entes, seguindo movimentos mais ou menos regulares e formando contrários, como a água e a terra, a luz e a sombra. E se torna preciso, então, pagar o preço por essa diversificação. A injustiça não reside numa diversidade orgânica, mas no balanço do peso e do contrapeso que fere a *dikê* reguladora da unidade. O tempo é pensado como circular, voltando sempre ao mesmo ponto de partida, os entes retornando à unidade do indefinido para recomeçar tudo de novo.

Notável é que essa ideia da circularidade trágica das coisas aparece igualmente em outros pensadores pré-socráticos. Conhecemos um fragmento de Heráclito (cerca de 540-470 a.C.) sobre esse assunto: "O fogo em seu progresso julgará e condenará todas as coisas".[3] Essa contrariedade a marcar tudo o que existe, as coisas sendo tensionadas como o arco e a lira, também se desdobra num círculo. Embora o mundo se resolva num fogo sempre vivo, suas

---

1. Coleção Os Pensadores, I, São Paulo: Abril Cultural, 1973, p. 22.
2. Idem, p. 25.
3. John Burnet, *L'aurore de la philosophie grecque*, édition française Aug. Reymond, Paris: Payot, 1919, p. 151.

formações percorrem um fluxo determinado: o fogo puro se encontra no Sol, que, como os outros astros, é uma gamela, uma cuia, ou ainda uma espécie de barco, cuja face côncava se volta para nosso lado. Ao separar-se, cria o mar, sendo que uma de suas metades constitui a terra, a outra, um furacão acompanhado de uma tromba inflamada, segundo uma das múltiplas interpretações possíveis. Heráclito inova ao considerar que não há divisão entre o ser e o múltiplo, de sorte que toda unidade passa a ser considerada diferenciação. Daí a famosa sentença, que talvez nem seja dele mas que revela o cerne de sua reflexão; ela enuncia que nunca nos banhamos no mesmo rio, pois diferem suas águas sempre móveis e se desgastam as margens, apesar de sua solidez. No uno importa sempre a tensão.

Parmênides é a imagem invertida de Heráclito, por isso ambos se movem no mesmo universo de pensamento. Ele decididamente nega o fluxo para não combinar Ser e Não-Ser. Esqueçamos tudo o que aprendemos com a filosofia posterior e com as ciências. Segundo os pré-socráticos a contrariedade do uno e do múltiplo implica um movimento em que algo agora é assim para logo em seguida vir a ser outro. A oposição entre matéria e forma ainda não fora pensada, de sorte que não é possível tomar o fluxo como unidade submersa — hoje a pensamos sob a forma de energia — que vai se configurando em diferentes modos de aparecer. Mas para isso somos levados a considerar o tempo como não sendo circular. Ora, como negar essa circularidade quando os corpos divinos, os astros, se mostram circulando dia e noite? Além do mais, a grandeza e a ousadia de Parmênides só podem ser avaliadas no contexto da filosofia da sua época, de uma filosofia nascente para a qual tudo o que se choca com os nossos sentidos é corpo. Tudo o que aparece ser não é por isso que é, embora esse aparecer possa ser constitutivo do próprio ser. Começamos então a entender a grande tese de Parmênides: tudo o que é ... é; e o que não é não é.

Vale a pena ler um de seus fragmentos: "Só resta um caminho de que havemos de falar, a saber, que *é*. Nele uma multidão de signos de que o que *é* é incriado e indestrutível, pois é completo, imóvel e sem fim".[4]

Parmênides não diz "Isto é", mas "é" no que concerne a isto ou aquilo. Trata-se, pois, como diz Burnet, de um monismo corporal, que identifica ser e pensar, convertendo qualquer espécie de movimento numa ilusão. Em suma, afirma energicamente o princípio de identidade, A é A, e o princípio da não-contradição: Não (A e não-A), valendo tanto no nível do ser como no da linguagem: o que é não pode não ser.

Paga, porém, o preço de sua corajosa radicalidade. A Justiça (*Dikê*) lhe indica a existência de dois caminhos, o da verdade e aquele da opinião. Na segunda parte de seu poema, Parmênides descreve o caminho dessa opinião, inclusive a sua, que se vê obrigado a sustentar pelo menos até ser conduzido à presença da deusa guardiã das portas da justa sabedoria. O dado está lançado. O pensamento reivindica plena autonomia e nesse seu ser se identifica ao real. Como o filósofo pode se mover, então, nesse universo se o movimento em si mesmo é negado, relegado à aparência? Que consistência, contudo, possui a aparência?

---

4. Fragmento 8, *L'aurore de la philosophie grecque*, cit., p. 201.

11. Ser ou não ser sofista

1.

A filosofia ocidental nasce, então, na Grécia antiga e se instala armando uma nova forma de racionalidade. Jean-Pierre Vernant, no final de seu lindo livro sobre *As origens do pensamento grego*, assim a caracteriza: "A razão grega é aquela que de maneira positiva, refletida, metódica, permite agir sobre os homens, não transformar a natureza. Dentro de seus limites como em suas inovações, é filha da pólis".[5] Ele está contrapondo a racionalidade grega à racionalidade moderna que, sobretudo a partir de Descartes, se pensa como domínio da natureza. Mas, se a pólis tem sua história e a filosofia se instaura respondendo às suas vicissitudes, não é por isso que deixa de abrir caminho para que ela mesma conquiste historicidade própria.

Não foi fácil manter a democracia ateniense nos amplos limi-

---

5. Jean-Pierre Vernant, *As origens do pensamento grego*, trad. Íris K. Borges, São Paulo: Difusão Europeia do Livro, 1972, p. 95.

tes desenhados por Sólon. Em 411 a.C. e 404 a.C. ela sofre dois golpes, o primeiro, uma ditadura de quatrocentos oligarcas, o segundo, a ditadura dos trinta, esta mais restrita e mais dura do que aquela. Ambas, porém, tratavam de desarmar os pobres e os membros das classes médias, com o intuito de restringir-lhes a cidadania; ambas em contrapartida fracassaram, mas deixaram rastros de sangue e de intolerância. Em particular, legaram leis contra a liberdade de pensamento que afetariam diretamente o trabalho dos filósofos.

Se na praça pública a maior arma do cidadão consistia na capacidade de persuadir, era natural que o cerne da educação grega, a sua paideia como se dizia, precisasse ser adequado às novas condições. Até então ela se apoiava, de um lado e antes de tudo, nos textos de Homero, cujos heróis ensinavam aos jovens gregos as virtudes guerreiras; de outro, no exercício da ginástica, da dança e da música, como formas de equilibrar corpo e alma. Mas, a partir do momento em que o jovem carecia ser preparado para agir publicamente, deveria ser treinado nas técnicas da persuasão, da discussão pela qual um poderia impor aos outros sua opinião e seu ponto de vista. E assim, por toda a Grécia, professores da palavra, os sofistas, passaram a ensinar, mediante remuneração, como sustentar um argumento em público, como convencer o adversário de que se estava com a *razão* utilizando argumentos *justos*. Obviamente esse ensino se restringia àqueles jovens que o pudessem pagar — e os famosos sofistas cobravam caro —, formando uma elite capaz de influenciar pelas palavras as decisões tomadas nas assembleias da pólis. Em vez de prevalecer a vontade dos oligarcas, na assembleia agora se chegava a um consenso mediante debates de que todos os cidadãos participavam.

Nos meados do século V a.C. Atenas é centro de toda a Grécia. Tendo liderado a vitória contra os persas, fundara uma confederação de cidades jônicas, cuja finalidade maior seria conter as ameaças vindas do Oriente. A liga possuía um fundo comum de defesa, formado pela contribuição daquelas cidades desprovidas de navios, aliás, a maioria. Mas a colaboração logo se transformaria em tributo, quando pela força Atenas impede que qualquer uma delas fuja dessa obrigação. Nasce daí a sistemática rivalidade com Esparta. A longa Guerra do Peloponeso (431-404 a.C.) termina com a derrota de Atenas, que perde então seu império. Se antes Atenas impunha a ferro e a fogo sua vontade a seus "aliados", internamente ela aprofundava o regime democrático e, graças à "colaboração" deles, promove um programa de reconstrução da cidade, em particular de sua acrópole, que acolhe o tesouro comum anteriormente instalado em Delos. Durante todo o século V a.C. a cidade é conduzida por políticos de grande envergadura, entre os quais se salienta Péricles, que reúne em torno de si verdadeira corte de intelectuais.

Protágoras de Abdera (cerca de 486-410 a.C.), um dos maiores sofistas, era amigo de Péricles, que não hesitou em defendê-lo contra a grave acusação de impiedade. A acusação tinha sentido, pois começava um de seus livros afirmando: "Não posso saber se os deuses existem ou não existem nem que forma têm. Muitas coisas impedem esse saber: a obscuridade do assunto e a brevidade da vida humana".[6] Não se pode ter certeza se essas foram de fato suas palavras, mas sabemos que seu conteúdo bastou para que os livros dele fossem queimados em praça pública.

A dúvida a respeito da existência dos deuses tem raízes profundas no cerne do pensamento de Protágoras, cujos traços mais importantes podem ser encontrados num diálogo de Platão (cerca de 427-348/347 a.C.) que conserva seu nome. Vejamos mais de perto o sentido dessa dúvida. Seguindo o modo de pensar de outros sofistas, não defende uma tese, mas sempre tenta mostrar que

---

6. *Sofistas — Testemunhos e fragmentos*, Lisboa: IN. CM., 2005, p. 59.

uma tese ou sua contrária podem ser mantidas mediante argumentos convincentes. A dúvida enunciada não se atém a tudo aquilo que nos parece, não é crítica dos fenômenos. Suspende a verdade dos enunciados sobre o real porque estes não estão submetidos a um critério aceito por todos, capaz de ir além das opiniões. Sempre é possível refutar um argumento por outro contrário. Sobre todos os assuntos, dizia ele, existem dois argumentos antitéticos entre si. Desse modo, assim como seus colegas sofistas, não pensa dando ênfase ao princípio da contradição, a saber, que uma proposição não pode ser verdadeira e falsa ao mesmo tempo. Para tudo seria possível dizer sim ou não conforme o ponto de vista do momento. Pensar é discursar sobre o real, tomando o homem como medida de todas as coisas.

Nem todos os sofistas pensam da mesma forma. Cabe notar importante diferença entre Protágoras e Górgias. Ambos negam a possibilidade de se encontrar um critério universal para distinguir o verdadeiro do falso, mas, enquanto o primeiro remete essa falta à diversidade dos pontos de vista assumidos pelos indivíduos, o segundo a encontra no próprio funcionamento do discurso. Uma passagem de Sexto Empírico, um médico filósofo do século III d.C., nos indica essa diferença:

> Górgias, o Leontino, pertenceu ao mesmo grupo dos que tinham suprimido o critério, mas não [fazendo] ataques semelhantes àqueles que se fizeram em torno de Protágoras. Pois no escrito *Sobre o não-ente* ou *Sobre a natureza* três princípios ele dispõe segundo a ordem: um e primeiro, que nada existe, segundo, que se existe, é inapreensível pelos homens, terceiro, que mesmo se o ser for apreendido, é incomunicável e indescritível ao outro.[7]

---

7. *Adversus mathematicos*, 7, 65.

Essa citação nos interessa apenas para marcar como Górgias recusa o critério da verdade na base de uma análise do próprio discurso relativo à existência.

Raciocinar desse modo, à primeira vista muito estranho, traz enormes vantagens para quem quer brilhar na pólis, em suma, para quem se dedica à política. Não é pelo discurso que as decisões são tomadas? Mas Protágoras é um sofista muito ciente de seu saber e se recusa a ser confundido com aqueles que topam falar sobre qualquer coisa. No diálogo que Platão lhe dedica, ao tomar distância de Hípias, que alega tudo saber, ressalta o caráter particular de suas lições: "O conteúdo de meu ensinamento é o bom juízo (*euboulía*) a respeito de seus assuntos domésticos, a fim de administrar da melhor maneira a própria casa, e o bom juízo nos assuntos da cidade, para que seja o mais capaz quer no plano das ações quer no das palavras".[8] Mais do que investigar a estruturação da natureza e de seus elementos, importa-lhe conhecer e praticar o bom juízo, a sabedoria no que concerne aos assuntos privados e públicos. O bom, entretanto, é o conveniente, o que interessa a cada ser em particular, desde que ele saiba defender seu ponto de vista.

Note-se que, para o sofista, embora o discurso, o logos, seja sempre um falar para alguém, não é por isso que deixa de aderir às coisas. O sofista Antístenes, provavelmente discípulo de Górgias, tirará as consequências mais fortes dessa aderência. Segundo nos informa Proclo, um filósofo do século v d.C., Antístenes ensinava que "todo discurso está no verdadeiro, pois aquele que fala diz algo, ora aquele que diz algo diz o ser e aquele que diz o ser está no verdadeiro".[9] Desse modo, o dizer é sempre transitivo, aderindo de tal forma ao ser que se tornam impossíveis a predicação e a definição.

---

8. Platão, *Protágoras*, 319.
9. Cf. Pierre Aubenque, *Le problème de l'Être chez Aristote*, Paris: PUF, 1962, p. 100.

Voltemos a Protágoras. Propõe-se antes de tudo formar bons gestores dos negócios públicos e privados. Não é um sábio, mas um manipulador do saber e, para legitimar o conteúdo de seu magistério, costumava contar um mito registrado por Platão no referido diálogo. Quando chegou o momento, marcado pelo destino, para que os mortais fossem criados, Zeus os formou misturando terra e fogo e determinou aos irmãos Epimeteu e Prometeu que lhes providenciassem várias faculdades. Epimeteu se encarregou da tarefa e Prometeu, de avaliar os resultados. E assim cada espécie recebeu vantagens e desvantagens que lhes permitiram uma vida equilibrada. Como, porém, Epimeteu era meio desastrado, deixou os homens nus, desprovidos dos meios necessários para sobreviver. Vendo o desastre, Prometeu roubou de Atena o conhecimento das artes e de Hefaístos o controle do fogo, entregando-os aos homens. De posse desses dons, que os tornaram próximos dos deuses, eles, além de lhes darem graças erguendo-lhes altares e estátuas, conseguiram articular a voz, formar os nomes das coisas e construir tudo aquilo de que necessitavam. Viviam, contudo, isolados, já que não tinham ainda inventado a pólis, e, por isso, estavam à mercê da ferocidade das feras e de seus semelhantes. Além da linguagem e das artes mecânicas, necessitavam da arte política, a arte da paz e da guerra. Fundaram cidades, mas ainda não estavam prontos para evitar as lutas que nasciam entre elas. Zeus, porém, temendo que a raça humana se destruísse, mandou Hermes levar aos homens respeito e direito (*aidô te kai dikên*), regras que articulavam homens e cidades, que os uniam pelos laços de amizade respeitosa e legal. A quem devo entregar esses dons, pergunta Hermes, devo dividi-los como foi feito com as artes, uns sendo melhor aquinhoados do que os outros? A todos, responde Zeus, que todos tenham sua parte, pois as cidades não poderiam existir se certas virtudes fossem, como as artes, distribuídas desigualmente.

Não é fácil captar o sentido de *aidôs* e *dikê*, tributos que todos os seres humanos receberam de Zeus. Já vimos que esta última palavra, *dikê*, figura no fragmento de Anaximandro, mas tudo indica que Protágoras torce seu sentido: agora a justiça está entranhada na organização da cidade, em particular nas instituições democráticas. Importa-lhe como a pólis, embora fundada sobre a apropriação das artes técnicas, distribuídas segundo as diversas competências, somente pode sobreviver se criar um espaço tramado pelo respeito amigável e pela regulamentação da justiça. Em prol da democracia ameaçada, ele, como tantos outros sofistas, passa a defender a coexistência de vários pontos de vista no trato do discurso, a tal ponto que o verdadeiro pode se transformar em falso e vice-versa. Para o convívio humano antes de tudo não valem o respeito e o direito? Particularmente aquele direito de qualquer cidadão pedir a palavra na ágora — naquele mercado que era o centro de convivência da pólis — e, no que respeita à lei, ser igualmente tratado por ela. Como vimos, são esses os dois princípios básicos da democracia ateniense, a isegoria e a isonomia. Mas convém sempre lembrar que não eram cidadãos as mulheres, os estrangeiros e os escravos.

2.

É contra esse saber comum, democrático, que se levantam Sócrates, Platão e Aristóteles, os clássicos da filosofia antiga. Sócrates nada escreveu, mas sua influência foi enorme e por muito tempo foi tomado como modelo do filósofo. Talvez porque tenha aceitado heroicamente sua condenação à morte. Mas seu heroísmo é muito diferente daquele que marca o herói homérico. Tomemos o exemplo de Aquiles; prefere morrer jovem desde que seja lembrado para sempre, pouco lhe valendo a vida longa se não for reconhecido universalmente. Mesmo assim, entretanto, continua a considerar a morte como perda. Sócrates, ao contrário, morre velho e acreditando na imortalidade da alma. Além do mais, não se reconhece como herói completo. Nada tem a ver com o heroísmo acabado de Ulisses. Lembremos um episódio da *Odisseia*. Depois de naufragar e perder os últimos amigos, chega à ilha dos feácios, exausto, nu, coberto de sal. É acolhido pela filha do rei Alcínoo, Nausícaa, que percebe naquele homem devastado um ser superior e por isso o leva de imediato ao palácio. O herói participa dos jogos em sua homenagem, vencendo todos. Quando na festa um poeta canta seus feitos gloriosos da Guerra de Troia, Ulisses chora copiosamente. O rei não resiste à curiosidade, quebra as leis da hospitalidade, pergunta seu nome e recebe uma resposta que somente um grego poderia pronunciar: "Sou Ulisses, em virtude de minhas astúcias todos os homens se interessam por mim e minha glória atinge os céus".[10]

Sócrates confere outro sentido a essa consciência de plenitude. É rude nos costumes, não se veste como os ricos sofistas, tem hábitos moderados. Mas leva ao limite a busca da consciência moral. Não lhe importa se sua glória atingirá o céu, cuida do cotidiano e cultiva a técnica astuciosa da parteira, capaz de revelar os critérios íntimos a serem seguidos por aqueles que pretendem ser virtuosos. No entanto, essa modéstia estratégica esconde um grande orgulho, a certeza de trilhar o caminho da verdade. Sócrates dá novos rumos à investigação filosófica. Não é um "físico", que procura saber o fundo dos fenômenos além do que aparece, mas indaga pela definição dos valores. Que se atente, porém, que para o grego um valor — a coragem, a piedade, a justiça, e assim por diante — é sempre maneira de ser. Não assume o caráter moderno de um dever-ser isolado de suas condições de existência.

---

10. *Odisseia*, canto IX.

Sócrates nada escreveu e só lhe conhecemos os pensamentos pelos comentários que despertaram. Xenofonte, no livro *Memorabilia*, toma sua defesa e descreve as conversas dele com jovens atenienses. O jovem Platão redige uma apologia de Sócrates e à sua maneira reconstrói os diálogos. Aristóteles (384-322 a.C.), numa passagem da *Metafísica*,[11] diz que Sócrates procurava definições universais das virtudes éticas, pensando indutivamente o que essas coisas são. Mas, adverte, são os platônicos que as separam da existência cotidiana. De fato, Sócrates trata de discutir, por exemplo, a coragem com um jovem que já comprovara sua bravura. A busca da definição serve, assim, para que o corajoso descubra estar praticando uma virtude sem conhecê-la, sem levar em conta seu critério, o parâmetro que permite distinguir corajosos de covardes. Desse modo, ao conhecer a definição da coragem, abre caminho para reconhecer o perigo de transgredir por falta de parâmetros. O vício tem origem nessa falha de conhecimento. No fundo, Sócrates procura mostrar que o jovem virtuoso, deixando de agir segundo o critério da virtude, segundo sua definição, age conforme aos costumes e à tradição. Não pratica um critério para decidir nos casos ambíguos.

Para iniciar o diálogo, Sócrates precisa então se colocar como se ignorasse a natureza da coragem, ao contrário do interlocutor que acredita conhecer o que faz. Mas, se no final do diálogo este termina percebendo sua ignorância e aceitando uma definição de sua prática virtuosa, não é por isso que Sócrates se contenta com esse resultado parcial. Outros aspectos do valor ainda precisam ser considerados, de sorte que o diálogo termina à espreita de nova ocasião para ser retomado.

Note-se um pressuposto muito peculiar do método socrático. O corajoso, que é efetivamente corajoso, termina confessando que

11. *Metafísica*, 4, 1078 b, 17.

não sabe dizer o que vem a ser a coragem, é incapaz de encontrar sozinho a definição conveniente e, assim, confessa que agiu em estado de ignorância, embora sua ação tenha sido boa. Ora, se soubesse a definição, nunca agiria mal, pois pautaria sua ação por um padrão universal. É por ignorância, portanto, que as pessoas transgridem as leis da cidade e da moralidade.

Isso posto, não fica difícil entender o caráter subversivo desse ensinamento. Sócrates se dirige à nata da juventude ateniense, àqueles rapazes que têm tempo de jogar conversa fora na praça pública, de frequentar a ágora, de aprender a fazer política. No entanto, em vez de incentivá-los a seguir o ensino tradicional, a reforçar os vínculos com suas famílias extensas e com a própria pólis, ele os estimula a ponderar todos os assuntos, a exigir mais do que a apresentação de exemplos convincentes. Essa prática não haveria de terminar pondo em risco a autoridade paterna e civil?

O ensinamento de Sócrates já possuía, portanto, um viés profundamente antidemocrático: se melhor age quem conhece a verdade de suas ações, também melhor governaria o perito cuja liderança e fidelidade aos compromissos assumidos já tivessem sido comprovadas e, assim, fosse capaz de agir criteriosamente. As melhores peças não são feitas pelos artesãos mais experientes? Diante do perigo de uma invasão, o exército não será melhor comandado por um general já experimentado na arte da guerra? Por que os destinos da cidade deveriam, então, ser entregues a qualquer cidadão, fosse ele camponês ou refinado patriarca? Não consiste num disparate certos magistrados serem designados por sorteio? Em confronto com os sofistas, para os quais as virtudes políticas eram comuns a todos os cidadãos, Sócrates defende que elas estejam ligadas a uma prática particular, a procura da verdade e não da persuasão.

Em 399 a.C. Sócrates, já com setenta anos, foi acusado de impiedade e corruptor da juventude. Seu julgamento é um dos mais famosos da história. O fato de ter sido condenado e obrigado a beber o suco de uma erva venenosa, a cicuta, maculou a imagem de Atenas, que até hoje nos serve de exemplo de um Estado democrático tolerante. Não me cabe examinar aqui os pormenores e o sentido histórico desse processo, me importa apenas lembrar como ele é interpretado por seu maior discípulo, Platão, que fará de Sócrates o paradigma do interlocutor filosófico.

A *Apologia*, um texto da juventude de Platão, começa descrevendo o espanto de Sócrates depois de ter ouvido as palavras da acusação. Ele não se reconhece no retrato esboçado pelo principal acusador, Meleto, um poeta secundário. Será que não se conhece a si mesmo? Reage afirmando que não ouvira uma única palavra que fosse verdadeira. E, recusando a oratória, as frases bem ornadas, isto é, o jogo da persuasão, promete manter-se no nível da procura pela verdade. Somente a partir daí seus ouvintes poderão avaliar se o que diz é *justo* ou não. A verdade não é a primeira virtude do juiz? Em resumo, Sócrates quer ser julgado como filósofo, não como cidadão qualquer.

Mas, embora se comprometa a falar apenas a verdade, não é por isso que se reconhece como um sábio, *sophos* no sentido antigo, capaz de legislar porque contemplou o todo da cidade. É humana a sabedoria de que é dotado. Não confia nas palavras da pitonisa do oráculo de Delfos, que teria dito, a um amigo de infância, ser ele o homem mais sábio. Por que acreditar nelas se os oráculos cultivam a ambiguidade? Conta como saiu em busca de pessoas competentes para se instruir naquilo que elas são. Mas a competência prática não está ligada à competência teórica, à capacidade de definir o que é. Depois de várias experiências termina reconhecendo sua própria sabedoria, já que ele, pelo menos, tem consciência de sua ignorância. Não adere desprevenido a esta ou àquela opinião, porquanto segue o conselho de Apolo, deus da luz, de procurar sempre o pensamento mais claro; assim como obedece aos desígnios de seu próprio demônio, cuja presença o impede de se desviar da questão que está tratando. O filosofar demanda clareza e obstinação. Além do mais, Sócrates se dá com todos, sem, contudo, confiar na força da amizade, pois às vezes faz inimigos ao desvendar o falso saber deles. No entanto, sempre cumpre as tarefas que lhe são atribuídas, obedece às leis e arrisca sua vida nos combates, sem que lhe sobre tempo para se ocupar seriamente com os negócios públicos e privados. Nem mesmo cuida de seus próprios afazeres, vivendo assim em extrema pobreza, fiel, entretanto, ao serviço de seu deus.

Não é *sophos* porquanto não possui saber legiferante, nem mesmo sofista, embora muitos assim o vejam, principalmente os poetas que se divertem traçando sua caricatura. Não é um *operador do saber*, desse conhecimento que pouco se importa com a verdade, desde que logre convencer. É alguém que reflete sobre sua própria ignorância, ignora o saber que muitos lhe atribuem, apenas reconhece que pouco sabe, mas o caminho da sabedoria orienta toda a sua vida. É apenas amigo da sabedoria, *filósofo*, mas tão firme em suas convicções, tão obcecado pela verdade, que de certo modo às vezes parece um crente religioso.

No fim do julgamento essa atitude é levada ao limite. Já desafiara seus juízes, ao pretender ir além da persuasão e da retórica. Não quer convencê-los, mas que reconheçam a verdade de sua prática. Depois de condenado, ainda tem a chance de escolher uma pena razoável, mas surpreende reivindicando o privilégio de fazer suas refeições no pritaneu, o lugar de honra onde comiam os mais notáveis da cidade. No final das contas, não é lá, argumenta, que devem ser recebidos os amigos da sabedoria? Ainda menospreza o valor da multa que poderia pagar. No dia de sua execução recusa a fuga proposta por amigos. Como poderia viver como estranho noutra cidade? Além disso, se não se dedicou com afinco aos negócios públicos, nunca transgrediu suas leis ou deixou de defendê-las nos campos de batalha. Num diálogo posterior, *Fédon*, Platão nos conta como ele, cercado de amigos e discutindo problemas filosóficos, perguntando-se em particular sobre a imortalidade da alma, bebe serenamente o cálice de cicuta. Seus membros se entorpecem, cobre a cabeça com seu manto, mas, antes de morrer, se descobre para dizer ao discípulo Críton: Lembre-se de que devemos um galo a Asclépio. Este é o deus da medicina que os romanos chamavam de Esculápio. Sócrates quis morrer quite com os amigos e com os deuses.

III. A filosofia reinante de Platão

1.

A imagem platônica de Sócrates, que acabamos de traçar, nos serve de introdução a Platão (425-394 a.C.), aquele filósofo que faz de Sócrates seu mais importante corifeu. Em vez de tratados sobre a natureza ou sobre o ser, Platão escreve diálogos, dramatizações de um debate filosófico em que os personagens desenvolvem pontos de vista diferentes sobre as virtudes, a natureza da ciência, a definição do sofista, do político, e assim por diante. Pela primeira vez no Ocidente a paisagem dos problemas filosóficos é desenhada por inteiro. Mas não apenas confronta argumentos, procura esfregar uma ideia na outra[12] para que elas, perdendo a ganga, deixem transparecer o ouro que lhes dá vida e estrutura o

---

12. *A República*, 435 a; sempre recorri às obras completas de Platão, seja da Loeb Classical Library, seja da Collection des Universités de France, Les Belles Lettres. No caso d'*A República* em particular, consultei a tradução de Ana Lia Amaral Almeida Prado, São Paulo: Martins Fontes, 2006.

pensar. Nesse confronto as ideias se depuram e, do mesmo modo, as pessoas se educam e se aperfeiçoam.

Platão põe em cena Sócrates discutindo com jovens atenienses e desafiando sábios notórios, em busca de uma compreensão melhor do que venham a ser as virtudes, o pseudossaber do sofista, a ciência do matemático, e assim por diante. Porque lida quase sempre com personagens reais, seus textos invocam conversas que poderiam ter acontecido em Atenas. Mas o texto do diálogo é imagem, pretende carregar consigo um processo de depuração conduzindo atores e leitores ao conhecimento da verdade.

Tomemos um exemplo, o longo diálogo *A República*, em que Platão começa se perguntando o que vem a ser a justiça. Narra como Sócrates, ao visitar o Pireu, porto de Atenas, se demora com alguns jovens companheiros, os quais o convencem a assistir a uma festa religiosa. Já que estavam adiantados, resolvem visitar um amigo comum, e terminam se envolvendo numa discussão sobre a justiça. A primeira parte do texto é dominada pelo sofista Trasímaco, de quem se conhece muito pouca coisa e que defende a tese radical de que justo é tudo aquilo que venha a ser vantajoso para os mais fortes. Sócrates inicia seus contra-argumentos tentando mostrar que a *ação* justa pode beneficiar tanto o agente como seu objeto. Não é assim que age o pastor que cuida de suas ovelhas e, desse modo, ainda cuida de si? Além disso, cada coisa tem sua virtude, seu uso privilegiado, de sorte que a justiça não pode estar unicamente do lado do mais forte. Considerem-se ações humanas como vigiar, comandar, deliberar, e assim por diante: elas focam objetos determinados, mas todas partem da alma, entendida como princípio de vida. Antes de indagar pela justiça de uma ação, cabe portanto indagar pelo sentido da alma justa.

Sendo muito difícil, entretanto, estudar a justiça de cada uma das atuações da alma, convém examiná-la num modelo ainda mais simples, onde seus traços determinantes possam se evidenciar. A pólis tem essa serventia. Daí a pergunta: quando uma cidade é justa? Passar da justiça de um ato pessoal para a justiça da pólis depende do pressuposto de que haverá algo em *comum* entre as duas. Ambas devem seguir o mesmo modelo. Tudo o que existe, ensina Platão, se dá em vista de um paradigma que lhe confere sua Forma, seu caráter duradouro. Não é, pois, graças a essa identidade que algo pode receber um nome? Lidamos em nossa volta com peras, maçãs, leitos, mesas, e assim por diante. Mas todos esses objetos podem ser bons ou maus objetos em vista do que são nas suas respectivas excelências: esta pera é uma fruta bem desenvolvida, esta maçã está muito doce, este leito é muito pequeno etc. Mas as várias peras, embora sendo mais ou menos perfeitas, se reportam a uma Forma de pera, a pera segundo sua existência mais forte. Escrever "Forma" com inicial maiúscula nos serve para salientar que não se trata de um dos aspectos aparentes de cada fruta, mas daquilo que a conforma como pera, o lado universal determinante das peras individuais; ainda mais o que marca sua diferença com a maçã, outras frutas, outras coisas, e assim por diante. Consiste naquilo que torna visíveis os casos da Forma enquanto regra, medida, sob todos os ângulos e sob qualquer duração, de sorte que a própria Forma se resolve num ponto de conformação de casos, numa visibilidade em si. O visível se diz em grego *eidos*, que para Platão não se distingue de *idea*, "ideia". A Forma configura, pois, o ente, o que existe na sua individualidade, como sendo, mas que só vem a ser enquanto participar da Forma: o justo da Forma-justiça, o bom da Forma-bondade, a mesa da Forma-mesa, o número 2 da Forma-número, e assim por diante. Não há dúvida de que uma pera estragada existe, mas com grau de existência inferior ao da boa pera, que por sua vez existe enquanto estiver imitando a Forma-pera, aquilo que existe em seu modo mais pleno. Dessa maneira, a pera comestível é apenas imagem, aparência, fenômeno (do grego *phainestai*, "aparecer") do que vem a ser na sua excelência e na sua verdade. Haveria, então, uma Forma até mesmo das coisas mais vis, como a lama e o excremento?

A teoria das Formas pretende resolver a questão, levantada pelos filósofos anteriores, a respeito do que existe no fundo da natureza, a substância primordial. Platão a reformula questionando: o que é o ser?[13] Em poucas palavras, o que é comum a este ou àquele ente enquanto existem? Essa pergunta pode ser reformulada pelo avesso, de sorte que, em vez do duradouro, se indaga pelas condições da mudança: o que condiciona a geração e a corrupção?[14] Note-se que as Formas vêm a ser então o verdadeiramente real, as causas, num sentido muito amplo da palavra, condições do que advém neste mundo, isto é, das coisas em movimento. Mas causas que funcionam como paradigmas dos quais emanam imagens, o que vem a ser. Cabe cuidar para não confundir esse conceito de causa, que se resume a um condicionamento, com o conceito contemporâneo de causa: condição que *mede* o efeito. Além do mais, a física moderna aceita o princípio de inércia, segundo o qual toda coisa altera seu estado de movimento tão logo nela incida uma força. Desse modo, primordialmente existe o movimento, sendo o repouso resultado de duas forças contrárias de igual valor. O pensamento grego, porém, funciona noutro registro, pois considera o movimento e a mudança como resultantes de algum condicionamento sobre algo que assim sendo deve estar em repouso. Para os modernos, a força altera um estado de movimento, para os gregos, ela o cria. Por isso é o repouso que precisa ser explicado na qualidade de princípio de qualquer tipo de mudança.

As Formas platônicas constituem o ser em repouso divino, são imortais e inteligíveis, por conseguinte naturalmente entendi-

---

13. *O sofista*, 242 ss.
14. *Fédon*, 95 e.

das pela razão humana. Delas emergem ou são fabricadas imagens, em seguida imagens da imagem até se conformarem em tudo aquilo que nos aparece no mundo cotidiano. Desse modo, cada coisa com que convivemos tem sua existência graças a uma Forma da qual ela *participa* na medida em que vem a ser. Assim a Forma cunha a matéria como o sinete se imprime na cera. Mas, desse ponto de vista, a matéria não é mais causa agente, apenas receptáculo da transformação formal.

Platão tem consciência de que seu pensamento se arma a partir de certos pressupostos. Segundo um deles, uma coisa pode ser tomada em si mesma e nesse plano ela não se confunde com a mesma coisa quando relacionada a outra: "[...] tudo o que é de natureza a ser correlativo de algo é, quer em si mesmo, em sua unicidade, correlativo de algo em si mesmo, quer constituído, correlativamente a tais algos qualificados por outros algos igualmente qualificados".[15] Não é fácil trocar em miúdos esse enunciado, mas em princípio ele quer dizer que algo ou está fora de qualquer relação a não ser aquela de estar consigo mesma, é absoluto, ou vem a ser de tal modo que se ajusta a seu correlativo, é relativo a... Um exemplo, examinado por Platão logo acima do trecho onde trata desse assunto, é muito elucidativo. A ciência, tomada em si mesma, é ciência do cognoscível em si próprio, do absolutamente cognoscível, mas uma ciência determinada é saber de um objeto qualificado. Quando nasceu a ciência de construir edifícios, foi preciso lhe dar um nome e, se vem a ser chamada de arquitetura, é porque consiste numa técnica do começar, erguer a partir de uma base, *archê*. Lembre-se que em grego *archê* significa "princípio, poder fundador". Por sua vez, a matemática, a física, a biologia etc. enquanto ciências tratam tanto de um objeto geral, que é o científico, quanto de objetos particulares: a matemática trata dos núme-

---

15. *A República*, IV, 438 e.

ros ou das figuras geométricas, a física, dos objetos da natureza, a biologia, dos viventes, e assim por diante. Platão afirma, assim, que o conhecer vem a se adequar a um conhecido existente, meramente Formal enquanto conhecido, que, ao se diversificar em conhecido disto ou daquilo, requer que o conhecimento seja disto ou daquilo.

Esboça, pois, o paradigma do que vai ser a ciência no Ocidente. Por certo hoje vemos o objeto científico de outra ótica, não lhe atribuímos caráter absoluto, divino, mas foi graças a essa divinização das essências que passamos a conceber o conhecimento científico como processo de garimpar Formas fixas no meio das aparências do mundo cotidiano. Para Platão, a razão humana, se lhe fosse possível se despojar de toda ganga material, teria acesso direto às Formas, o raciocinar se confundiria então com o raciocinável, o inteligir com o inteligível. Mas somos dois em um, Matéria e Forma, o que puxa para cima é emperrado pelo que puxa para baixo. À medida que nossa parte racional fricciona as imagens para que revelem as Formas embutidas, nelas vamos caminhando na direção de Formas mais puras, formulando hipóteses a serem trabalhadas em vista dos princípios de todo saber e de todo ser. Esse procedimento recebe o nome de *dialética*. Mas, uma vez atingido o princípio, a razão se liga a todas as consequências que dele dependem, descendo até a conclusão sem recorrer a nenhum dado sensível, limitando-se ao manejo das ideias.[16] Mas só chega aos princípios quem for moralmente dotado e capaz de, a partir deles, proceder quase que automaticamente. A despeito de o método hipotético-dedutivo percorrer essas duas etapas, aquela da indução e aquela da dedução, a moderna noção de estrutura e da combinação de elementos simples, entretanto, confere outro sentido a esse movimento de ir e vir.

16. Idem, VI, 511 b.

Sobraram algumas cartas escritas por Platão. Interessa-nos especialmente a sétima, aliás, a mais extensa e a mais brilhante delas. Em particular, descreve o percurso da dialética, enumerando seus modos. Para cada ser, ela esclarece, existem três modos que permitem adquirir a ciência: o nome, a definição e a imagem. Tomemos como exemplo o círculo. Começamos a investigação dizendo seu nome. Sua definição é composta de nomes e de verbos que informam ser ele a figura em que as extremidades estão a igual distância do centro. Existem, todavia, várias definições de uma mesma coisa, de sorte que, para chegar à unidade da Forma, é mister ir além, no caso, traçar a imagem do círculo para que sua Forma seja antevista. A imagem desenhada é, pois, o terceiro modo — imagem na medida em que o ato de desenhar segue o paradigma definido. Chega-se assim a um quarto modo, vale dizer, a ciência, a inteligência e a opinião verdadeira; pensamentos do objeto em questão operando na alma. De um lado, pois, as Formas existindo em si, que seriam um quinto modo, de outro, essas formas existindo na alma participando do em si. Não basta, contudo, seguir mecanicamente esse caminho para que se atinja o objeto. Ainda é necessário que o viajor, o filósofo, possua qualidades morais e intelectuais para tanto: facilidade de aprender, memória potente, assim como aspire pelas coisas justas e belas. Somente dessa maneira ele está preparado para ir além do quarto modo, dedicar-se ao estudo da virtude e de outros valores. Devidamente preparado e percorrendo corretamente o caminho da dialética, ele está pronto para chegar à intuição da essência, no nosso caso aquela do círculo, atravessar o caminho para apreender diretamente a Forma.

Percebe-se que, desse ponto de vista, não convinha a Platão escrever tratados, discursos que, partindo de certos princípios aceitos pelos interlocutores, chegariam até as conclusões desejadas. Para chegar à Forma da justiça, por exemplo, é necessário, de um lado, esfregar sua imagem em outras, livrá-las de suas gangas sensíveis; de outro, o próprio pesquisador deve ser preparado para a aquisição da verdade. A Platão antes de tudo caberia escrever diálogos. Se a Forma é posta como um em si mesmo, se a ela somente se chega no início mediante imagens, o argumento não pode se mover num único nível, mera afirmação do verdadeiro, pois cada dito tem o sentido que lhe confere o contexto dialogal. Nada mais falso do que ler um diálogo de Platão como se fosse uma mala de argumentos de onde o leitor retiraria os argumentos adequados a seus propósitos. O diálogo é narração na qual cada argumento tem determinado valor no nível em que está se movendo, da imagem ou da definição. Fora desses âmbitos, o argumento perde seu sentido. Por isso está sempre pressuposto que os interlocutores, como todos os seres humanos, sejam dotados de uma linguagem raciocinadora, calculadora, em suma levados por um logos. E, para que esse logos se eleve até o nível do saber científico, da *episteme*, cada Forma conquistada precisa ser posta em relação à sua outra. Se a justiça for o direito do mais forte, o que ela será para aqueles que são dominados por ele? O pastor mais forte não é aquele que deixa seu rebanho bem cuidado? Por isso para Platão o raciocínio é dialogal, consistindo sempre numa divisão e numa síntese à procura de uma Forma superior. E, logo que a intelecção de uma Forma se performa, é preciso considerar o campo dos seres que a imitam. Ascender ao universal é também descer ao particular. Por isso para ele a Forma por excelência do pensar é a dialética, pensar como travessia do logos pelo logos. O conhecimento meramente hipotético--dedutivo olvida essa articulação mediante a qual as Formas participam entre si e os pesquisadores travam entre si relações de conhecimento.

2.

Voltemos à questão da justiça tal como foi posta n'*A República*, mas agora investigada no nível da pólis. Já que os indivíduos são incapazes de se abastecerem sozinhos, precisam se organizar a fim de que cada um, exercendo uma tarefa própria e específica, tenha suas necessidades satisfeitas. A cidade se divide então em várias classes naturais conforme cada um exerça um ofício da melhor maneira possível, segundo uma dada divisão técnica do trabalho. Mas, se uma boa divisão do trabalho distribui os vários indivíduos em grupos, ela termina por ameaçar o bom andamento da pólis, visto que seus habitantes, necessitando de produtos alheios, são tomados por um irresistível e insaciável desejo de possuir.[17] E assim serão levados à discórdia, à dissensão e à guerra.

Para impedir essa dissolução, torna-se necessário, portanto, formar cidadãos capazes de ter uma visão geral da cidade, que saibam resguardá-la de perigos internos e externos. Platão dedica parte substancial d'*A República* a estudar a educação desses guardiões, sendo levado, desse modo, a passar a limpo todos os meandros da formação, da paideia, dos jovens gregos. Desviando-se da tradição, Platão propõe uma reforma cujo objetivo maior é impedir que o ensino fixe o aluno no plano da imagem, criando obstáculos que o impeçam de atingir o nível das Formas. Ora, Homero, por exemplo, mostra na *Ilíada* e na *Odisseia* deuses se entregando às mais variadas paixões humanas, mantendo com os homens uma relação de conivência e de império imprópria a seres divinos. No fundo, para educar a juventude grega, necessita então redesenhar o mapa em que os gregos distribuíam deuses, seres humanos e viventes. Os deuses, em particular, passam a ser aspectos diferenciados de Deus, aspectos cujas manifestações mais evidentes se

---

17. Idem, 374 e.

mostram nos corpos celestes levados pela perfeição do movimento circular. Em contrapartida, tudo o que vive no mundo sublunar se articula imitando o que existe em si, valendo como imagens imperfeitas do eterno.

Na cidade, convém que os seres humanos, depois de terem escolhido viver exercendo esta ou aquela profissão, passem a ser inteiramente responsáveis pelas trajetórias que lhes cabem neste mundo, sempre livres para melhorar ou piorar seus respectivos desempenhos. Não é o que se evidencia quando se adota o ponto de vista da imortalidade da alma, da reencarnação e da metempsicose? É de notar, contudo, que esse modo de pensar ainda se move no plano da imagem. Platão não está afirmando que a alma passa pela reencarnação. Esse argumento vale no nível do mito, da imagem, para *mostrar* que, ao ter uma ideia, cada um reconhece nessa imagem uma Forma pela qual ele pensa o que reside além dela. Por isso pensar é rememorar, ter reminiscência de um contemplar anterior à encarnação.

Se educar-se é no limite elevar-se a uma rememoração puramente intelectual das Formas, não convém permitir, como procede a paideia tradicional, que o jovem escolha seus padrões tendo em vista condutas e comportamentos de deuses impiedosos e amedrontados, adúlteros e desregrados, tal como os mostra a mitologia grega. Numa cidade paradigmática, bem fundada, não há lugar para as lendas de Homero, nem para poesia trágica em geral. Antes de a cidade ser justa, precisa então ser bem temperada, o que requer cuidado especial com sua própria inteireza. Necessita, pois, de um corpo de guardiões que tenham dela uma visão geral. Só os melhores serão destinados a essa tarefa, mas os melhores dos melhores, aqueles que conseguem configurar o todo, terão a tarefa de trazer as Formas da cidade para a cidade real, em suma, a tarefa de legislar. A pólis há então de ser partilhada em três classes: 1ª) produtores e mercadores formando o povo; 2ª) guardiões auxiliares mantenedores da ordem; 3ª) guardiões legisladores, os únicos encarregados de deliberar sobre as grandes questões.

No entanto, como selecionar esses guardiões da ordem, quando todos os melhores são educados para atingir a contemplação das Formas? Como trazer de volta para a vida ativa aqueles que foram estimulados a se dedicar ao ócio da filosofia e às delícias da vida contemplativa? Em particular, como separar o guardião do legislador? Ainda cabe perguntar: se o filósofo é naturalmente empurrado além da cidade real, por que continua responsável por ela? Nesse ponto cabe salientar uma característica da filosofia platônica: ao mesmo tempo que ela se esforça para atingir as Formas e o divino, também trata de recuar para examinar como a matéria vem a ser informada. Assim sendo, aquele que se aproxima do divino tem a responsabilidade de voltar ao mundo das aparências e auxiliar seus concidadãos a se liberarem de seus ferros. Se a ascese salvadora se faz pelo diálogo, a salvação também se faz pela via da amizade, da *philia*, no seio da pólis. O cuidado de si mesmo será um momento desse processo coletivo.

Para que os educandos possam captar o sentido desse processo de ascender ao divino e retornar ao mundo das aparências, Platão lhes narra um mito. Imaginem, diz ele, pessoas vivendo acorrentadas no fundo de uma caverna, impedidas de se virar e enxergar sua entrada. Nesta uma fogueira projeta sua luz por todo o espaço interior, desenhando sombras na parede diante da qual esses indivíduos estão postos. Nessas condições, não seriam levados a acreditar que a realidade é constituída tão só pelas imagens a que estão acostumados? Mas, como os melhores se entregam ao exercício da dialética, aos poucos vão conquistando posições que paulatinamente lhes permitam mirar a fonte luminosa e, assim, tomar ciência de como suas vidas pregressas e de toda a pólis se chafurdam na aparência. Depois da visão do ser, cabe-lhes fazer o percurso inverso, voltar e explicar a todos a situação em que estão encerrados. Por certo serão mal-entendidos, visto que é difícil se libertar da ganga da matéria. Não é por isso que os filósofos são ridicularizados por suas doutrinas e se tornam corpos estranhos à cidade? Mas, a despeito de aparecerem ridículos, são eles os mais dotados desse saber que, capaz de fundar uma cidade ideal no plano do pensamento, os tornam competentes para reinar.

Lembremos que Tales, o primeiro filósofo, era um homem prático capaz de especular com o preço do trigo, mas também se dizia dele que, de tanto contemplar as estrelas divinas, caíra num poço. Platão não caiu num poço, mas, depois de formado, por duas vezes embarcou para a Sicília a fim de fazer propaganda de suas ideias políticas. Quando adulto viajou para o Egito, foi até Cirene e chegou à Sicília. Em Siracusa foi muito bem acolhido pelo tirano Dênis I, graças a seu cunhado Díon, que se tornara seu discípulo. Mas o rei logo se cansa do mestre intrometido e o embarca num navio espartano. É deixado em Egina, naquele momento em guerra contra Atenas. Não fosse um rico comerciante tê-lo resgatado, Platão teria sido escravizado. Voltou murcho para sua cidade natal, onde funda a Academia (387 a.C.). Mais tarde, com sessenta anos, volta à Sicília, para doutrinar Dênis II, sem obter melhores resultados. Não podendo ser um reformador de fato, passa então a desenhar o plano de uma cidade bem governada. Seu texto *As leis* nasceu desse projeto. Embora se apresente como um diálogo entre três anciãos, um de Atenas, um de Creta e outro de Esparta, o texto se desenvolve quase sem o jogo de perguntas e respostas. Quando trata da Forma da pólis, Platão necessita da dialética — veja-se seu diálogo *O político* —, mas, para examinar as leis como elas são e como devem ser, apenas mostrá-las se torna o método mais conveniente.

Voltemos, porém, ao diálogo *A República*. Cada um deve aprender o saber que lhe compete e, graças a ele, adquirir a virtude da temperança (*sôphrôsynê*), o domínio de seu ofício e de si mesmo. Os guardiões, além da temperança, devem cultivar a coragem (*andreia*), isto é, a salvaguarda de si e dos outros. Aos guardiões excelentes, os filósofos, além da temperança e da coragem, cabe a prática da sabedoria (*sophia*). Mas, se as duas últimas "classes" são compostas de cidadãos que se esmeram em ter uma visão geral da pólis, como selecionar os melhores, aqueles destinados a seu governo? Porque a alguns faltará a coragem de prosseguir no árduo caminho da dialética.[18]

Desenhada essa distribuição dos cidadãos, compreende-se no que consiste a justiça civil. Resolve-se no bom andamento da pólis provocado pelo bom comportamento das partes. Constituída e posta a estrutura social ideal, começa então a ter sentido considerar justa a retribuição da parcela de responsabilidade e de proveito devida a cada classe no funcionamento do todo. Justa é a distribuição dos bens segundo as necessidades e os méritos de cada parte da pólis. É de notar como se chega a esse resultado: não é por dedução, nem pela indução a partir de casos possíveis. Depois de examinar a natureza de virtudes particulares, da temperança, da coragem e da sabedoria prudente, a justiça é apenas visada como aquela virtude que resta a conhecer. A justiça não é propriamente definida, tão só localizada no edifício do saber. Possui ela um lugar à parte ou se infiltra por todas as outras virtudes? Platão não prova que as primeiras sejam as únicas virtudes possíveis, nem que a justiça seja única virtude restante. Apenas indica, no nível em que o diálogo se encontra, como essa tripartição encoraja a pensar a virtude como o bom funcionamento das partes. A argumentação nunca é impositiva, propriamente analítica.

---

18. Idem, 504 a.

3.

No entanto, ao chegar a esse nível, os interlocutores podem, por fim, passar do paradigma da cidade para o paradigma da alma, tendo como mediação o funcionamento das quatro virtudes capitais: prudência, temperança, coragem e justiça. Definida como princípio de vida, a alma é naturalmente paradigmática, por conseguinte dotada do pensamento racional.[19] É aquela parte imortal da alma que somente se liga a outras partes enquanto estiver encarnada. O indivíduo temperado, moderado, reconhece assim que seus impulsos estão subordinados ao controle racional. Em oposição a esse controle se coloca o desejo, outra parte constituinte da alma. Mas o desejo está ligado a uma carência num âmbito determinado. Quem tem muita sede se contenta com uma bebida em geral, pouco lhe importando se esta for água ou vinho. Por fim a coragem está ligada a uma parte da alma encarregada de mediar outras partes. Platão a chama de *thymoeides*.

Essa parte da alma tem dado o que pensar, a começar pela tradução do seu nome. Os ingleses costumam traduzi-lo por *spirit*, alguns franceses por *irascibilité*, não conheço entre nós uma tradução consagrada. A palavra *thymoeides* designa o homem corajoso, resoluto, voluntarioso, e está ligada a *thymos*, literalmente "o sopro", mas designa correntemente tanto o impulso da vontade, o coração do corajoso, como a cólera violenta. Daí o caráter bifronte dessa faculdade da alma, de um lado, impulso custosamente subordinado à razão; de outro, violência desregrada que vai além dos limites convencionais. Graças a essa dualidade, ela se torna específica dos guardiões auxiliares, voluntariosos na guarda do povo, submissos aos ditames da lei redigida por guardiões excelentes.

19. *To logistikon*: A República, VI, 439 d.

Está fora de nossos propósitos examinar os principais problemas levantados por essa faculdade mediadora. Lembremos apenas que ela se liga à problemática da vontade. Como os gregos a entendiam? Está muito distante do que hoje costumamos pensar dela? Não nos cabe discutir aqui essa difícil questão, mas convém pelo menos indicar que não vale tomar simplesmente o termo *vontade* e atribuir-lhe um sentido primário — uma Forma platônica? — como se fosse uma lâmpada de que os filósofos descreveriam aspectos mais ou menos importantes, mais brilhantes ou mais opacos conforme a acuidade de cada investigador. A vontade não possui uma essência de que os filósofos falam a partir de um ponto de vista. Seu sentido está ligado a todo um contexto de significações e práticas relacionadas a um determinado modo de filosofar. Na medida em que a filosofia pretenda vir a ser pensamento radical, cada sistema repensa radicalmente todo o seu vocabulário, assim como inventa novos conceitos. A vontade não é uma coisa de que os filósofos teriam conhecimento aproximado. Não é o que acontece, porém, com os conceitos filosóficos mais importantes? Seja como for, é preciso nunca perder de vista que, no caso particular da vontade, a mesma palavra serve para apresentar conceitos muito diferentes, seja, por exemplo, em Platão, no apóstolo Paulo, em Kant ou em Schopenhauer.

No que concerne a essa faculdade mediadora, *thymoeides*, interessa-nos apenas salientar a posição difícil que ela ocupa no desenho platônico da alma humana. Platão divide as partes da alma segundo o seguinte princípio: "Manifestamente a mesma coisa se recusará a exercer ou a sofrer simultaneamente ações contrárias, ao menos sob o mesmo aspecto e no que respeita à mesma coisa".[20] Muitos veem aqui o primeiro enunciado do princípio da contradição, outros recusam essa interpretação, já que o princípio, principalmente nos

---

20. *A República*, VI, 436 a.

tempos atuais, não se reporta às coisas, mas às proposições. Para nós importa somente: 1) que a divisão da alma incorporada se faz tendo em vista a identidade de uma função; 2) que a faculdade mediadora identifica impulsos contrários, na medida em que fica enquadrada entre a razão e a faculdade de desejar. O lado apetitivo da alma se extravasa para se abrir à ponderação da razão.

Se o ser vivo possui alma, o mundo, entendido como ser vivo, terá sua alma. No fundo, esse princípio unificador participa da ideia do Bem, elo que costura todas as Formas, embora não forme um elo supremo de que todas elas *participam*. Se esse Bem é supremo, marca o limite da coisa como ela é e como ela se harmoniza consigo mesma e com todo o resto. Por isso Bem supremo, Verdade e Beleza coincidem. Toda Forma é idêntica a si mesma e traz consigo um empuxo, uma força de ser. Mas, para ser absolutamente si mesma, precisa se distinguir de outras. Participa então da Forma-do-mesmo e da Forma-do-outro. Daí se liga a seu outro sem que esse elo tenha uma Forma determinada, apenas sugere o ir além dela. A Forma do Bem, ou melhor, o Bem enquanto Forma, está além de tudo o que é, vem a ser Forma que se transcende e assim se subtrai a toda definição formal. O Bem somente é acessível por meio de metáforas, é o "liame" que "impede" as coisas de "se perderem" no fluxo universal, é "o Atlas poderoso e imortal que sustém todas as coisas"; como o seu nome indica, ele "dispõe todas as coisas para o melhor"; "o Bem, isto é, o obrigatório, liga e contém tudo". Se as Formas são Ser, o Bem é "a parte mais luminosa do Ser", "o melhor dos seres", ou ainda "é perfeitamente Ser...". Reporto-me a uma sequência de citações de textos platônicos apresentada por Victor Goldschmidt no seu livro *A religião de Platão*,[21] a fim de nos revelar as principais características do Bem,

---

21. Victor Goldschmidt, *A religião de Platão*, São Paulo: Difusão Europeia do Livro, 1963, p. 44.

noutras palavras, de Deus, posto como liame e medida de todas as coisas. É importante notar que a dialética platônica visa o Bem, idêntico ao Belo e ao Verdadeiro, num jogo dialogal que, contudo, termina por fazer com que a alma o apreenda além do fluxo do mesmo e do outro. Não poderíamos estar mais distantes de Protágoras, que, configurando o homem a medida de todas as coisas, faz da verdade uma trama de pontos de vista individuais.

IV. Platão, parricida de Parmênides

1.

O fragmento nº 7 do grande poema de Parmênides se inicia por dois versos, citados, aliás, por Platão no diálogo *O sofista*:[22]

> Que isto não domine [a indagação]: serem [os itens] que não são,
> Mas tu evites este caminho da pesquisa, pois barra o pensamento.

Glosando: Não deixes que tua pesquisa filosófica seja dominada pelo pensamento de que são, os seres que não são. Evita esse caminho que barra o pensamento.

O ser constitui uma identidade e uma unidade absoluta e não dá margem à mudança, ao movimento e ao próprio discurso, pois, em movimento, a coisa está se diferenciando, sendo e não sendo isto. Sócrates de pé não é, de certo modo, diferente do Sócrates sentado? Como é possível então falar verdadeiramente de Sócra-

---

22. *O sofista*, 237 a.

tes? Alguns sofistas radicalizaram essas diferenças afirmando que Sócrates sentado é diferente de Sócrates de pé. Além disso, como Parmênides identifica ser e pensar, a identidade absoluta do ser impede a movimentação do pensar, por conseguinte o movimento do discurso, seja ele a linguagem falada ou escrita, seja o mudo pensar da alma. Alguns chegaram à conclusão de que nem mesmo caberia dizer "Sócrates está de pé", pois o enunciado afirma que algo, Sócrates, está se determinando como algo diferente (estar de pé), que é diferente da identidade dele. Para uns a linguagem se reduziria, então, a uma sequência de nomes. Outros, mais radicais, pararam de falar e passaram a se comunicar por gestos. Mas esses gestos estruturados não formam uma linguagem? Seja como for, repensar as teses de Parmênides, descobrir seus pressupostos ocultos, que emperravam o avanço do pensamento grego, se converte numa tarefa primordial para quem pretendia entender o que acontece no mundo, como funciona a linguagem, enfim, a prática da filosofia.

Cabe lembrar que o próprio Parmênides distingue dois caminhos do pensar, aquele da verdade e aquele da opinião, da aparência. Mas, se somente o ser é, e o pensar se identifica ao ser, que estatuto pode ter esse discurso sobre a aparência que, desde logo, não pode ser identificada à plenitude do ser? Torna-se assim muito difícil explicar o que vem a ser a aparência. Como ela pode *ser*? Se pensar e ser são o mesmo, como ensinava Parmênides, como pensar o não-ser enquanto o falso e o enganoso? Mas pensar o não-ser, isto é, o nada, não seria equivalente a não pensar?

Para enfrentar essas dificuldades, esses obstáculos ao movimento do pensar, Platão adota a estratégia de atacá-las pelos flancos: em vez de mergulhar na análise dessas aporias,[23] desses conflitos

---

23. Os filósofos gregos entendiam por "aporia" o impasse, a ausência de passagem (*poros*) que permitisse o caminhar do conhecimento.

do pensar consigo mesmo, começa investigando a possibilidade de as Formas se friccionarem umas nas outras na medida em que essa possibilidade deixa pistas na própria aparência, nos fenômenos cotidianos. É preciso, então, encontrar um exemplo. Mas o próprio sofista não exemplifica de modo muito claro essa combinação? Não diz ora isto ora aquilo? No final das contas: o que ele *é*? Cabe, então, como ensinara Sócrates, encontrar uma definição do sofista. Mas não basta desenhar uma significação: a mera definição nominal não assegura que o objeto a ser definido exista, é necessário saber o que o sofista *é*, apanhado no exemplo vivo a impregnar a regra definidora.

No entanto, o sofista é um ser tão mutável, tão camaleônico, que não sabemos por onde iniciar sua caçada. Preparando o terreno, comecemos investigando o que vem a ser uma caçada e a atividade do caçador. Mas, como o campo a ser investigado continua muito amplo, convém restringi-lo ainda mais: em vez de perguntar pela essência (*ousia*) da caça e do caçador em geral, Platão parte de um caso particular, investiga a essência do pescador que usa vara e linha para exercer sua atividade. Como defini-lo? Configurado o problema, o diálogo se inicia tendo como interlocutores, de um lado, o jovem Teeteto, com quem Sócrates, num texto anterior, denominado igualmente *Teeteto*, já discutira o sentido da ciência; de outro, um estrangeiro proveniente de Elea, cidade italiana onde nascera Parmênides. Não é à toa essa substituição de Sócrates, o costumeiro interrogador dos diálogos platônicos, por um estrangeiro. O próprio Parmênides já fora interlocutor de Sócrates num difícil diálogo que tem o seu nome, mas esse texto se contenta em explorar as aporias resultantes da absoluta negação do não-ser. Se Platão quisesse tomar um representante dessa escola, poderia ter escolhido, por exemplo, seu contemporâneo Melissos. Constrói, porém, um personagem exterior a seu círculo de discussão, sem rosto, vindo de fora, preparado para discutir o tema pautado: que sentido pode ter o outro, sobretudo se for o outro absoluto? É vantagem, pois, ter um estrangeiro, que poderá até mesmo tomar distância das teses que ele próprio está representando.

Vamos ao núcleo do argumento. Pescar é uma arte. Como ela funciona? Uma arte pode produzir o objeto ou simplesmente tomá-lo. Onde o pescador se encaixa? Na arte de apreender, responde Teeteto. A apreensão, por sua vez, se faz pela troca e pela captura. Onde o pescador se encaixa? Na apreensão pela captura, continua respondendo Teeteto. Graças a esse procedimento de circunscrever e dividir o campo investigado em duas partes, sendo que ao interlocutor cabe localizar numa delas o objeto cuja definição está sendo procurada, a análise se estreita até chegar às determinações essenciais desse indivíduo: o pescador com vara e linha vem a ser um técnico capaz de capturar etc. um animal nadador abatendo sua presa.

Como se articula esse método? O pescador é um indivíduo, dotado de uma arte, de uma técnica. O interrogador a divide em dois tipos, de produção e de apreensão; o interrogado, por sua vez, localiza o indivíduo procurado no segundo tipo, de novo o interrogador divide em dois o gênero no qual o indivíduo foi localizado, o interrogado cumpre sua função, e assim por diante, até ambos chegarem a um acordo sobre o modo de determinar a essência do indivíduo em questão. Note-se que essa divisão (*diairêsis*) não é exaustiva e exclusiva. Se uma parte da arte (*technê*) é apreender o objeto, a outra contraposta poderia ser tanto o produzir como o achar. Embora cada gênero se divida em dois, nem sempre essa divisão é a mais comum e, nem mesmo, exclusiva. A investigação sempre avança pela persuasão. Note-se ainda que cada resposta, localizando o indivíduo num subgênero, também o exclui dos outros subgêneros. E, conforme a divisão caminha, os subgêneros vão se tornando mais concretos. Um dado subgênero é mais concreto que o gênero anterior e mais abstrato do que os subgêneros posteriores. Desse modo, a definição é antes de tudo uma descrição de descrições articuladas de gêneros embutidos, indo do abstrato mais geral para o mais concreto.

Convém observar que estamos traduzindo *genos* por "gênero", mas é preciso esquecer todas as conotações correntes dessa palavra, principalmente aquelas ligadas ao vocabulário aristotélico. Como veremos, para Aristóteles a espécie localizada no gênero se identifica mediante uma diferença específica, dividindo o campo de análise em duas partes totalmente exclusivas, contraditórias.

Voltemos ao diálogo. Graças à análise do exemplo, o discípulo aprende a dividir em dois o campo de análise e, assim, se prepara para sair em busca da definição do sofista. Também este é um caçador, cuja definição há de seguir os passos da argumentação anterior. Para abreviar, vamos ao primeiro resultado: o sofista é um caçador de jovens atenienses ricos, pois devem ser capazes de pagar por suas aulas, assim como livres, porquanto se destinam a exercer poder político. No entanto, ainda é possível considerar o sofista atentando para a natureza do objeto de troca entre ele e o aluno. Daí uma nova definição: ele trafica com o discurso e com o ensinamento da virtude. Vamos deixar de lado outros três aspectos considerados no diálogo, cuja análise resulta em mais três definições. Em resumo, as definições se sucedem e terminam quando um consenso se tece entre os interlocutores.

2.

As definições do sofista mostram como ele existe participando de várias Formas. Em primeiro lugar, ele é, participa da Forma-ser. Movendo-se participa tanto da Forma-movimento quanto da Forma-repouso. Chegamos assim a identificar três Formas matriciais, a do *ser*, a do *movimento* (*kinêsis*) e a do *repouso* (*stasis*), das quais o mesmo ente, o sofista, participa. É mister, todavia, ir adiante. O sofista em movimento tanto é o mesmo (*tauto*) como é diferente do outro (*heteros*), do que então era. Às três formas anteriores se acrescentam, pois, mais duas, aquela do *mesmo* e aquela do *outro*, a mesmidade e a alteridade, que é dita tanto do sofista como dos entes em geral.

A introdução do *outro* como uma das Formas superiores permite dar um estatuto à negação e ao não-ser. O outro escapa do mesmo; é, esclarece Platão, um *pros ti*, uma pro-veniência. Assim *sendo*, imprime ao ente uma Forma na qual ele já fora impresso, e outra que conforma o escapar dela. Ele é sendo e não sendo. Não encontramos assim o lugar do não-ser? Diz o estrangeiro: "Ora, não nos contentamos apenas em mostrar que os não-seres são, mas lançamos luz sobre a própria forma que constitui o não-ser. Uma vez demonstrado, com efeito, que há uma natureza do outro e que ela se liga a todos os seres em suas relações mútuas, de cada fração do outro que se opõe ao ser nós dissemos audaciosamente: é aqui mesmo que é o não-ser".[24]

Isso posto, está aberta a possibilidade de indagar pela natureza do discurso, esse ente móvel por excelência. Antes de tudo convém combater aqueles que só admitem proposições verdadeiras, recusando qualquer estatuto para as falsas. Lembremo-nos de Antístenes (cerca de 444-365 a.C.), fundador da escola cínica, assim chamada porque era muito crítica dos costumes atenienses e da filosofia de então. Ele fora discípulo do sofista Górgias e mais tarde de Sócrates. Considerava o nome exclusivamente por seu lado significante, o termo *sofista*, por exemplo, valendo antes de tudo por suas articulações fonéticas. Assim sendo, vê o nome como índice de algo tão só como algo. Mas então o discurso se re-

---

24. *O sofista*, 258 d-e.

duziria a uma sequência de nomes verdadeiros. Antístenes, porém, está supondo que somente existem algos absolutos. Ora, já vimos que n'*A República* Platão distingue o absoluto do relativo. A ciência, por exemplo, trata tanto do cognoscível em si — dos conceitos em geral, diríamos hoje — como dos números, do movimento dos planetas, e assim por diante. *O sofista* já retomara essa distinção: "Mas penso que você concorda que, [de um lado] uns dentre os seres se dizem eles mesmos em si mesmos, [de outro] uns sempre em relação a outros".[25]

Vale a pena examinar essa diferença entre o em si próprio, o absoluto, e o relativo no que respeita à negação. A contrariedade é relativa, o calvo é relativo ao cabeludo, um é oposto ao outro. Mas, para surpresa nossa, Platão considera que o cabeludo possui uma *physis* diferente daquela do calvo.[26] Isso quer dizer que essa contraposição, que mais tarde será chamada de contrariedade, não se move exclusivamente no nível do discurso, dos significados das palavras, mas há de ter um fundo real. Não basta distinguir o calvo do cabeludo tão só por sua aparência, convém ainda lembrar que o calvo nasce cabeludo, mas tende a perder seus cabelos. Isso o diferencia do cabeludo. Como veremos, Platão já começa a distinguir contrários de contraditórios, o primeiro indicando simplesmente dois opostos, por exemplo, preto e branco; o segundo toma um elemento em oposição a todos os outros partícipes de um mesmo domínio, por exemplo, preto e não-preto, este último termo indicando assim todas as outras cores diferentes de preto. Para Platão, a oposição meramente discursiva está se fazendo a propósito de algo, no caso de alguém, que é o mesmo sendo outro. A Forma-outro indica um ir além de..., partir de uma base, um *pros ti*, navegando entre o que os algos são e o que deles se diz. "Quando

25. Idem, 255 d.
26. *A República*, vi, 454 c.

nos dizem que o negativo significa o oposto, nós não o admitimos; admitiremos apenas que o 'não' colocado diante das palavras que o seguem indica um certo termo entre outros termos, ou antes, entre os algos em relação aos quais são eventualmente instituídos os nomes que se articulam em seguida à negação".[27] Logo abaixo Platão ainda escreve: "Assim o outro, participando do ser, é mediante essa participação; ele não é, porém, do que ele participa, mas outro, e, porque ele é outro que o ser, é, segundo a necessidade mais manifesta, não-ser".[28] O ser é, mas enquanto *ente* particular ele se diferencia de outros porque possui em si mesmo poder diferenciador. Por isso a Forma do não-ser participa da Forma do ser. Os filósofos ocidentais têm arrancado os cabelos para interpretar esses textos, mas agora somente nos cabe indicar por onde a dificuldade enviesa: o outro participa do ser sem que ele seja propriamente, porque é ir além.

Vimos que uma Forma platônica é uma existência na sua máxima potência. A Forma do vaso é a existência paradigmática da qual este ou aquele outro vaso retiram sua força de existir, seu próprio ser subsistente, sua sub-stância (*ousia*). Ao discriminar cinco Formas matriciais, encontramos cinco formas de ser, umas, como a do ser e a do mesmo, estando presentes em todas as outras, vindo a ser *comuns* a elas, enquanto outras, como movimento, repouso e alteridade, se entrelaçam se distanciando: movimento e repouso estão sob a Forma do mesmo, mas movimento é outro do repouso, e assim por diante. Nessa distância, porém, não se comunicam, não constituem uma comunidade diversificante?

O que há de *comum* entre as Formas, como explicar essa comun-idade? Assim como o vaso *participa* da Forma-vaso na medida em que ele existe como modo atenuado dela, os cinco

---

27. *O sofista*, 257 b-c.
28. Idem, 259 a.

gêneros supremos participam ou não participam entre si. Esse mesmo objeto participa da Forma-mesmo, mas, ao ser mesmo, é outro de outros vasos e outros objetos similares. O que estamos *vendo* entre os vasos individuais se transpõe com muito mais força, com mais plenitude sub-stancial, essencial, para o plano das Formas, das ideias, do que existe na sua visibilidade máxima. Em resumo, se todas as Formas *são* e são as *mesmas* em si mesmas, a Forma do repouso, ao contrário, é *outra* daquela do movimento, por conseguinte ela *não é* aquela do movimento. Mas, não sendo do movimento, participa do ser do repouso, graças a um ir além de um para o outro, graças a um caminhar para o ser, para o divino e, considerando toda a filosofia platônica, para o Bem e para o Belo.

Para melhor compreender essa comun-idade das Formas, convém compará-la com o relacionamento das vogais e consoantes numa determinada língua. Os sons e as letras nem são isolados nem se combinam indiscriminadamente. Em português *t* se combina com *r* como na palavra *troca*, mas *t* nunca se combina com *m*, pois, salvo engano meu, não existe nenhuma palavra composta pelos sons *tm*. Por sua vez, *a* se opõe às outras vogais da língua portuguesa, sendo que todas elas costuram as palavras, formando um fluxo do ser que as anima.

É graças a essa comun-idade das Formas que se explicita a possibilidade do logos, do discurso, da linguagem. Se as Formas participam entre si, o discurso não revela essa articulação, a comun-idade (*koinônia*) das Formas? Os signos que se combinam participam, como os próprios fenômenos, dessa comun-idade. Esse relacionamento se dá entre nomes e verbos, os elementos simples do discurso. Não forma sentido uma fieira de nomes um depois do outro, o mesmo acontecendo com uma fieira de verbos. No contexto, verbos são palavras que exprimem a ação, enquanto os nomes são sinais vocais que se aplicam àqueles que praticam as ações.[29] A proposição se reporta a um estado de coisas atuantes entre si, reflexo da comunicação das Formas, de um lado, a base praticante, de outro, a própria ação em curso. Desde, porém, que o não-ser venha a ser uma Forma, tudo o que se move participa dela. E o discurso do movimento é ele próprio um movimento que participa do ser e do não-ser.

Torna-se claro o sentido da negação. Suponhamos dois enunciados referentes a Teeteto, um verdadeiro, outro falso: "Assim uma combinação de verbos e de nomes que, a teu sujeito, enuncia, de fato, como outro o que é o mesmo, e, como sendo o que não-é, eis, assim me parece, propriamente, a espécie de combinação que constitui real e verdadeiramente um discurso falso".[30] Se os signos se combinam como as partes do real se combinam, ou melhor, se a combinação discursiva e a combinação fenomênica participam da mesma combinação formal, então esse discurso é verdadeiro, caso contrário é falso. A combinação mais simples, digamos a proposição declarando o real, não é, como pretendia Antístenes, apenas *phasis* (vocábulo, dizer, declaração), mas também *kataphasis* (afirmação) ou *apophasis* (negação).

O dizer declarativo, *apophasis*, está pois dominado por essa dualidade de direção, entre a afirmação e a negação. Está ligado ao não-ser, à alteridade do sair disso para aquilo. Essa intencionalidade prática que atua entre as coisas é mimetizada pelo discurso, na medida em que a proposição, sua parte mais simples, é formada por nomes e verbos. Mas o todo da proposição formada pelo verbo e pelo nome somente forma sentido se for direcionado para um foco. Por isso o falar, *legein*, é sempre um falar de algo, *ti legein*: "Forçosamente o discurso (logos) [proposição], desde que é, é discurso de algo (*tinos einai logon*), é impossível que seja sobre

---

29. Idem, 262 a.
30. Idem, 263 d.

não-algo (*me de tinos*)".³¹ Algo, *ti*, sempre entendido como uno, *en*. O discurso é necessariamente intencional, mas o que é visado vem a ser entendido como aquela unidade de algo sendo posto como algo, algo como algo, *ti kata tinos*, ela mesma sendo uma unidade movente, uma unidade, *en*, que é algo, *ti*. Mas em torno do real existem muitos seres e não-seres.

3.

Por fim encontramos um caminho que nos permite acuar e prender o camaleão sofista. Duas páginas antes Platão já anunciava que, existindo o falso (*pseudos*), haverá a falsidade, a enganação, *apatê*.³² Podemos dividir a arte que fabrica imagem em duas, aquela que produz a cópia, a outra que produz o simulacro. Onde situar o sofista? Já que o falso existe, cabe dizer que existe uma arte da enganação. Não é aqui que ele se encontra? A produção pode ser divina ou humana. A primeira condiciona todos os entes na medida em que eles não se formam cegamente, mas conforme um plano, entes que, por sua vez, são imagens, tudo o que aparece, os fenômenos. Em contrapartida, a produção humana produz tanto imagens como simulacros. Ora, a produção de imagens, a imitação, a mimese, pode ser feita segundo a ciência ou segundo a opinião. Esta última pode, ainda, se reduzir a um fazer de conta, ou ainda mais, tentar fazer com que a opinião apareça como ciência. Mas o fazer de conta se enrola em discursos fantasiosos a tal ponto que nos leva a desconfiar deles. Não chegamos, desse modo, a desenhar o perfil do próprio sofista? "Assim esta arte da contradição que, em vista da parte irônica de uma arte fundada unicamente na

31. Idem, 262 e.
32. Idem, 260 c.

opinião, se integra na mimética e, graças ao gênero que produz os simulacros, se liga à arte de produzir imagens, essa porção nada divina mas humana da arte de produção, que tendo seu próprio domínio, o discurso, fabrica então seus prestígios, eis que se pode afirmar que seja a raça e o sangue do autêntico sofista."[33]

Mas a configuração do sofista não traz em negativo o lugar do filósofo? Não é ele, como o sofista, um profissional do discurso? Por certo caminha em direção contrária, faz do discurso o desvendamento do ser, inclusive tenta mostrar como esse ser participa do não-ser. Mas esse ir além poderia se processar mediante um discurso autônomo, linear, que economizasse a pergunta pela natureza do sofista? Teria a dialética platônica condições de falar positivamente do filósofo sem corroer a imagem que dele tem o público em geral?

---

33. Idem, 268 d.

v. Categorias e atividade substancial segundo Aristóteles

1.

Para resolver os desafios propostos pela filosofia de Parmênides, Platão desdobra sua teoria da *participação* das Formas, incluindo entre elas a Forma do não-ser. A proposição falsa se torna, então, possível porque ela se reporta a algo que deixa de ser algo na medida em que é o outro desse algo. Mas essa teoria da participação enfrenta dificuldades, já reconhecidas nos círculos platônicos. Aristóteles, aluno da Academia por longos anos, pouco a pouco rompe com o platonismo e descobre seus próprios caminhos. Logo nas linhas iniciais do tratado das *Categorias*,[34] editado como introdução ao *Órganon* (instrumento da ciência), o conjunto de seus textos sobre a lógica, aparece uma distinção que, desenvolvi-

---

34. Em geral consulto as obras de Aristóteles em *The Complete Works of Aristotle*, ed. Jonathan Barnes, Princeton: Princeton/Bollingen Series, 1991, 2 vols., LXXI.2; ainda utilizo os textos gregos publicados e comentados por W. D. Ross, Oxford: Clarendon Press.

da, porá em xeque a separação das Formas proposta por toda a escola platônica.

Ele distingue coisas homônimas de coisas sinônimas. Ao contrário de nossa distinção usual entre termos unívocos e equívocos, que dizem respeito exclusivamente a nomes, Aristóteles fala de coisas e de suas essências. Então coisas que possuem um nome comum mas essências diferentes são ditas homônimas. Tanto *se diz* "cruzeiro" de uma cruz grande como de uma constelação celeste, mas cada uma dessas coisas possui uma essência diferente, elas são definidas diferentemente, não podem deixar de ser assim sem que deixem de ser coisas. Por sua vez, coisas que possuem em comum tanto o nome como a essência, por conseguinte a definição delas, *são ditas* sinônimas. Animal, por exemplo, é dito do homem, assim como do boi, mas de tal modo que essa comunidade indica uma essência comum. Daí as perguntas: O *que é* o homem? O *que é* o boi? Ao responder que ambos são animais, estamos dizendo que tudo o que caracteriza o animal, por exemplo, ser vivo, ser capaz de perceber, de se mover etc., pode ser dito tanto de homem como de boi e de todos os outros indivíduos que pertencem a esse gênero.

A mera semelhança de aspecto da cruz e da constelação poderia sugerir que ambas as coisas *participassem* da mesma Forma. Mas como? De um lado, a ideia de participação está ligada à imagem, à cópia, de outro, à mistura das Formas no processo de tecer o corpo sensível; mas, se a cruz e a constelação Cruzeiro do Sul apenas "copiam" o mesmo paradigma, ou misturam a mesma Forma com Formas diferentes, como querem os platônicos, não é por isso que pertencem ao mesmo gênero de ser, a cruz *é* um objeto feito de determinado material, enquanto a constelação apenas aparece como cruz; aquele é um objeto físico, este um objeto divino. No final das contas, a cruz e a constelação recebem o mesmo nome porque se assemelham, mas, fora esse aspecto — que como tal é meramente subjetivo —, nada mais possuem em comum. Daí Aristóteles descartar essa semelhança, porquanto lhe importa a diferença das coisas no que elas são, assim como as propriedades que lhes advêm por isso. O indivíduo sendo o que é vem a ser ponto de partida da análise. Para completar esse esquema de separação dos nomes pela natureza das coisas, cabe ainda definir paronímia: são parônimas as coisas tais que uma recebe o nome de outra, como "músico" de "música", "corajoso" de "coragem". Desde logo descobrimos a intenção dessas diferenciações; trata-se de distinguir os vários sentidos do ser conforme os entes estão sendo nomeados. O filósofo quer evitar a procura dos elementos do ser, como pretendiam os pré-socráticos, sem distinguir os diversos sentidos segundo os quais eles são chamados seres.[35]

Falamos das coisas das mais diversas maneiras. Há coisas que se apresentam separadamente, sem *combinação* (*symplokê*), quando se diz, por exemplo, "homem", "boi". Outras combinadas, como "O homem corre". Nessa apresentação das coisas isoladamente, cabe ainda distinguir *dizer de* algo, sendo este algo a base do dito, o sub-jacente, o sub-jeito, de *ser [estar] em qualquer sujeito*; *num sujeito* significando que algo está em algo não como parte dele, não podendo, contudo, ser separadamente daquilo no que ele está. Por exemplo, homem (ser humano) é dito de um sujeito, o homem individual, mas não está em qualquer sujeito enquanto gênero. O homem individual não é um gênero. Por sua vez, um dado conhecimento gramatical individualizado está na alma de um sujeito mas não é dito de qualquer sujeito, esse conhecimento não podendo existir a não ser numa alma. Resumindo grosseiramente: o *dizer de* tende a formar uma proposição substancial e o *estar em* a exprimir um acidente. É possível combinar o *dizer de* e o *estar em* formando quatro alternativas que se reportam às coisas; interessa

---

35. *Metafísica*, 992 b, 18-9.

em particular a mais excludente quando algo não pode nem ser dito de um sujeito nem estar nele. É o caso do indivíduo homem ou do indivíduo cavalo. Obtém-se assim uma definição lógica do sujeito: do ponto de vista categorial o indivíduo não é dado pela percepção, mas tão só indicado como algo que não pode mais ser dito de algo nem estar em algo.

Não podemos aqui aprofundar essa diferença entre *dizer de* e *estar em*. Notamos apenas que a inerência separa as substâncias dos outros modos de ser, a base e o que está nela, como a qualidade, a quantidade, e assim por diante. A palavra *substância* traduz habitualmente *ousia*. Na linguagem corrente quer dizer simplesmente realidade, entidade, inclusive uma propriedade territorial, uma herdade; mas no vocabulário aristotélico ela passa a significar, em primeiro lugar, o último suporte do *dizer de* e do *estar em*. Apenas tomando o *dizer de* como critério chegamos à complicada distinção entre substância primeira e substância segunda:

> Substância, aquilo que chamamos substância de modo mais próprio, primeiro e principal — é aquilo que nem é dito de algum sujeito nem existe em algum sujeito, como, por exemplo, um certo homem ou um certo cavalo. [Esta é a substância primeira.] Chamam-se substâncias segundas as espécies a que as coisas chamadas substâncias pertencem e também os gêneros dessas espécies. Por exemplo, um certo homem pertence à espécie homem, e animal é gênero da espécie, por conseguinte, homem e animal são chamados substâncias segundas.[36]

As substâncias segundas são sinônimas das primeiras.

---

36. *Categorias*, I, 5, 13-8. Transcrevemos a tradução de Ricardo Santos, *Categorias*, Porto: Porto Editora, 1995. A tradução de Lucas Angioni no apêndice de seu livro *Introdução à teoria da predicação em Aristóteles* é mais rente ao texto, mas preferimos a mais tradicional para sublinhar a continuidade do vocabulário aristotélico tal como foi adotado pelas filosofias posteriores.

Esse é o único texto em que Aristóteles distingue substâncias primeiras de substâncias segundas, e, em vista dos problemas criados por essa distinção, comentadores contemporâneos chegaram a pôr em dúvida sua autenticidade. Teria sido ele escrito por um discípulo seu? É o que sugere Suzanne Mansion, num artigo clássico, "A primeira doutrina da substância: a substância segundo Aristóteles".[37] Não vamos entrar nessa discussão, cabe notar apenas que a noção de substância é ambígua, podendo ser divisada tanto do ponto de vista lógico — ela aparece como sujeito do *dizer de* — como do ponto de vista ontológico, da doutrina do ser — isto é, como essência, isto é, a coisa no seu ato de ser. Desse ponto de vista, esta ou aquela cadeira são as mesmas. Importa-nos que o texto das *Categorias* possui sentido dentro do aristotelismo e, do ponto de vista didático, consiste num bom caminho para começar a discutir a questão da substância. É preciso ter sempre presente que esses textos são dialéticos, generalizantes, apenas abrindo caminho para novas investigações. Ora, em Aristóteles lógica e ontologia (*ontologia* é uma palavra criada muito posteriormente e indica a teoria do ser/ente, o *logos* do *on*) estão de tal modo entranhadas que o lado não proposicional das categorias poderia perfeitamente aparecer quando se separa, pelo pensamento, o sujeito do predicado.

2.

Do ponto de vista lógico cabe ainda considerar que, além da substância, palavras nominalizadas e sem qualquer *combinação* (*symplokê*) podem também apresentar outros modos de ser,

---

[37] Cf. *Sobre a Metafísica de Aristóteles*, org. Marco Zingano, São Paulo: Odysseus, 2005.

como o *quanto*, o *como*, o *quando*, a *situação* (*lugar, tempo*), o *relativo* (*o dobro, a metade*) etc. São modos de ser, inerentes a algo, que não podem subsistir, portanto, sem a substância de apoio. O número deles varia conforme os textos, a citação mais abrangente enuncia dez, que os filósofos medievais nomearam a seu modo: são eles substância, qualidade, quantidade, relação, ação, paixão, lugar, tempo, posição, posse. Quando combinadas, as categorias se apresentam, seja em nomes complexos como "Sócrates mortal" significando algo, seja na constituição de um enunciado declarativo, apofântico, como "Sócrates é mortal", algo sendo dito como algo.

É de suma importância, no estudo das categorias, salientar que se está tratando dos vários sentidos do ser. Examinemos rapidamente a categoria do quanto, da quantidade. Posso simplesmente dizer: "Esta cesta contém quatro laranjas". Afirmo um quanto. Mas não é da essência desta cesta conter essa quantidade de laranjas, a quantificação não é essencial a ela. Quando se trata, porém, do comprimento, da largura, do movimento, do tempo, da linguagem, essas coisas somente são enquanto quantificáveis, isto é, divisíveis em duas ou mais partes constituintes. Convém lembrar que a linguagem é quantificada porque as palavras gregas e latinas são compostas de sílabas breves e longas, o que desaparece nas línguas neolatinas.

É preciso ainda distinguir a divisibilidade contínua, quando possui um limite comum, da descontínua, na qual não se encontra esse limite. O número natural e a linguagem são quantidades discretas. Dado o número 5 como parte de 10, os dois 5 não se unem em algum limite comum. Do mesmo modo não se encontra algo comum entre uma sílaba breve e outra longa. Em contrapartida, a linha é quantidade contínua, pois um ponto configura o limite onde suas duas partes se encontram. Do mesmo modo, outras categorias também podem ser quantificáveis, por exemplo, o tempo, pois o tempo presente se une ao tempo passado. O mesmo acontece com o lugar, porquanto, ao ser ocupado por um corpo, é delimitado pelas partes que esse corpo passa a possuir.

Para Aristóteles o movimento é quantificado pelo agora que se distingue nele como presente, ladeado pelo antes e pelo depois. Não se tome o agora como um átomo de tempo, assim como não se deve considerar o ponto como se fosse uma linha atômica. É a razão que demarca na percepção do movimento um presente que se faz passado e que antecipa o agora que virá. O que é assim marcado se define como o tempo, que vem, pois, a ser definido como número do movimento segundo o "antes" e o "depois".[38] O tempo vem a *ser* na medida em que o movimento é essencialmente quantificável. Reportando-se ao "antes" e ao "depois", também vem a *ser* segundo o relativo *quando*. O ser do tempo se reporta, assim, a duas categorias: a quantidade e o relativo *quando*.

O nome é um som falado cujas partes não têm sentido. Se disser "cabra-cega", não estou querendo dizer uma cabra que ficou cega, mas uma brincadeira cuja palavra, nesse contexto, não se compõe de partes significativas de per si. Os nomes designam as coisas por convenção. Um nome que possui uma dimensão temporal é um verbo. Uma sentença é um som falado que contém, ao menos, uma parte significativa. Por exemplo, "Reze por mim". Mas, quando um nome e um verbo se juntam para apresentar algo como verdadeiro ou falso, obtemos então uma proposição, isto é, uma síntese que poderá ou não corresponder a uma síntese no real.

Voltemos, porém, ao texto das *Categorias*:

> É evidente, pelo que foi dito antes, que o nome e a definição das coisas que são ditas de um sujeito se predicam necessariamente do sujeito. Por exemplo, o homem é dito de um sujeito, a saber, de um

---

38. *Física*, IV, 11.

certo homem, e é claro que o nome se predica (pois predicarás "homem" de um certo homem); e a definição de homem predicar-se-á de um certo homem (pois um certo homem é também homem). De modo que tanto o nome como a definição serão predicados do sujeito. Mas quanto às coisas que existem num sujeito, na maioria dos casos, nada impede que o nome se predique do sujeito, mas, quanto à definição, isso é impossível. Por exemplo, o branco, existindo num sujeito, a saber, no corpo, predica-se do sujeito (pois um corpo é dito branco), mas a definição de branco jamais se predicará do corpo.[39]

Como de costume, predicar aqui traduz *hyparchein*, verbo que na linguagem corrente significa "existir". O verbo *predicar* traduz quer *hyparchein* quer *kategorein*. O sentido preciso da predicação será estudado por Aristóteles no livro seguinte do *Órganon*, conhecido como *Da interpretação*, ou pelo nome latino *De interpretatione*.

Enuncio, por exemplo, "Sócrates é homem", ou melhor: "Homem é dito de Sócrates". Em seguida, "O animal racional é dito de Sócrates". Para Platão esse indivíduo participa da Forma-homem, da qual outros indivíduos igualmente participam. Mas, se forem distintos o indivíduo homem (i^h), sensível, e a Forma-homem (F^h), universal — visto que i^h e F^h são algos —, não será necessária então outra Forma-homem (F'^h), outro universal para juntar os dois algos anteriores, na medida em que um é sensível e o outro inteligível? Um terceiro homem e, depois do terceiro, o quarto, e assim por diante? Esse é o famoso argumento do terceiro homem, enorme desafio para a teoria das Formas, aliás, conhecido por Platão, que o apresenta num diálogo em que ele encena uma discussão de Sócrates precisamente com Parmênides. No final de sua

---

39. *Categorias*, 5, 2 a, 19-32.

vida Platão teria procurado se safar dessa objeção considerando que a Forma é mais do que um universal, que se liga segundo Formas mediadoras como o Uno e a Díada, possuindo alguma capacidade de se misturar com o sensível. Aliás, entre as Formas e os corpos Platão tende a introduzir a mediação de entidades matemáticas, que se separam dos corpos sensíveis sem chegar à abstração conceitual das Formas. A forma do triângulo isósceles é diferente da forma do triângulo retângulo, mas ambos pertencem à mesma Forma-triângulo. Aristóteles não concede às entidades matemáticas esse estatuto, são apenas separadas pela razão. Para a história do pensamento ocidental essa concepção do objeto matemático importa sobretudo porque bloqueou durante vinte séculos uma interpretação físico-matemática da natureza. Somente no século XVII Galileu poderá considerar a natureza como um livro aberto escrito em caracteres matemáticos. O objeto natural deixa de ser potência para se tornar cruzamento de propriedades mensuráveis.

Ao afirmar que "Homem é dito de Sócrates", Aristóteles não está querendo dizer que a Forma-homem seja diferente do indivíduo Sócrates, mas tão só que algo está sendo referido a Sócrates. Se esse algo for sua definição, animal racional, então a animalidade racional reside em Sócrates, constitui sua substancialidade. Nesse caso desaparece o paradoxo do terceiro homem na medida em que não há dificuldade de sintetizar a individualidade de Sócrates com sua Forma. Mas a dificuldade não some como por encanto. Continuemos. Se uma proposição declarativa diz *como* algo é — e não tão só *que* é —, cabe interrogar se esse *é* lhe é substancial ou simplesmente acidental. Seguindo a tradição, traduzo *symbebêkos* por "acidental", a despeito de todas as ressalvas levantadas pelos comentadores contemporâneos sobre essa escolha. Sublinho apenas que a primeira predicação diz o sujeito tal como ele é por si mesmo, sem esclarecer se ele é essencialmente ou não; importa que não seja em outro. Ao afirmar "O homem ri", indico algo que lhe é *próprio*, mas esse atributo não define sua essência. A segunda predicação, por sua vez, aquela acidental, explicita apenas o que o sujeito *é* agora, foi antes ou será mais tarde, podendo não ser nada disso.

Nos *Segundos analíticos*, quarto livro do *Órganon*,[40] encontramos a versão mais completa das múltiplas acepções de "por si" (*kath' auto*) e de "acidente". Em primeiro lugar diz-se que algo pertence por si a uma coisa quando lhe pertence naquilo que ela é, a saber, os elementos que integram o que ela é em si mesma, aquilo que seu ser é, o seu que (*quid*), sua quididade, segundo o vocabulário dos escolásticos medievais. Nesse caso o atributo "por si" é expresso pela definição da coisa. Por exemplo, a linha pertence por si ao triângulo, já que participa de sua definição. Em segundo lugar, aqueles atributos que são ditos de sujeitos que são definidos por expressões nas quais esses atributos compareçam. Por exemplo, o curvo e o reto são atributos da linha, pois, pertencendo à linha como atributos, definem-se por expressões em que a mesma linha comparece. É evidente que, se algo pertence a algo no segundo sentido, também pertence no primeiro, mas o inverso não é verdade, pois, se algo for elemento da quididade de outro, não significa necessariamente que seja um sujeito de que o outro é atributo. Em terceiro lugar, por si é o que não se diz de algum outro sujeito. Designa então as coisas individuais e as quididades. Por fim, em quarto lugar, por si designa algo que sobrevém a algo em virtude do próprio evento. Por exemplo, se um animal morre porque lhe cortaram a garganta, a morte lhe advém por si, por causa do corte.

A cada definição de por si corresponde uma definição de acidente. Interessa-nos em particular a noção de acidente por si, quando algo pertence a cada coisa sem estar em sua essência. Per-

---

40. *Segundos analíticos*, 73 a ss.

tence ao triângulo ter os ângulos iguais a dois retos. O acidente por si nem sempre se confunde com o *próprio*, determinação que pertence à coisa sem que ela deixe de ser o que é quando a perde. É próprio o ser humano sorrir, mas ele não deixa de ser homem quando não sorri. Lembremos Buster Keaton. Por fim cabe levar em conta que, para Aristóteles, as ciências em geral cuidam do que é por si e necessário, por conseguinte do por si nas acepções definidas, menos na terceira, que diz respeito às essências e às suas quididades. Estas são objeto específico daquela ciência que cuida do ser enquanto ser, ciência que se identifica à filosofia primeira.[41]

Cabe notar que a ciência moderna nasce quando quebra o privilégio conferido por Aristóteles à essência enquanto definição. O conhecimento originário é o discurso verdadeiro referente à essência. Para nós, ao contrário, nada impede de definir triângulo, sem levar em consideração sua essência, como um polígono de três lados, sendo polígono uma figura fechada, formada de segmentos retos e que possui vários ângulos; e daí tirar toda uma geometria. Pertence, aliás, à natureza do método hipotético-dedutivo, tal como é entendido hoje, adotar como um de seus princípios uma causa sem causa, isto é, uma hipótese, e demonstrar o que daí se segue conformando uma trama discursiva que revela uma trama real.

Por fim, um último lembrete sobre a noção de substância. A substância é definida primeiramente por meio de uma combinatória, algo nomeado pelo fim da cadeia de dizer de e da inerência. Ela é então o que *é*, mas, para ser, necessita se mostrar sendo. Para tanto ela não é mais algo que corresponde ao significado do "é", do "ser", mas ainda precisa mostrar como vem a ser sendo na base da

---

41. Nesse estudo do "por si" seguimos de perto o capítulo III do livro de Oswaldo Porchat Pereira *Ciência e dialética em Aristóteles*, São Paulo: Editora Unesp, 2001.

predicação, isto é, de uma combinação de palavras que afirmam ou negam, em suma, que se colocam como verdadeira ou falsa.

3.

A ontologia, a doutrina do ser (*on*), orienta a definição da forma lógica da proposição declarativa, apofântica. Esta possui dois nomes, um sujeito e um verbo, este temporalizado, ligados pela cópula "é", indicando o ser do sujeito num de seus sentidos. A fórmula da língua portuguesa "Cálias corre" pode ser facilmente traduzida por "Cálias está correndo", mas, assim como "está" aqui vale por "é", as diferenças linguísticas apenas deixam transparecer a estrutura fundamental do logos, os modos pelos quais as coisas são ditas na verdade ou na falsidade. Importa é que na predicação a substância apareça como *podendo* ser, por conseguinte apresentando esse ser.

Vimos que, para Platão, os verbos são palavras que exprimem a ação, enquanto os nomes são sinais vocais que se aplicam àqueles que praticam as ações.[42] A proposição se reporta a um estado de coisas atuantes entre si, reflexo da comunicação das Formas, de um lado, a base praticante, de outro, a própria ação em curso. A proposição negativa combina nomes, mas diz que essa ação está bloqueada, sendo ela verdadeira quando isso ocorre de fato, falsa quando isso não ocorre. Mas o não ocorrer vem a ser entendido como o não ocorrer de algo que de algum modo participa de uma Forma, pois de outro modo não seria algo; participa, portanto, da Forma do não-ser.

Examinemos a proposição "O homem é mortal". Nela Platão vê, por assim dizer, o indivíduo que participa da Forma-homem e

---

42. *O sofista*, 262 a.

que por causa disso também participa da Forma-vida. Hierarquicamente esta última forma é superior à primeira, de sorte que o jogo predicativo se dá entre Formas. Aristóteles, em contrapartida, nela vê um movimento do dizer, do significar, por isso pensa a proposição formada de um atributo sendo predicado do sujeito: "Mortal é dito de homem". Mas a significação-mortal não é dita da significação-homem, e sim dos homens individuais enquanto eles são. Nome e verbo possuem significações, no entanto a significação do verbo não é dita da significação do sujeito, e sim do objeto a que ela se refere. Desse ponto de vista, nunca a proposição seria formada por um nome composto "homem-mortal" de que se diria ser falso ou verdadeiro. O predicado visa diretamente a coisa nomeada pelo sujeito e, assim, diz o que esse sujeito é. O dizer comunicativo espelha um movimento do próprio estado de coisa, enquanto para Platão esse dizer espelha combinações de Formas.

Essa maneira de analisar a proposição molda a análise aristotélica da negação e repõe noutros termos a questão platônica do não-ser, ou melhor, da negatividade. Se a proposição é uma combinação de nomes que simboliza um modo de ser, se ela for verdadeira é porque a junção se opera, se efetiva; mas, se ela for falsa, a junção linguística a *nada* corresponde no real. Agora, desse ponto de vista, é a análise do logos, da linguagem, que conduz primordialmente à ontologia, porquanto ela obriga a separar as condições de significação, corretas uniões gramaticais, das condições de verdade. Como isso se dá?

Se a linguagem se faz por uma convenção, como se entrelaça essa combinação? No *De interpretatione* a linguagem é definida como símbolo (*symbolon*): "As palavras emitidas pela voz são símbolos de estados de alma e as palavras escritas, símbolos das palavras emitidas pela voz".[43] As línguas podem ser diferentes, mas to-

---

43. *De interpretatione*, I, 16 a, 3.

das elas se reportam ao mesmo processo mental que simboliza, que significa o real. Desaparece aquela aderência entre linguagem e ser, tão importante para os sofistas. Nem mesmo Platão se livra dela quando, no *Crátilo*, faz da palavra um instrumento que pode chegar às coisas, sendo estas o objeto prioritário da análise. O discurso deixa de ser imagem, xérox das coisas, para vir a ser uma *construção* simbólica, embora, como exemplificam as definições da homonímia e da sinonímia, sempre as coisas continuem sendo os pontos de ajuste.

Para Aristóteles o símbolo não é tão só o substituto das coisas, é mais do que uma relação natural tal como aquela entre a fumaça e o fogo; ele se constrói para que algo seja dito, e por fim conhecido, mediante combinações mentais e verbais. Se, para que algo seja dito, o discurso precisa ser coerente, não é por isso que a coerência lhe basta, a proposição declarativa visa o real, somente nessa intencionalidade as proposições têm sentido.

Isso numa clara oposição aos sofistas, para os quais esse vetor significativo não tem importância. Um exemplo dessa tese se encontra no *Elogio de Helena* de Górgias: "[...] o discurso é um grande soberano, que com o menor e mais invisível corpo, executa as ações mais divinas, pois ele tem o poder de cessar o medo, retirar a tristeza, inspirar a alegria e aumentar a piedade".[44] Mas produz obras independentemente do real visado, as quais são tomadas em si mesmas em função de persuadir e tecer relações pessoais. Elogiando Helena, Górgias pretende subverter a ordem natural, que nela via um exemplo da mulher infiel; interessa-lhe o jogo sofístico da sedução. O *é*, somente mediante a linguagem, é o que vem a ser. Antístenes leva essa independência do discurso às últimas consequências. Para ele a contradição desaparece, porquanto se

---

44. *Elogio de Helena, Cadernos de tradução*, 4, São Paulo: Departamento de Filosofia da USP, 1999.

dois interlocutores falam da mesma coisa de modo contraditório é porque não estão dizendo a mesma coisa e, se um diz algo que é e outro que não é, este último não está dizendo nada. Pois, como já vimos anteriormente: "Todo discurso está no verdadeiro, pois aquele que fala diz algo, ora aquele que diz algo diz o ser, e aquele que diz o ser está no verdadeiro".

Se Aristóteles também pretende ir às próprias coisas, se para ele as palavras também haverão de revelar, desvelar algo, não é por isso que estas palavras precisam se colar ou se deslocar inteiramente daquelas coisas. Pelo contrário, uma distância é necessária, no mínimo porque as coisas são infinitas e as palavras finitas. A homonímia é, portanto, condição da linguagem. Os sofistas se iludem com a identidade aparente da coisa e da palavra, desconhecendo esse processo redutor do nome, sua possibilidade de falar de vários objetos:

> Mas é útil ter examinado o número das significações múltiplas de um termo, tanto pela clareza da discussão (pois se pode conhecer melhor o que se sustenta uma vez que se iluminou a diversidade das significações), como para assegurar que nossos raciocínios se aplicam às próprias coisas e não apenas aos nomes. Ao deixar de ver claramente em quantos sentidos um termo é tomado, pode acontecer que o inquiridor e o inquirido não dirijam seu espírito (*dianoia*) para a mesma coisa. Ao contrário, uma vez que se esclareçam os diferentes sentidos de um termo e que se saiba sobre qual deles o inquiridor dirige seu espírito colocando suas asserções, seria ridículo o inquirido não aplicar seu argumento a ele.[45]

Essa confusão de sentidos não se manifesta especialmente nas acepções platônicas do Bem que se confunde com o Verdadeiro?

45. *Tópicos*, 1, 18, 108 a, 18.

A palavra grega *nous* em Aristóteles indica o intelecto, a faculdade da alma de apreender o inteligível; *dianoia* significa então esse movimento que atravessa a argumentação para que os interlocutores possam ter o mesmo ponto comum, focalizar a mesma coisa. Os sofistas não procedem precisamente no sentido contrário, atirando para todas as direções? Eles permanecem no nível do discurso sem levar em conta que, na medida em que pretendem se comunicar, o discurso sai de si mesmo, reporta-se a algo. Não como aquele algo dito tão só pelo nome, mas algo como outro, numa síntese que somente o pensamento pode compor.[46]

Se, de fato, a homonímia é condição do discurso, permanecer nela, como querem os sofistas, é perder o foco da comunicação, inviabilizar a procura do verdadeiro e a do falso. Somente o foco coloca as coisas do ponto de vista do pensamento, reunindo-as segundo suas essências, a unidade pelas quais são entendidas. Por essência (*ousia*) Aristóteles então entende *o que é* do ponto de vista do dizer e do pensar: "Por significação única entendo o seguinte: se *homem* significa tal coisa e se qualquer ser é homem, *tal coisa* será a essência (*ousia*) de homem".[47] O que garante que a palavra *homem* tenha a mesma significação em seus vários usos é o mesmo que garante que todo homem venha a *ser* homem, o seu ser animal racional ou bípede. A homonímia cede lugar à sinonímia. Percebe-se ainda a necessidade de distinguir o essencial do acidental a fim de que fique clara a responsabilidade linguística de cada um: essencial assegura a unidade das significações, o núcleo duro da coisa que permite que ela seja dita de maneira determinada; o acidental exprime a mobilidade das coisas, compostas então

---

46. *Metafísica*, 1027 b, 25 ss.
47. Idem, 1006 b, 7.

de matéria e forma. Não permanecem os sofistas exclusivamente no nível do acidental, do quase-ser, do não-ser?[48]

4.

Fica clara a necessidade do princípio da contradição. Dado que o discurso somente se efetiva quando os interlocutores estão visando a mesma coisa, esta coisa está sendo pressuposta como a mesma, não podendo assim receber predicados contraditórios ao mesmo tempo. Não tem sentido dizer que "Sócrates é músico" e "Sócrates não é músico" ao mesmo tempo e sob o mesmo aspecto.

Suponhamos que a primeira proposição seja falsa, a segunda seria verdadeira. Poderíamos então dizer "Sócrates é não-músico"? É possível transferir a negação da predicação para um nome indefinido? N'*O sofista*, o estrangeiro explicita que não se deve confundir a negação, "preto" e "não-preto", com a contrariedade, "preto" e "branco". Mas o "não-preto", nome indefinido, se reporta, contudo, à alteridade.[49] Para Platão existe, pois, uma Forma-não-ser, uma existência que tende a deixar de ser, a verdade ou a falsidade sempre dizendo algum modo de ser.

Para Aristóteles, em contrapartida, essa alteridade se resolve numa relação, exprimindo por conseguinte tão só outro modo de *dizer* o ser. Descartada a solução platônica para o sentido do não-ser, Aristóteles desiste de encontrar para ele uma Forma, deixa de conferir-lhe uma existência que se nega a si mesma, para situar a negação no modo pelo qual o sujeito se liga ao predicado. "Não-ser" simplesmente é um nome indefinido e nada me impede de designar a mesma parte da realidade com outro nome positivo.

48. Idem, E, 2.
49. *O sofista*, 257 b-c.

Tomemos o espectro das cores, "não-preto" designa todas as outras cores desde o branco até a última cor do espectro visível. Nada nos impede de construir uma linguagem que, reportando-se às cores em geral, separe apenas o "preto" e o "colorido", esta palavra nomeando todas as cores que posso pintar num papel branco nunca usando uma tinta preta. Noutras palavras, a oposição "preto"/"não-preto" pode ser dita suprimindo-se a negação.

Não é o que acontece quando digo "Esta cor não é preta" apontando para o preto. A proposição é falsa, não porque me refiro a um não-ser, mas simplesmente porque me refiro a uma síntese que não existe como correspondente daquilo que estou dizendo. Construo assim uma proposição com sentido, juntando um verbo a um nome-sujeito, na qual o verbo necessariamente significa que algo é isto sendo, embora *nada* corresponda à cópula "é", à síntese por ela posta. A negação provém dessa construção simbólica, na medida em que uma combinação de palavras *põe* algo como real sem que esse real exista.

A proposição se torna significativa porque visa a verdade ou a falsidade de algo, cuja presença se duplica: é algo se dando como algo. Digo a cor como preta ou não-preta, digo um como dois. Como isso é possível se o sentido de "um" é sempre equivalente ao de "ser"? Porque o ser pode ser dito de várias maneiras, a unidade cor pode ser dita como preta ou não-preta, em suma, como algo substantivo segundo uma dupla qualidade. Compreende-se por que a forma geral da proposição deva ser "algo como algo" (*ti kata tinos*). Inclusive como se articula a proposição de essência, quando o predicado diz o que o sujeito é. Não se trata de explicar como dois nomes, suponhamos "homem" e "animal racional", se aplicam à mesma coisa, mas como essa coisa para ser homem por si próprio necessita explicitar seu gênero animal pela diferença específica de ele vir a ser racional, poder exercitar-se como tal.

Aristóteles consegue então explicar o sentido da proposição

declarativa, apofântica, e assim se livra tanto dos paradoxos dos sofistas como da transcendência das Formas que inspira Platão. Ao pensar os vários sentidos do ser, ao construir uma teoria das categorias, livra-se do fantasma de Parmênides, descobrindo uma negatividade que não reside nas coisas, mas na forma de elas serem pensadas apofanticamente.

O fragmento de que Platão parte para forçar a introdução do não-ser afirma duas teses: 1) o ser é e o não-ser não é; 2) tudo é uno. Platão nega a primeira, Aristóteles a reafirma por meio do princípio da contradição. Este não é uma hipótese, mas uma condição para o diálogo e para que as palavras tenham sentido. Tendo reafirmado a primeira tese parmenidiana, só lhe resta negar a segunda. Não tendo examinado as múltiplas acepções do termo *ser*, Parmênides, os cínicos e o próprio Platão não percebem que igualmente o termo *uno* é dito em vários sentidos. Não perceberam que, se o uno e o ser se dão em várias acepções, "segue-se necessariamente que seus derivados se dizem então nessas mesmas acepções, de sorte que o mesmo, o outro e o contrário devem variar segundo cada categoria".[50] Nada impede, então, que o uno dito se resolva numa combinação de sentidos, de tal forma que o algo referido se mostre algo como algo, se ponha como substância se dando, quer como a própria substância, quer como qualidade, quer como quantidade, e assim por diante. Isso permite aos falantes *combinar* sujeito e predicado de tal modo que uma apropriada combinação de sentidos a *nada* corresponda na realidade.

No entanto, se a negação vai da proposição para o real, não é por isso que a verdade provenha do discurso. É o que o filósofo nota já nas *Categorias*:

> Pois se existe um homem, a proposição (*logos*) através da qual dize-

---

50. *Metafísica*, Delta, 1010, 17 b, 35.

mos que existe um homem é verdadeira; e reciprocamente: pois se a proposição através da qual dizemos que existe um homem é verdadeira, então existe um homem. Mas a proposição verdadeira não é de modo nenhum a causa da existência da própria coisa, mas seguramente a própria coisa parece de alguma maneira causa de a proposição ser verdadeira. Pois é por a própria coisa existir ou não que a proposição é dita verdadeira ou falsa.[51]

Existe uma reciprocidade entre o verdadeiro e o real, mas é o real que comanda a configuração da proposição na mente e na linguagem.

Ora, os sentidos do ser foram examinados nas *Categorias* do ponto de vista das palavras *sem combinação*. Mas a negação da unicidade significativa do "uno" é feita no quadro da combinação proposicional. Não se trata apenas de levar em conta a diferença entre o dizer de... e a inerência, mas ainda de refletir sobre a diferença dos sentidos do algo uno enquanto sujeito e enquanto predicado de proposições verdadeiras ou falsas. "Uno" e "ser" por certo são sinônimos, reportam-se à mesma essência, mas, para que essa essência não seja simplesmente significada e sim comande, enquanto algo existente, o dizer da proposição como verdadeira ou falsa, a análise da multiplicidade de seus sentidos precisa ser comandada pela análise dos vários sentidos desse algo uno e múltiplo como *existente*, como *sendo*. No plano da análise significativa, a substância é definida como sujeito último, que não pode ser dito

---

51. *Categorias*, 12, 14 b, 15 ss. Visto que somente na proposição se configura a dualidade do verdadeiro e do falso, me senti autorizado a traduzir, me afastando de Ricardo Santos, *logos* por "proposição", em vez de "declaração", como ele o faz. Também me apoio na tradução usada por Balthazar Barbosa Filho, em seu artigo "Notas sobre o conceito aristotélico de verdade", *Cadernos de História e Filosofia da Ciência*, Campinas: Unicamp, Série 3, vol. 13, nº 2, jul.-dez. 2003.

nem está noutro sujeito. Mas no plano da análise existencial, isto é, na metafísica, da coisa existente comandando a verdade ou a falsidade da proposição, a substância há de ser tomada desde o início da investigação como realidade, isto é, como *ousia*, como veremos, na qualidade de determinante daquilo que está sendo, causa, no amplo sentido que essa palavra assume na filosofia aristotélica: apenas um condicionamento da mudança. A análise da substância sem que os termos sejam considerados nas suas combinações precisa então ser inteiramente refeita para que seu funcionamento se mostre no contexto proposicional. A análise lógica dá lugar à análise metafísica.

5.

Os livros *Zeta* e *Eta* da *Metafísica* refazem a problemática da substância, do que o ente *é*. Prosseguir nessa investigação é ir além de uma introdução. O leitor pode perfeitamente abandonar o capítulo por aqui. Mas a questão da substância é tão nevrálgica para toda a metafísica que vale a pena indicar pelo menos alguns de seus caminhos, para que um estudante mais atento possa mais tarde refletir sobre o assunto. Perceberá então que o modo de pensar a oposição entre matéria e forma depende de como se operam as variações de seus conteúdos e de como Aristóteles não se livra do platonismo das formas de maneira tão radical como pretendia.

Concebe-se a substância no mínimo de quatro modos, como: 1, a quididade (*to ti en einai*); 2, *aquilo que o ser é*, o universal (*katholou*); 3, o gênero (*genos*); e, 4, o subjacente, o sujeito (*hypokeimenon*).[52] Dadas essas diferenças, cada significado é exa-

52. *Metafísica*, *Zeta*, 3, 1028 b, 33-6.

minado particularmente. De forma muito geral podemos retomar a argumentação enviesada desses livros examinando alguns de seus tópicos. Em primeiro lugar, o mero universal, entendido pelos platônicos na qualidade de comum a muitos, não pode explicar aquilo que é como é. Ao definir o universal como "o que é dito de todos e de cada um, e de cada um por si mesmo e precisamente enquanto tal",[53] o universal passa a considerar, no nível do discurso, tanto a classe como a essência que os unem, o que lhes vem a ser por si mesmos. Ele não pressupõe então a dificuldade a ser esclarecida? Em segundo lugar, o simples gênero, para dizer o que é como é, não pode permanecer no nível da divisão platônica. Nela as divisões sucessivas se processam no nível do consenso, interrompendo-se quando o interrogante e o interrogado se põem de acordo. Mas, para explicar o que é, ainda é preciso que o gênero seja fechado por uma diferença específica, a marca da diferença da espécie em vista de todos os outros elementos do grupo. Na definição "O homem é animal racional", por exemplo, o homem é posto no gênero animal, mas se diferenciando totalmente dos outros animais na medida em que vem a ser racional. Note-se que, embora se apresentando sob a forma "S é P", a definição não indica apenas a igualdade de dois nomes, de "homem" e de "animal racional", pois apresenta algo sendo nomeado pelo primeiro e se desdobrando num gênero e diferença específica. Diremos hoje que essa proposição é analítica, exprime o que o sujeito é sem acrescentar qualquer determinação já contida no sujeito indicado. Mas dessa maneira se perde a síntese apresentada pelo predicado. Do ponto de vista ontológico, dado o sujeito, não basta dizer que um predicado é dito dele, pois o que importa é como ele está sendo. Sob esse aspecto, a definição somente explica desde que faça aflorar a noção do "que cada ser é dito ser por si", daquilo que o

---

53. *Segundos analíticos*, I, 4, 73 b, 24.

sujeito é e vem sendo. E aqui se entende por "noção" a definição concentrada numa palavra.

A análise da substância deve, então, se concentrar na noção de quididade. À pergunta pelo que é, *ti esti*, está sempre tentando exprimir o que é este indivíduo aí na sua herdade, no que ele verdadeiramente é. Num primeiro passo a resposta a essa questão é dada por sua definição. "O que é Sócrates?" : "Sócrates é um animal racional". No entanto, não é apenas a forma que foi dita? Aristóteles renova o significado da substância, da *ousia*, mediante uma nova expressão, de difícil entendimento e tradução: *to ti ên einai*. Sabemos que *to einai* é o verbo *ser* substantivado. Mas o que vem fazer aqui o imperfeito do mesmo verbo *ti ên*? A estrutura da expressão é complicada e tem dado margem a infinitas discussões. Lucas Angioni[54] traduz *to ti ên einai* por "o que o ser é" e explora os vários níveis lógicos, ontológicos e retóricos em que essas noções podem ser capturadas segundo o jogo entre o que define e o que é definido. Para facilitar, usaremos a expressão latina que, embora encubra a complexidade dos problemas, nos serve para indicar as questões em bloco. O "que" da pergunta "por que?" é dito, em latim, por *quid*, que foi substantivado pelos medievais como "quididade". Quididade é então o porque algo é o que é.

Pierre Aubenque, no seu clássico livro sobre o ser em Aristóteles,[55] depois de sublinhar a peculiaridade da noção de quididade, já que incorpora, à questão do que é, aquela do que era, *ti ên*, propõe que se ligue a essa concepção de substância, que é sempre por si mesma, igualmente a noção de acidente por si. Se Sócrates é definido por sua humanidade, ao perguntar quem é Sócrates não podemos negar à "socratidade" o atributo de ser sábio, que, segundo

---

54. *As noções aristotélicas de substância e essência*, Campinas: Editora da Unicamp, 1996.
55. Pierre Aubenque, *Le problème de l'Être chez Aristote*, cit.

a tradição, pertence à essência desse filósofo. Se a quididade designa a coisa *antes* da adjunção dos predicados acidentais, o acidente por si indica algo que a coisa é além do seu *ti esti*, daquilo que ela já é. Quando algo está em movimento, quando nele sua potência se realiza, dificilmente se distingue, entre suas várias determinações, o que lhe é por si do que lhe é por acidente. Principalmente quando se trata de um ser vivo, do qual os gregos costumavam dizer que somente são o que são verdadeiramente depois da morte:

> Percebe-se então que os limites da essência, no estreito sentido de quididade, se tornam aqui especialmente imprecisos; a essência se projeta para seus acidentes, absorvendo-os em seu próprio movimento como outras tantas realizações de sua exigência: se a casa é um abrigo, a matéria de que é feita deve ser resistente. Assim uma certa qualidade de matéria participa da quididade, isto é, de sua própria definição formal. A quididade nos aparece então sob novo ângulo: não é somente o limite além do qual o discurso cairia na acidentalidade; ela se torna um princípio e uma causa de seus próprios acidentes, não é mais para o que tende a definição, mas é o princípio de uma demonstração de que é o termo médio.[56]

Lembremos que estamos nos movendo no interior de uma filosofia em que a distinção entre essência e existência não se afigura como para nós, herdeiros dessa distinção medieval. Para Aristóteles à essência se contrapõe este indivíduo aí, ou a entidade matemática, ou, como acabamos de ver, o universal como gênero. Seja como for, porém, o lugar das condições de existência de uma essência mensurante, noutras palavras, como uma definição nominal passa a ser uma definição de existência, será uma questão permanente durante nosso caminho.

56. Idem, ibidem, pp. 468-79.

6.

Já que a combinatória lógica não basta para caracterizar o que é a substância, já que a análise da definição faz com que se vá além dela, que caminho resta a tomar? A análise de exemplos. Para começar com o mais simples, não cabe perguntar como funciona a essência dos corpos sensíveis? Eles se configuram pela combinação de matéria e forma.[57] Mas de que matéria (*hylê*) e de que forma (*eidos*)? Aristóteles toma como exemplo o nariz de Sócrates, famoso por ser achatado. Porém, seguindo uma sugestão de Marco Zingano,[58] vamos nos referir ao nariz adunco, pois "achatado" em português se refere de maneira geral a muitas superfícies, enquanto "adunco" se refere somente ao nariz, diferença muito importante para o argumento. A forma de adunco marca uma determinada porção de carne e de osso, matéria *pronta* para receber *sua* forma; esta sendo forma *desta* matéria, a matéria sendo *desta* forma, uma e outra se mostrando intrinsecamente ligadas. Outro exemplo muito ilustrativo é o da serra. Esse artefato é construído para serrar, dividir em partes determinados corpos, mas para tanto *precisa* ter matéria compatível com sua função. Não pode ser feita de madeira, além do mais deve possuir dentes de tal modo arrumados que abram uma fenda no corpo a ser separado. É matéria para essa forma, para uma finalidade determinada. Os filósofos medievais dirão *materia signata*, selada, marcada, próxima, pronta para a forma.

A alma como forma do corpo nos dá um exemplo mais complexo. A alma articula as partes de tal modo que elas não existem separadamente. A forma do nariz adunco se combina com uma

---

57. *Metafísica*, 1045 a, 34-5.
58. Marco Zingano, "Forma, matéria e definição na Metafísica de Aristóteles", *Cadernos de História e Filosofia da Ciência*, Campinas: Unicamp, Série 3, vol. 13, nº 2, jul.-dez. 2003.

matéria colada a ela, mas não possui as virtudes da forma da alma que organiza suas partes para que sejam vivas, se ponham numa unidade em vista de si própria, de uma finalidade comum. Além do mais, existe uma hierarquia nesses complexos viventes, as almas humanas são mais intrincadas do que as almas dos animais, já que movem o corpo segundo representações e desejos articulados por finalidades particulares. As substâncias sensíveis se hierarquizam então mediante um entrelaçado específico de formas, uma se mostrando superior à outra conforme a potência material se atualiza por formas cada vez mais potentes, mais inteligíveis. Nem mesmo a substância individual se resolve neste indivíduo aí, pois, na medida em que se torna base da predicação acidental, permite que haja "uma percepção sensível do universal, por exemplo, do homem em Cálias, não de Cálias somente".[59]

Nos objetos sensíveis matéria e forma se unem numa unidade em que ambas se mostram momentos inseparáveis da conversão da potência em ato. Visto que os corpos sensíveis não possuem em si mesmos princípio de movimento, necessitam pressupor um princípio, um condicionamento, fisicamente anterior. Em geral se fala de duas formas do vir-a-ser: dizemos "O homem se torna musicista" ou "O não-musicista se torna musicista". No primeiro caso persiste o que muda, o homem. No segundo, a aparente contradição opera no interior de um gênero tácito unicamente para dar ênfase à privação que vem a ser cumprida. Segue-se que a mudança, o movimento em geral, pressupõe três princípios: matéria, forma e privação,[60] esta como negação do outro atuando num gênero determinado.

Nem sempre, contudo, essa diferença opera num gênero. "Corruptível" e "incorruptível", "mortal" e "eterno" indicam oposi-

---

59. *Segundos analíticos*, II, 15 100 a, 16.
60. *Física*, I, 6.

ções que escapam de uma base comum, as coisas indicadas são necessariamente diferentes pelo gênero.[61] Aristóteles não está negando o princípio da contradição, apenas sublinha que, se existem coisas cujas substâncias trazem em si mesmas o princípio de sua destruição — como os indivíduos de uma espécie viva —, outras podem persistir num gênero diferente. Diferentes são os gêneros que laboram então segundo um complexo diverso de matéria e forma. Os diversos gêneros não são determinados, entretanto, por princípios? E não cabe dizer que o princípio das coisas corruptíveis seja corruptível como elas, pois do contrário não seria princípio. Como evitar, então, que o princípio não se reduza a uma Forma platônica? Mas, desse último ponto de vista, haveria o homem sensível corruptível e o Homem em si incorruptível. Os platônicos afirmam que as ideias são especificamente idênticas aos indivíduos, e não somente homônimas, mas, conclui Aristóteles, existe mais distância entre as coisas que diferem pelo gênero e aquelas que diferem pelas ideias, pelas Formas.

É a distância, portanto, que importa. Para que a Forma, o *eidos*, não se dilua num gênero distante, como querem os platônicos, é preciso que ela adira a uma matéria amoldada a ela. Varia, contudo, a potência de cada matéria e de cada forma. O exame dos vários níveis da substancialidade sensível, coordenado pelo cuidado com os vários sentidos de "substância", termina dando sentido à pergunta pela forma de entes imperecíveis, nos quais a matéria se dilui na própria forma. Não é o que acontece com as estrelas fixas dotadas de um eterno movimento circular? Aristóteles repensa a astronomia de seu tempo, que distingue várias esferas carregando estrelas, cada esfera sendo então dotada de movimento próprio.

Abre-se o caminho para uma teoria dos seres divinos, para uma teologia.

61. *Metafísica*, I, 9, 1059 a, 1 ss.

Os capítulos anteriores de Z [da *Metafísica*], com suas diferentes estratégias, mostram que a forma (das substâncias sensíveis) não se reduz à matéria, sendo ao contrário o que coordena e comanda a matéria. Em Z 17, a forma é declarada um algo, *ti*, a inscrição mais neutra da ontologia, mas é esse algo que, por mais tênue que seja, permitirá mais tarde, no livro L, expandir o conceito de substancialidade para além da substância sensível...[62]

A forma se reduz a algo para que sua matéria seja consumida por sua atividade, por sua *energeia*.

As coisas sensíveis são móveis e separadas. Os números e as figuras geométricas, em contrapartida, são imutáveis e inseparáveis das coisas onde estão, mas a razão nelas colhe as formas inteligíveis. Na realidade, o círculo não se separa do bronze ou da madeira onde ele reside. Mas, ao ser pensado como círculo, é separado da madeira, do bronze ou de outro material qualquer, para se mostrar como algo sendo pensado a partir de uma matéria genérica, a substância plana, sendo esta a matéria geométrica na qual reside. Ambas, a matéria concreta e a matéria inteligível, se apresentam como potências sendo amoldadas para receber as respectivas formas. Aqui reside o erro dos platônicos: não entenderam que a matéria próxima e a forma constituem uma unidade[63] mas se diferenciam conforme essa unidade muda de sentido.

Posta a diversidade das substâncias, cabe então perguntar se existiria uma única ciência que estudasse todas elas de seu ponto de vista. Para evitar confusões sofísticas, Aristóteles mostra que, cada substância sendo estudada no seu gênero, não cabe pensar um objeto físico como se ele fosse matemático, nem um corpo

---

62. Marco Zingano, "Forma, matéria e definição na Metafísica de Aristóteles", cit.
63. *Metafísica*, H, 6, 1045 b, 16.

celeste como se ele participasse do mundo sublunar, por conseguinte como se ambos fossem móveis e separados. O gênero, porém, é um algo (*ti*) ao qual diz respeito a demonstração, ou melhor, no interior do qual ela se processa.[64] Ora, como pode haver uma ciência que focalize os vários gêneros de substância, sem que essa ciência mais geral de todas, a filosofia primeira, não caia numa aporia? Se o ser é dito de várias maneiras, se ele não é gênero, como dele pode haver ciência? Que tipo de discurso pensa o ser enquanto ser? Como uma ontologia pode ser constituída sem desprezar todas as diferenças de ser, tópico em que Aristóteles insiste desde o início das *Categorias*? Mesmo que o ser enquanto ser fosse um gênero, como nele se localizariam suas diferenças?

A ciência exige um solo genérico para se mover, e a cada gênero corresponde um tipo de sensação, assim como a um sentido da palavra *um*. Mas cada ser e cada um não existem neles próprios como gêneros, aos quais somos imediatamente remetidos desde que ensaiemos pensar o ser e o um em suas unidades. Haverá então tantas ciências como haverá gêneros fundamentais. Notemos, porém, que a matemática, embora trate de números e de figuras, objetos tão diferentes, consiste numa única ciência. Do mesmo modo, a filosofia não trataria daquilo que seria comum aos gêneros e aos princípios de cada ciência, inclusive a teologia como ciência dos seres imóveis e separados? Convém notar que "não é a pluralidade das significações de um termo que o torna sujeito de ciências diferentes, mas unicamente o fato de que não é nomeado em relação a um princípio único e também de que suas definições derivadas não são remetidas a uma significação primordial".[65] O *quantum* e o ser obedecem a essas condições porquanto, se são ditos de várias maneiras, esses dizeres se orientam para a mesma

---

64. Idem, B, 2, 997 a, 8.
65. Idem, *Gama*, 2, 1004 b, 12 ss.

unidade: as múltiplas significações são do ser na medida em que se reportam à significação primordial de essência. As diversas categorias são inerentes à essência.

Daí a conclusão:

> Do mesmo modo que de tudo o que é saudável existe uma única ciência, também assim ocorre com os outros casos. Pois não é somente onde há um caráter comum (*kath' hen legomenon*) que é preciso ver o objeto de uma ciência única; as coisas ditas em relação a uma natureza única (*pros mian physin*) constituem também objeto semelhante; pois essas coisas têm, de certa maneira, um caráter comum (*legestei kath' hen*). É, pois, evidente que pertence também a uma única ciência estudar os seres enquanto seres.[66]

Sem se agarrar a um gênero, a metafísica vem a ser a ciência do ser na medida em que as várias significações do ser visam uma unidade referencial. Na Idade Média essa visada será interpretada como se existisse uma analogia entre os vários modos de ser, não propriamente uma analogia de proporção — A está para B na mesma proporção em que C está para D —, pois isso implicaria uma quantificação dos vários sentidos do ser; mas uma analogia posta pelos vários modos do discurso tentar se apropriar de *uma* determinada significação do ser.

Não sei se esta é a melhor interpretação e reconheço que não satisfaz todas as aporias levantadas pela ciência do ser enquanto ser. Creio apenas que, de um ponto de vista introdutório, traça uma boa imagem para se mergulhar no problema e admirar sua grandeza.

---

66. Idem, 2, 1004 b, 12 ss.; cf. Pierre Aubenque, *Le problème de l'Être chez Aristote*, cit., pp. 239 ss.

VI. Da ciência dos homens à ciência de Deus

1.

Já na primeira frase da *Metafísica* Aristóteles sublinha o caráter natural do conhecimento: "Todo homem deseja conhecer por natureza". Mas o que se quer conhecer equivale, em número, ao que se entende. Procuramos por quatro coisas: o "que" (*hoti*), o "porquê" (*dioti*), "se é" (*ei estin*) e, finalmente, "o que é" (*tí estin*). Na análise do "que" vários termos são utilizados, se tal coisa é isto ou aquilo, se possui ou não tais e tais atributos. Ao descobrirmos que o Sol passa por eclipses, não mais nos perguntamos "se ele se eclipsa", mas logo tratamos de examinar "por que" ele assim se comporta. No entanto, nem sempre investigamos dessa maneira. Às vezes começamos perguntando "se isto é". "O centauro existe?" Se a resposta é afirmativa, passamos a indagar "o que ele é".

Convém ainda sublinhar que a resposta afirmativa pelo sendo, pelo ente, não é interpretada como simples afirmação da existência no sentido contemporâneo dessa palavra. Aristóteles examina a trama das palavras visando dizer o ser como algo que se apresenta e vem a estar presente. E, quando diz que a coisa é, está afirmando que ela é substância, ou melhor, *ousia*, substantivo formado a partir do particípio do verbo *ser*, *einai*. Um enunciado de existência, como "Sócrates é", diz simplesmente que Sócrates é na sua pura presença. Como ele já morreu, o verbo traz uma dimensão temporal, ele foi.

Aceitando-se que algo é, de imediato se indaga seu porquê. Em que termos? Posta a pergunta "O que é isso?", alguém responde "Uma casa, feita de tijolos", em suma, algo como algo. A pergunta pelo porquê já está insinuada: "Por que isto é assim?". Resposta: "Porque os tijolos seguram o teto e protegem da chuva e do vento". A simples afirmação de algo sobre algo aparece agora mediada, condicionada, por uma forma, a proteção, a causa para que o edifício seja feito de um material determinado que cumpra a função especificada. O que assegura a existência perdurável da casa é que suas partes estejam amoldadas por uma forma e uma finalidade de tal modo que os componentes de sua matéria próxima estejam alinhavados por um termo médio, a causa de tudo isso estar assim.

Em que medida é possível generalizar esse papel da causa mediadora? Examinemos os corpos sensíveis. São compostos e pertencem ao mundo sublunar. Como então defini-los? Em geral a definição apresenta o que é, o *ti esti*, mas assim ela não será a definição *do* composto, na medida em que se resume à apresentação de sua essência. Por exemplo, a definição da superfície branca depende da definição da superfície, aquela do homem branco, daquela de homem. O composto por si mesmo não pode então, em princípio, ser definido, porquanto sua substância — aquilo que é definido — incorpora outros atributos ligados às outras categorias, no exemplo, a qualidade branca. Daí o paradoxo: o ser sensível não se apresenta como aquilo que ele basicamente é. Mais tarde os discípulos de Aristóteles vão tentar resolver essa questão distinguindo essência de existência: a essência do homem é dada por sua definição, mas enquanto existente ele passa a ser dotado de outros atributos.

O próprio Aristóteles tenta outro caminho. Nos seres sensíveis o movimento dissocia matéria de forma, já que suas respectivas formas se associam a materiais que podem ou não ser. Ora, como já vimos, esse movimento não integra apenas determinações acidentais no seu sentido restrito. Não há dúvida de que a essência de Sócrates diz que ele é animal e racional, mas poderia ele ser Sócrates sem ser sábio? Por certo Sócrates ignorante existiria como o Sócrates sábio, mas este Sócrates aqui poderia ser ignorante? O acidente não é apenas o concomitante, mas se torna demonstrável, ou melhor, por si mesmo.

Em que medida, então, será possível uma ciência dos corpos sensíveis, isto é, dos fenômenos físicos, biológicos, psicológicos, celestes e meteorológicos? Aristóteles está particularmente bem equipado para estudá-los, pois, além de lidar com a oposição entre forma e matéria, opera com a oposição entre potência e ato. Sublinhando o papel mediador da causa, pode retomar a concepção platônica da ciência, dando-lhe, porém, novo sentido. A discussão dialética serve para que os interlocutores cheguem a determinadas posições, mas a discussão não se prolonga ao infinito porque, estando a essência na coisa-aí, ela se apresenta encaminhando a intuição do universal que nela funciona como seu princípio. Mesmo que seja preciso retomar o caminho da dialética para chegar ao princípio, o posto não se dá apenas no nível do diálogo, das divisões aceitas pelos interlocutores, mas se dá como presença ainda que provisória do real. Nessas condições, nada mais natural que em vez de diálogos Aristóteles passe a escrever tratados.

Além do mais, já que não podemos lidar com as próprias

coisas, lidamos com as afecções que elas nos deixam na alma, de sorte que a linguagem se faz comum aos homens na medida em que depende de tais afecções. A linguagem, o logos, aprende a articulação das coisas e pode assim fazer com que a unidade da essência se apresente na multiplicidade, ou melhor, na dualidade da definição, isto é, do gênero e da diferença específica. Do mesmo modo que a percepção da coisa é imediata, o intelecto, o *nous*, encontra nela o universal inteligível graças a seus próprios procedimentos.

Se fossem apreendidos os inteligíveis principiais, a razão humana não passaria a funcionar de per si, retirando deles as consequências daquilo que foi posto pelo intelecto? Desse modo, somente haveria ciência do *universal* e do *necessário*. No entanto, Aristóteles não imagina que todos os conhecimentos poderão se encadear numa única cadeia de razões, como fará muito mais tarde René Descartes. Isso porque os princípios estão distribuídos entre as categorias. Mas entre, por exemplo, um axioma e o teorema não opera apenas uma relação discursiva, já que o discurso, além de encadear elementos formais e matérias, também lida com o ato e a potência, o vir-a-ser energético daquilo que se desdobra quando a matéria se conforma. Porém, para que essa síntese seja bem compreendida, é preciso separar, então, o meramente formal, as condições de significabilidade das proposições se ligando entre si, do encadeamento real, quando a matéria está carregada de *energeia*, da atualização que lhe corresponde. Aristóteles inventa assim a lógica formal, o órganon de todo conhecimento possível, mas sem deixar de ter em mente que essa estrutura formal da linguagem serve para configurar conhecimentos precisos segundo a natureza dos objetos.

A demonstração encadeia proposições. "A sentença (*logos*) é uma fala significativa, sendo que esta ou aquela parte pode ter significação separada como expressão (*phasis*), não como afirmação (*kataphasis*) ou negação (*apophasis*)."⁶⁷ Note-se que tanto a afirmação quanto a negação carregam o termo *phasis*, que aqui significa "palavra", embora esteja ligado a um verbo cujo sentido é fazer aparecer. Numa frase a palavra *mortal* pode ter sentido, mas não é por isso que afirma ou nega alguma coisa. No capítulo anterior, Aristóteles explicara que o nome verbo, que adicionalmente significa o tempo, "é um signo das coisas que se dizem de uma outra coisa". Por exemplo, "saúde" é um nome, "estar com saúde" é um verbo, este diz algo nomeado pelo nome que exercerá a função de sujeito. Por isso, o verbo, mesmo estando engatado a outro nome, sempre possui uma referência a outra coisa que será nomeada, ele aspira por uma síntese. Quando esta acontece, o nome e o verbo constituem uma proposição bipolar, sendo verdadeira ou falsa num determinado tempo. O tempo é o número do movimento segundo o antes e o depois. Mas essa dimensão temporal é anulada na proposição de essência, pois o predicado diz do sujeito algo que ele sempre tem. Abrem-se as portas para distinguir proposições analíticas, do tipo "O solteiro não é casado", das proposições sintéticas, como "A casa é feita de barro". Mas a lógica formal fica na soleira dessa distinção.

Na proposição a lógica formal considera apenas que "P é dito de S". Vamos operar, contudo, usando a forma tradicional "S é P". Mas, tão logo Aristóteles passa a examinar a proposição no nível das ciências, isto é, do conhecimento, a distinção entre proposição de essência e proposição por acidente se impõe.⁶⁸ Porém, se essa combinação do predicado com o sujeito independe da natureza de ambos, não é por isso que deixa de ser contaminada pelo sentido da cópula "é", pelo questionamento do ser. Porque o verbo, vinculado ao predicado, possui uma dimensão temporal,

---

67. *De interpretatione*, 1, 16 b, 27-9.
68. Cf. *Analítica posterior*, I, 22, 83 a, 24 ss.

não se resume à cópula "é" acrescida de um nome, carrega a apresentação de algo. Toda proposição, de fato, é composta de sujeito e predicado, mas o predicado somente pode *ser dito* do sujeito se capturar, no plano mais elementar, o modo pelo qual ele *está no* sujeito. Uma proposição de essência, por exemplo, "O homem é um animal racional", porque apresenta o homem na sua atualidade, está informando que *todos* os homens são racionais. Quando um ser humano se move pela cólera, ele não está sendo propriamente um homem. A proposição "O homem é um animal que ri" diz igualmente que *todos* os seres humanos *podem* rir, mas, se não rirem, não perdem a condição humana. Daí *alguns* homens poderem estar rindo e outros não. Por isso a quantificação, se o predicado é dito de *todos* os sujeitos ou de *alguns*, se processa no interior da própria proposição. Uma condição da teoria do ser, um pressuposto ontológico, orienta a análise lógica da proposição, assim como pressupostos lógicos orientam a ontologia.

Na *Metafísica* Aristóteles estará atento aos diversos sentidos desse "é" que marca a predicação, mas no plano da análise lógica importa-lhe como ela se diz total ou parcialmente do sujeito. Assim A é dito de todo B ou de algum B ou, ainda, de nenhum B. Do ponto de vista da quantidade uma proposição é universal ou particular. Note-se que, o indivíduo como tal não podendo ser objeto de ciência, os exemplos utilizados por Aristóteles em geral não tratam, pois, da predicação singular. A lógica, sendo *órganon*, instrumental da procura da verdade, da ciência, não se importa como o predicado se debruça sobre um indivíduo.

As proposições se distinguem então segundo suas quantidades indicadas pelos quantificadores e segundo a qualidade, isto é, afirmativa ou negativa. Suas combinações resultam no conhecido quadro: A (afirmativa universal), E (negativa universal), I (afirmativa particular) e O (negativa particular)

A (Todo S é P) — contrárias   E (Nenhum S é P)

    su   con   con   su
    bal   tra   tra   bal
  ternas di   di ternas
   tórias   tórias

I (Algum S é P)   subcontrárias   O (Algum S não é P)

Além disso, essas proposições simples podem formar proposições complexas ligadas por conectivos como "e", "ou", implica etc. Note-se ainda que o quadro radicaliza as diferenças entre a contrariedade e a contradição, cujos limites em Platão não estavam bem definidos.

Além de se comporem em proposições complexas por conectivos, elas ainda se ordenam numa demonstração, quando, posta uma proposição ou várias delas, disso sem mais se tira outra. Se a conexão for necessária, teremos o silogismo. Ele não se resolve numa proposição complexa formada pelo conectivo "Se p, então q", mas carrega uma sequência de posições. A conclusão deriva do que as premissas anteriores pro-puseram, porque a relação entre sujeito e predicado, S, P, é *posta* (*tethenton*). Esse termo *posição* nasceu da discussão dialética, em que os interlocutores vão *pondo* perguntas e respostas para progredirem no raciocínio. Mas o silogismo interrompe o diálogo na medida em que, postas duas proposições, outra proposição se segue *necessariamente*. Diante dela o interlocutor se cala e deve seguir o raciocínio automaticamente. Aristóteles pode então isolar o conhecer da persuasão, cujo estudo passa para o domínio da retórica. Além do mais, o conhecimento efetivo passa a ser inserido numa *combinatória* que explora os limites das proposições aceitas sem se agarrar ao sentido explícito de cada um. Nasce uma lógica da verdade.

"O silogismo é o discurso (*logos*) em que, postas certas coisas [algos, *tinôn*], algo diferente (*heteron ti*) das coisas estabelecidas necessariamente resulta de elas serem assim. Digo que 'elas são assim' porque delas segue-se a conclusão, e por isso significo que não há necessidade de outro termo para fazer a conclusão necessária."[69] Sem a intencionalidade do predicado verbal em relação ao sujeito o silogismo seria inócuo. As duas premissas afirmam a *realidade* dessa intenção, no que resulta a realidade da intenção operada do predicado no sujeito da conclusão. Daí a fórmula: "Se P é dito de todo M e M é dito de todo S, então P é dito de todo S". Resultado que somente é possível se o termo médio cumprir plenamente sua função causal, transferindo as respectivas posições.

É possível inferir a verdade de uma proposição *imediatamente* a partir da verdade de outra anterior, por exemplo, da verdade de "Todos os S são P" se segue a verdade de "Alguns S são P". Na dedução *mediada*, porém, duas premissas ligadas por um termo médio resultam numa conclusão verdadeira. Vale a pena, pelo menos agora, conservar a fórmula aristotélica para salientar o papel do termo médio: "Se P é dito de todo M e M é dito de todo S, então P é dito de todo S". Esse é o silogismo perfeito, onde o termo médio, M, evidencia na proposição complexa seu valor lógico, a necessidade do argumento, e sugere seu valor ontológico, a saber, seu papel causal. Em vista das respectivas extensões, S é chamado de termo maior e P, de menor.

Para não complicar, vamos dar algumas indicações sobre o silogismo na sua forma consagrada pelos lógicos medievais. Observemos que nada resulta de duas premissas negativas ou de duas premissas particulares. As figuras do silogismo se distinguem conforme a posição do termo médio nas duas premissas. Na primeira: sujeito da maior e predicado da menor. Exemplo: "Todos os M são P, todos os S são M, então todos os S são P". Na segunda, M é pre-

---

69. *Primeira analítica*, I, 24 b, 18 ss.

dicado na maior e na menor. Na terceira, M é sujeito na maior e na menor. Entre os 64 modos possíveis, dezenove são concludentes. O modo determina a disposição das premissas segundo a quantidade e a qualidade. São quatro os modos concludentes da primeira figura. Os lógicos medievais construíram fórmulas de memória em que as vogais das palavras indicam a quantidade e a qualidade das premissas e da conclusão. A palavra *bárbara* indica que as premissas e a conclusão são proposições universais afirmativas. Seguem-se os outros silogismos da primeira figura, isto é, quando o termo médio é sujeito da premissa maior e predicado da menor: celarent, darii, ferio; outros quatro para a segunda figura: cesare, camestres, festino, barroco. E assim por diante.

É possível considerar uma quarta figura, que nada mais é do que a primeira figura com as suas premissas invertidas, de sorte que M ocupa o predicado da maior e o sujeito da menor.

Por que nos demoramos nessa análise exclusivamente combinatória? Precisamente para sublinhar que essa combinatória, correspondendo à invenção da lógica formal, abre espaço para que o pensamento se pense a si mesmo demarcando o quadro onde se mostram suas ligações significativas necessárias, independentemente da verificação de suas condições de verdade. Mas enquanto pensamento móvel, isto é, articulado de tal maneira que a posição das premissas resulte na posição da conclusão. Se essa posição se dá exclusivamente no nível do diálogo, o silogismo, a despeito de sua força argumentativa, continua dialético, mas, desde que as premissas sejam postas como verdadeiras, necessárias e anteriores, e não apenas assumidas, o silogismo passa a ser científico.

É de notar que, a despeito de a forma silogística se tecer antes dessa diferença entre silogismo dialético e silogismo científico, não é por isso que se desdobra inteiramente mediante uma analítica, como se nenhuma outra síntese do real interviesse na combinação das proposições segundo o jogo formal do verdadeiro e do falso.

Análise e síntese são complementares. Primeiro se dá, nas duas premissas, a síntese do predicado com o sujeito, depois a passagem analítica da posição anterior para a posição da conclusão.

Por fim convém explicitar o intuito que nos moveu nessa exposição escolar da combinatória dos termos e das proposições. Mostramos que essa combinatória está sempre se elaborando sem nunca perder de vista o real. A teoria das categorias, dos vários sentidos do ser, é anterior ao funcionamento formal do logos, da razão. Basta inverter esse movimento, passar do formal para o real, fazer, como dirá Kant, uma revolução copernicana, para que o formal tenha condições de traçar as linhas gerais do real tal como nos aparece. A lógica formal permitirá a Kant deduzir a tábua completa das categorias. Não transparece, então, um diálogo muito estranho entre lógica e ontologia, uma ficando na dependência da outra conforme uma concepção impensada da razão orienta as investigações? E, quando a lógica formal muda de sentido, como mostraremos acontecer a partir do século XIX, não é a problemática onto-lógica que precisa ser repensada?

2.

O silogismo expõe os mecanismos da demonstração. Mas no seu movimento já aparece o elo causal do termo médio. Conforme esse elo se especifica, teremos as diferentes ciências que compõem o corpo aristotélico. Antes, porém, de continuar o estudo do papel intermediário da causa, lembremos, em primeiro lugar, que, em vez de alterar o estado de movimento, como pensam os modernos, ela provoca o movimento. Em segundo lugar, no estudo da natureza cabe distinguir quatro causas: formal (a forma do vaso que demarca sua existência), material (o barro), eficiente (o artesão ceramista) e final (para que o vaso serve). No fundo essas quatro causas se reduzem a duas, a forma conformando a matéria, desde que a forma, no mundo sublunar, seja movida por um elemento complementar a ela. Note-se que por matéria Aristóteles não entende, como Platão, o mero receptáculo, mas uma condição amoldada para que a coisa exista e se mova, isto é, a causa próxima.

A causa é termo médio, responsável pelo movimento da coisa e elemento da demonstração discursiva, configura ainda o ponto em que a razão, razão real, *ratio essendi*, em princípio coincidirá com a razão lógica, *ratio cognoscendi*, a articulação das coisas e a articulação do pensamento que lhe faz frente. Os simples da sensação e da própria razão são apreendidos de imediato, mas a razão precisa operar entre esses dois polos, tendo no limite a identidade do inteligir com o inteligível. É da natureza da razão chegar à verdade das coisas, mas para isso ela precisa se mover, ativar e ordenar a linguagem para que suas mediações se evidenciem.

A ciência é conhecimento tanto da causa como do universal e do necessário. Na medida em que trata do universal, não pode ser conhecimento dos indivíduos apresentados pela sensação, mas é a partir deles que o pensamento encontra um traço comum a essa multiplicidade. O universal, porém, não se resolve no trabalho da alma apontando o comum em cada caso, mas se encontra na articulação das próprias coisas tal como vêm a ser apreendidas pela razão: "Chamo de universal o que é predicado de todos e de cada um por si mesmo (*kath hauto*) e enquanto si mesmo (*hêi hauto*)".[70] Essas expressões "por si mesmo" e "enquanto si mesmo" demarcam o caráter ontológico da universalidade, que reside nos singulares, sem se confundir com a mera multiplicidade das coisas considerada de um ponto de vista exterior, de um pensamento que não agarrasse as condições das coisas sendo.

Embora a ciência lide com a articulação dos gêneros em es-

---

70. *Analítica posterior*, I, 4, 73 b, 25.

pécie, não lhe interessa tão só a articulação do múltiplo, mas ainda a articulação das essências. É o conhecimento do universal por si mesmo que funda o conhecimento do universal *kata pantos*, multiplicativo, pois além da multiplicidade importa o lado inteligível constituinte do individual. Por isso o universal é o sujeito primeiro. Comentadores salientam o lado obscuro dessa concepção, mas nos importa marcar que tal ambiguidade — onde a diferença se comporta tanto do lado do gênero e da espécie sendo, como do lado do inteligível e do não inteligível segundo o discurso, a razão — exemplifica o enorme esforço de Aristóteles para compreender o real dotado de uma inteligibilidade própria se organizando em vista de seu próprio fim.

No livro *Eta* da *Metafísica* Aristóteles resume sua classificação das ciências. Retomemos o exemplo do nariz adunco. Desse composto o matemático apreende apenas a curvatura. Ancorando-se no gênero figura e tomando, como hipótese, o ponto como substância, pode então estudar as propriedades da curva. As ciências matemáticas tratam, pois, de objetos imóveis e separados. O próprio nariz adunco pode ser objeto da física, quando são examinados os elementos de que é formado — terra, água, ar, fogo —, articulados no gênero dos seres vivos. Mas o médico examinará o nariz do ponto de vista da saúde do indivíduo, tratando de restabelecer o equilíbrio de sua combinação quando uma doença interfere nele. O físico e o médico tomam os objetos como eles aparecem, procuram o gênero onde eles se inscrevem e cuidam de examinar as mudanças que neles ocorrem. A física e as outras ciências que caem sob seu domínio estudam então objetos móveis e separados. Matemática e física tratam dos objetos como eles são, examinando-os, contemplando-os, ação que os gregos indicavam pelo verbo *theôreô*. São, pois, ciências teóricas.

Basicamente elas supõem o gênero onde se observam os movimentos contrários que nele se inscrevem. Vale quando a mudança, o movimento, se explicita quando se diz, por exemplo, "O fogo sobe" e "A terra cai". Mas nem sempre isso é possível. O movimento ainda pode operar entre contraditórios, como aquele entre o perecível e o imperecível. O gênero não está posto e ele se dá como privação. No caso dos seres vivos, a espécie se mostra na medida em que a oposição — macho e fêmea, por exemplo — se exerce graças ao nascimento e à morte, confirmando todavia a perenidade dessa espécie. O que dizer, contudo, dos fenômenos meteorológicos, como um eclipse? Onde está seu gênero?

Como explicar esse processo de geração e corrupção? O *De generatione et corruptione*, um lindo opúsculo de Aristóteles que trata desse assunto, considera que esse processo se dá substituindo uma substância por outra no mesmo gênero, que nem sempre está presente no campo da análise. Igualmente nem sempre ele se resolve num mesmo movimento de vir a ser, pois há casos em que as substâncias envolvidas possuem maior realidade do que outras. Assim, quando o fogo é produzido pela terra, ocorre um processo meramente qualitativo. Isso não acontece com a mudança do calor para o frio, sendo que este é mera privação daquele. Cabe então distinguir várias formas de alteração conforme elas se reportam às categorias ou à combinação delas.

Nem sempre, porém, a razão se contenta em examinar e contemplar aquilo que é, ela também produz um objeto. O agente é uma causa que opera tendo em vista um fim. A ciência que cuida dessas operações é dita, então, "poética", *poiêtikê*, de *poiêsis*. Há, contudo, outras operações racionais que não produzem algo exterior a elas, o princípio da ação reside no agente e não na ação propriamente dita, de sorte que é o próprio agente que se vê transformado. É o caso da ação moral, quando o agente, deliberando e escolhendo, trata de solidificar em si mesmo certos hábitos que permitem classificar suas ações como boas ou más. Essa diferença entre prática e práxis teve grande futuro e sempre aparece quando se estuda a moral e a política, quando se examina como o ser humano cuida de si e dos outros. Uma vez que os dois cuidados estão ligados entre si, a procura das virtudes é feita em vista da felicidade — termo ruim para traduzir *eudaimonia* — a vida equilibrada, ponderada, por isso mesmo virtuosa. A ética aristotélica, como seu nome diz — a palavra vem de *êtos*, "costume" —, estuda basicamente os bons costumes, as virtudes, os modos pelos quais os seres humanos cuidam de si. Mas nesse cuidar eles precisam exercer sua natureza política, pois vivem naturalmente em sociedade, numa comunidade em que cada um realiza seu próprio fim. Desse modo, as ações humanas são regidas por uma razão prática, uma prudência (*phonêsis*), que não se confunde com a razão teórica, ou melhor, com o intelecto (*nous*), na medida em que este é antes de tudo contemplativo.

A ciência, *episteme*, trata dos universais e de suas mediações. Essas mediações obrigam Aristóteles a pensar as propriedades que se ligam à essência, que estão nela, sem participarem da sua definição. Não é o que acontece com a distinção entre par e ímpar, que não participa da definição de número natural? Daí Aristóteles distinguir esse acidente, que é eterno, do acidente no sentido mais comum da palavra, que acontece apenas às vezes.[71] A ciência aristotélica é maleável. Na impossibilidade de apreender os universais nas coisas, não é por isso que ela abdica de tentar conhecer os fenômenos do mundo sublunar. Toma então o frequente como ponto de partida: "Toda ciência ou é do eterno ou do frequente (*hôs epi to poly*)".[72]

O próprio Aristóteles observa que o frequente, o mais das vezes, está entre o necessário e o acidente. A matéria é responsável

---

71. *Metafísica*, Delta, 30, 1025 a, 32, texto que se refere à *Analítica posterior*, I, 7, 15 a, 18 ss.
72. *Metafísica*, E, 2, 1027 a, 20-1.

pelo acidente, pelo ocasional, mas no mundo sublunar as coisas são possíveis em dois sentidos. No limite, o possível pode ou não acontecer, quando, por exemplo, o animal anda ou quando ocorre um terremoto. Mas também é possível o que se dá na maior parte das vezes. Os seres vivos nascem, crescem, se tornam adultos, envelhecem e morrem, mas com frequência nascem e morrem antes de se tornarem adultos. O frequente desenha então um ciclo que pertence à natureza das coisas e, assim, a despeito de não se pôr como forma universal, demarca o campo de uma ciência possível, ciência do cotidiano, que não possui, contudo, a dignidade da ciência do eterno.[73]

É de notar que, ao separar a substância de outras categorias, jogar com as oposições de matéria e forma, da potência e do ato, do mecanismo e do finalismo, Aristóteles passa a dominar um equipamento intelectual capaz de cobrir todo o conhecimento de sua época. Daí a vastidão de sua obra e o poder de seu gênio. Contra Platão sublinhará a inerência do objeto matemático no seu corpo físico. É a razão que separa na roda o círculo, no tampo da mesa o retângulo. Se ela faz com que eles variem, a indução (*epagôgê*, "a ação de levar para") conduz os sensíveis ao inteligível, mas esse caminho não se faz sem cortes provocados pela diversidade dos pontos de vista. Não é por isso que se pode separar o objeto pensado pela razão de seu suporte físico, como querem os platônicos. Compreende-se o contraste entre matemática e física: a primeira trata de seres imóveis e inseparáveis; a segunda de seres móveis e separados.

A noção de movimento está marcada, de um lado, pela quantificação do antes e do depois segundo o agora, isto é, pelo tempo; de outro, pela atualização da potência em ato. Essa atualização do

---

73. Cf. Oswaldo Porchat Pereira, *Ciência e dialética em Aristóteles*, cit., III, p. 4.

movente, porém, se faz, no nível da natureza (*physis*), tendo por base uma substância cujo gênero se torna imóvel. Se dissermos "Sócrates está sentado" e, em seguida, "Sócrates está de pé", estamos supondo que o mesmo Sócrates se move segundo os contrários. A ciência não lida com o indivíduo Sócrates, e sim com sua essência, atentando para o movimento de contrários inerentes a ela. Mas a própria substância, vindo a ser a fusão da matéria selada com uma forma, vem a ser diferente conforme sua capacidade de envolver esses seus dois momentos. Os monistas, a exemplo do atomismo de um Demócrito, reduzem esses vários modos de substância a um único princípio, a mônada indivisível. Os movimentos qualitativamente diversos são traduzidos segundo as mudanças dessa substância. Um corpo, retruca Aristóteles, sempre é divisível, mas todas as suas partes não podem ser divididas simultaneamente, pois isso implicaria que ele teria um número finito de pontos de tal modo localizados que um seria depois do outro. Se isso ocorresse, ele poderia ser separado em suas partes ínfimas e não seria mais um único corpo.

Nesse panorama das ciências uma delas ocupa um lugar muito especial, pois estuda os processos mentais, inclusive aqueles pelos quais se obtém o conhecimento. No livro *De Anima* Aristóteles trata dela. A alma, como já vimos, é definida como a forma do corpo. Não se mantém como envelope indiferente a seu conteúdo, mas, inspirando-se na matéria que conforma, se mostra numa progressão. A mais elementar é aquela nutritiva, o modo mais simples de viver dos seres vivos, que nada mais fazem do que absorver do exterior o que o corpo necessita para sobreviver. Segue-se a sensação que retém as afecções deixadas pelos corpos, de modo mais direto, como o tato ou o odor, de modo mais indireto, como a vista. Em seguida vem a movimentação em que o corpo se apropria de si mesmo. Por fim, o inteligir e o pensamento, o *nous*, aquela atividade, particular dos seres humanos, mediante a qual eles capturam os universais combinando-os em juízos, a saber, compondo proposições verdadeiras ou falsas. Nesse último estágio, a alma ainda se desdobra numa parte passiva e noutra ativa. Porque o movimento é sempre alteração do repouso em que a coisa está no seu lugar natural, ele precisa ser movido pela energia de um motor que não pode se confundir com a potência inscrita no movente. No seu último estágio o intelecto se mostra passivo para que o intelecto ativo o mobilize. Ora, o intelecto ativo, sendo pura atividade, transcende as formas anímicas anteriores, compondo matérias próximas peculiares, colocando-se então como princípio de si próprio, ou melhor, princípio divino. Ligada ao corpo a alma não pode ser imortal, mas o intelecto ativo transcende essa composição, evidencia uma parte divina dos seres humanos. Particular a cada ser ou valendo para toda a espécie? Os textos de Aristóteles não permitem decidir essa questão.

3.

Por fim cabe examinar uma importante forma de ciência teórica, precisamente a primeira delas, posteriormente chamada de metafísica. A matemática trata das substâncias dos entes imóveis, a física, dos entes móveis. Não seria possível um conhecimento teórico de outras formas de ser? Assim como a substância *é*, o que as outras categorias dizem também não *é*? A mudança opera, seja segundo a substância (geração e corrupção), seja segundo a quantidade (crescimento e decréscimo), seja segundo a qualidade (a alteração), seja, por fim, segundo o lugar (translação). Nessas condições, cada tipo de mudança se faz entre contrários enquadrados no interior de uma determinada categoria.[74] Não caberia então

74. *Metafísica, Lambda,* 2, 1069 b, 9 ss.

procurar uma teórica dos seres em geral, do ser enquanto ser, que está sendo reafirmado quando se pula de uma categoria para outra? O ser não é um gênero, mas, por ser dito de várias maneiras, existe um traço comum entre o que essas maneiras dizem. Esses "ques" não estão meramente dispersos, não estão sob o domínio da diferença. Não é uma substância, mas os liga de certa maneira. Não seria o caso de uma paronímia? Os filósofos medievais insistirão que eles são análogos. Uma analogia, no entanto, que não é matemática, que não pode ser posta sob a fórmula a está para b assim como c está para d, mas que revela uma intrigante semelhança. Que semelhança, porém? Seja como for, um logos sobre o ser (*on*) em geral parece ser possível. Muito mais tarde receberá o nome de "ontologia".

A necessidade da metafísica, entretanto, não nasce apenas de considerações lógicas a respeito das categorias; ainda depende de problemas levantados pela própria noção de mudança. Ora, o tempo é o número do movimento, da mudança em geral, seja qual for a região em que ela se dê. Já Platão[75] afirmara que o tempo é a imagem móbil da eternidade. E, visto que para os gregos não há mudança sem uma força que incida sobre o corpo a ser movimentado, cabe perguntar pelo responsável por qualquer movimento. Segundo os gregos somente poderia ser um motor de todos os movimentos e como tal imóvel.

Os fenômenos sublunares não esgotam tudo o que pode ser visto se movendo. Por sua vez, o movimento irregular dos planetas, astros eternos, precisa ser compatível com o movimento circular das estrelas. Os astrônomos gregos tiveram muito trabalho para "salvar os fenômenos", mostrar uma regularidade por trás da irregularidade planetária.

Os corpos celestes não possuem matéria no sentido mais co-

---

75. *Timeu*, 37 d.

mum; posto que se movimentam circularmente, existem por si próprios enquanto forma autônoma. Em contraposição a eles, os objetos sublunares quase sempre se movimentam em linha reta, por conseguinte entre contrários — para o alto ou para baixo, à direita ou à esquerda. Sendo o mundo finito, eles têm começo e fim. Em contrapartida, o movimento circular volta-se sobre si mesmo, de sorte que qualquer um de seus pontos pode ser por nós considerado como seu começo ou como seu fim. Não sendo ele próprio uma substância, move-se numa substância que lhe é pertinente, o éter, que tem a potência de se mover circularmente; trata-se de uma matéria simples, local ou tópica. Cada astro deve então possuir seu próprio movimento circular.

Os astrônomos gregos pensavam cada um dos astros incrustado numa esfera translúcida girando em torno da Terra imóvel. Eudóxio, anota Aristóteles,[76] explicava o movimento de translação do Sol e da Lua mediante o movimento de três esferas para cada um desses astros. Ao todo recorria a 26 esferas. O próprio Aristóteles enumerava 55 esferas, que poderiam ser reduzidas a 47. Não nos cabe examinar aqui essas teorias, importa apenas sublinhar que os astros eles próprios são imóveis e separados, pura atividade, apenas ligados à sensibilidade graças àquela matéria que lhes é pertinente, o éter. Como pura atividade são, por fim, divinos. Os deuses de Aristóteles transcendem o mundo, mas não se escondem.

Eles devem, pois, ser movidos a partir de um único princípio, uma substância especialíssima, um motor primeiro imóvel por essência. Nessa qualidade o primeiro motor não é extenso, não se divide, por conseguinte não é corporal, não podendo manter relação ativa com o mundo. Sendo pura atividade, somente se relaciona consigo mesmo de tal modo que ele se torna o objeto de sua ação: "O primeiro motor é, pois, um ser necessário e, como neces-

---

76. *Metafísica, Lambda*, 8, 1073 b, 18 ss.

sário, seu ser é o Bem, sendo desse modo que vem a ser princípio".[77] Em vez de possuir a vida, é a própria vida. Por isso o primeiro motor, em suma, Deus, é objeto de seu próprio pensamento, é o pensar esse próprio pensamento, o último estágio a que todos os seres almejam, por conseguinte o Sumo Bem.

Mas como os corpos podem ser movidos por ele? O inteligível e o desejável se movem sem serem movidos, graças a uma finalidade inscrita em cada ente. O primeiro motor move porque é desejável, atrai como o amado desperta no amante o movimento de suas paixões.[78] O Deus de Aristóteles, sem criar o mundo, deixa que ele persista em vista daquilo que ele deve ser. Mas o ser não precisa vir a ser, ele é simplesmente porque, como já nos indica o pensamento puro da alma, se faz atividade sem potência. A Forma não é mais causa do mundo, no sentido que lhe imprimia Platão, configura-se como causa de si mesma, imóvel, paradigmática porque tudo o que é se altera para ser aquilo que deve ser. Fora dessas condições muito abstratas a ciência de Deus, a teologia, tem pouca coisa a dizer. Se não é, como se dirá mais tarde, uma teologia negativa, não deixa de ser minguante.

Os platônicos fazem da alma o princípio do movimento, cada gênero possuindo movimento próprio mas integrando-se no movimento promovido pela alma do mundo. Como sempre, Aristóteles comparece para diferenciar, estabelecendo uma diferença específica nesses princípios. Não sendo vital o movimento da pedra que cai, ele não se confunde com o movimento dos seres vivos despertado por representações e desejos. A forma dos viventes se processa numa finalidade que se especifica, então, como causa agente. Por sua vez os corpos celestes se movem por si próprios, mas, movimentando-se, carecem de um motor. Isso porque, para

---

77. Idem, 7, 1072 b, 10.
78. Idem, 3.

Aristóteles, o movimento nunca se confunde com o motor, este sendo causa em ato, despertador da potência correspondente vinda a seu encontro. Desse modo, os círculos moventes dependem de um motor imóvel, energia pura que mobiliza outras formas de movimento. A análise da substância deságua na ciência dos corpos celestes, divinos, entendida tão só, contudo, como antessala da ciência do motor imóvel. A filosofia primeira está destinada a se confrontar com a ontologia e com a teologia, segundo se privilegiam quer os problemas lógicos, aqueles do dizer que procura a verdade, quer os problemas relativos aos princípios do uno e do múltiplo existentes.

VII. O retorno do sábio: o estoicismo

1.

Exploradas por Aristóteles as categorias fizeram história. Até hoje se discutem problemas por elas levantados, mas não é por isso que serão sempre concebidas como predicados do ser. Novos caminhos foram trilhados que, a despeito de estabelecerem uma relação profunda entre lógica e física, pensam o ser a partir desta última, o que altera profundamente as relações que os predicados mantêm com o sujeito. Já que a estrutura da proposição é pensada de outra forma, em consequência se altera o modo de pensar o silogismo, o encadeamento do raciocínio e, por fim, a própria concepção de mundo.

Os estoicos constituem um momento importantíssimo dessa transformação. Não temos, nestas lições, espaço para estudar a evolução do pensamento estoico, da Antiguidade até seu último florescimento romano, mas vale a pena examinar seus passos iniciais, em primeiro lugar porque, opondo-se à tradição platônico--aristotélica, permite comparações que iluminam os pressupostos das duas filosofias. Em segundo lugar, porque, desenvolvendo uma nova concepção do saber, termina configurando uma visão muito peculiar do sábio, do profissional da filosofia. Por fim, porque elabora certos temas que serviram de ponte entre o pensamento grego e o pensamento cristão.

Esses estoicos foram pensadores muito especiais. Não mais estão, como Platão e Aristóteles, ligados aos temas postos pela cidade-estado grega. Depois da morte de Alexandre (323 a.C.) até a conquista da Grécia pelos romanos (146 a.C.), instalam-se por todo o Mediterrâneo, da Espanha à Capadócia, novos impérios e uma cultura comum, matizando o pensamento grego com influências orientais. Alexandria se torna centro cultural importante e Atenas, desprovida de seu império, volta-se sobre si mesma e institucionaliza de vez as riquezas de seu pensamento, abrigando uma rede de escolas filosóficas e científicas. O saber perde a unidade antiga e as ciências encontram definitivamente seus próprios caminhos: Euclides (370-240 a.C.) escreve o tratado de geometria que será adotado nas escolas por mais de vinte séculos; na mesma época Apolônio de Pérgamo aprofunda o estudo das figuras formadas pela secção do cone; Arquimedes (287-212 a.C.) faz avançar a matemática, a astronomia, a física e a mecânica. E a medicina grega, muito prestigiada a partir do quase mítico Hipócrates (440-377 a.C.), caminha em duas direções, uma mais empírica, outra mais racionalista, que tem na obra de Galeno (131-201 d.C.) seu apogeu. Convém notar que a prática médica muitas vezes servirá de exemplo para o filósofo interessado em estudar o pensamento prático.

As filosofias helenísticas são muito ricas e variadas. Se as obras de Platão e Aristóteles fazem lembrar um majestoso templo grego, as novas doutrinas, em particular o sistema estoico, evocam os labirintos do palácio de Creta e as tramas do Minotauro, do herói com cabeça de touro que nele habitava. São de difícil acesso, integrando num todo complicado lógica, física e moral. Além do mais, a lógica e a física estoicas estão longe de nossos padrões costumeiros de pensar. Dificuldade que cresce na medida em que sobraram muito poucos textos originais do primeiro estoicismo; as fontes mais completas são do período romano, os escritos do escravo alforriado Epiteto (50-121 d.C.) e do imperador Marco Aurélio (121-80 d.C.). Para reconstruir o estoicismo antigo, dependemos das informações prestadas por Diógenes Laércio, que escreveu sobre a vida e as opiniões dos filósofos, dos comentários de Plotino (205-70 d.C.), um grande pensador neoplatônico cujos pensamentos foram publicados pelo romano Porfírio. Por fim, das compilações e das reflexões do cético Sexto Empírico, filósofo, médico e astrônomo grego, que viveu entre os séculos II e III d.C. Outros textos de mais fácil acesso são os comentários de escritores romanos como Cícero (106-43 a.C.) e Sêneca (4 a.C.- 65 d.C.). Além disso, nos sobraram fragmentos, muitas vezes citações feitas por adversários, que retiram das doutrinas originais o que mais lhes interessa.[79]

Os primeiros estoicos foram assim chamados porque costumavam se reunir num pórtico (*stoa*) de Atenas. Eram em geral estrangeiros, oriundos das mais diversas partes do Mediterrâneo, pouco integrados na política da cidade. Zenão de Chipre funda a primeira escola, dirigindo-a de 322 a 264 a.C. É sucedido por Cleanto (264-232 a.C.), em seguida por Crisipo (232-204 a.C.), o grande arquiteto do pensamento estoico. Dele conhecemos fragmentos, resumos e uma lista de mais de setecentos opúsculos; diversidade impressionante, cujos pedaços, com muito esforço e imaginação de nossa parte, se ajustam num sistema admirável,

---

79. Utilizaremos a coletânea de fragmentos publicada por A.A. Long e D.N. Sedley, *The Hellenistic Philosophers*, Cambridge: Cambridge University Press, 2007.

extenso e coerente. Se os estoicos são os grandes racionalistas do período, Crisipo é o maior deles.[80]

A filosofia adquire uma dimensão prática até então desconhecida, pretende ser a ciência global das coisas divinas e humanas, definir a finalidade da vida feliz e transmitir a arte de viver conforme esse objetivo. O sábio mantém uma relação muito peculiar com os afazeres da cidade, embora respeite seus ofícios e rituais, deixa de competir com os sábios legisladores a exemplo de Sólon ou Licurgo; sua preocupação maior é adquirir e ensinar a técnica de viver. O herói-padrão não é mais Péricles, o grande político de Atenas, mas Hércules, cujos trabalhos comprovam a excelência de suas virtudes. O sábio topa os desafios do pensamento, desce às suas minúcias, desde que assim seja levado a uma prática virtuosa, as virtudes se tecendo numa trama completa que se ajusta ao todo da natureza articulada num cosmo. Os últimos estoicos da época romana se transformaram em verdadeiros diretores de consciência, defensores da vida íntima e da subjetividade. É natural que fossem postos sob suspeita pela ditadura imperial, desconfiada de pensadores sempre capazes de se refugiar em si mesmos, sempre dispostos a resguardar suas intimidades.[81]

2.

O estudo dessa prática de viver comporta três partes — lógica, física e moral — dotadas de pesos equivalentes, sem que uma, contudo, venha a fundar a outra. Quem começa estudando pro-

---

80. Para estudar esse filósofo, vale a pena ler o livro seminal de Emile Bréhier, *Chrisippe et l'ancien stoïcisme*, Paris: PUF, 1951.
81. Cf. Michel Foucault, *L'herméneutique du sujet*, Paris: Gallimard/Seuil, 2001.

blemas éticos, logo se defronta com questões lógicas, pois os atos de seguir as regras morais exigem uma explicação de seus critérios. Já que a lógica é entendida como estrutura racional do cosmo, o filósofo se vê obrigado a tratar da filosofia da natureza. Desse modo, o ciclo se fecha numa totalidade teórica, prática e cosmológica. O estoicismo se constitui como um edifício global, extraordinário complexo em que todas as coisas se encaixam.

Convém notar que considera o universo composto por dois elementos: a matéria, substância passiva sem nenhuma qualidade, e o agente racional, Deus, eterno e gestor de todas as coisas. Esses dois elementos conformam os corpos, que interagem de tal forma que o efeito de um sobre o outro não altera sua identidade. Se a modificação vem de fora, é no corpo que ela se cristaliza. Se uma faca deixa na fruta seu corte, é a própria fruta que passa a determinar-se como fendida, qualificando-se por esse traço. O ser (*einai*) é existência individualizada, corporificada, ao contrário, portanto, do que pensava a tradição platônico-aristotélica, sempre privilegiando o inteligível, a forma universal. Não são corpos, entretanto, o tempo, o vazio, o lugar, que carecem de fontes próprias de determinação e se determinam pelos corpos que neles se instalam. Há, além disso, um incorporal muito especial, o dizível (*lekton*), elemento mental antes de tudo configurado pela linguagem, intermediando o sinal e o objeto significado. Se os incorporais não existem (*hyparchein*), não se reduzem, todavia, a ilusões; por isso apenas subsistem (*hyphistanai*), são algos individualizados sem ter a consistência dos corpos. Mas não são ainda meros aspectos dos corpos garimpados pela percepção, pois, embora se reportem aos acontecimentos, o fazem tendo no horizonte as articulações da linguagem como um todo.

Note-se a mudança de sentido do verbo *hyparchein*. Se para Aristóteles ele indica a predicação, agora diz respeito à existência concreta: *hyparchon* é o existente corpóreo e, além do mais, presente, de sorte que o passado e o futuro apenas subsistem. Mas o presente não existe em bloco na medida em que o passado e o futuro o comem pelas bordas.

O dizível (*lekton*) é um incorporal cheio de mistérios. Consideremos a palavra *mesa*. Ela é um corpo enquanto sinal falado ou escrito. Do mesmo modo, as mesas reais são corpos singulares. Mas o que nessas mesas permite que elas sejam ditas, o lado que vem a ser expresso nelas? O indivíduo é o único que existe e, como tal, é objeto da percepção. Como esse objeto pode comparecer na frase que exprime o pensamento discursivo? Segundo a tradição platônico-aristotélica a proposição exprime antes de tudo uma relação entre noções que apresentam, elas próprias, as essências e as propriedades das coisas. Para os estoicos, porém, o ser sensível, corporal, é a única existência. Assim sendo, o discurso se resolve em articulações de corpos mediados por incorporais dizíveis, mas unicamente reportando-se a acontecimentos mediante essa teia.

A nova concepção do discurso, do logos, está associada a uma nova concepção do ser, a uma nova ontologia no sentido moderno da palavra. Se o corpo existe e o incorporal subsiste, ambos são apenas como algo (*ti*), uma coisa qualquer. Algo deve preexistir anteriormente à separação entre o corporal e o incorporal, um ser que no fundo nada mais é do que ser algo. O algo corporal é um substrato, estando qualificado e disposto por si mesmo ou relativamente, conformado então por essas quatro categorias. Por sua vez o algo incorporal se mostra, de um lado, dizível, unidade linguística, de outro, uma espécie de receptáculo que vem subsistir como tempo, como o vazio configurado pelo mundo que nele se instala e, por fim, como o lugar delimitado pelos limites do corpo.

Aristóteles definiu o tempo como o número do movimento segundo o antes e o depois, em resumo, como uma qualidade numérica que exprime como a mudança é mais lenta ou mais rápida. Consiste, pois, numa determinação dependente daquilo que se move. Crisipo, em contrapartida, o define como o intervalo do movimento, a rapidez ou a lentidão sendo o modo pelo qual um corpo perdura de um ponto a outro. Ora, o mundo é um corpo, de sorte que o tempo ainda é o intervalo que acompanha seu movimento onde todas as coisas se movem e existem. Não é, como em Aristóteles, um modo do ser, por isso uma categoria, mas realidade derivada, que apenas subsiste na dependência do movimento dos corpos existentes. Por isso é visto de duas óticas. Contra Epicuro, Crisipo sustenta que o contínuo pode ser dividido ao infinito, nunca a divisão chegando a um elemento atômico, indivisível. O tempo tem duas dimensões infinitas subsistentes, o passado e o futuro, de um lado, e o presente, do outro, este sendo o único existente e consumido por seus dois lados temporais. Ao caminhar, um corpo em movimento ocupa um intervalo temporal, que vai ser reduzido ou ampliado conforme ele varia sua velocidade. Por sua vez o corpo mundo está sempre se movendo, por conseguinte sempre no presente. Mas, como segue o ciclo heraclitiano do fogo, que se condensa passando pelos estágios da água e da terra até se colocar de novo como fogo original, essa presença possui uma temporalidade interna cíclica.

Cabe finalmente indicar que além do corpo e dos incorporais alguns estoicos se viram na necessidade de criar um lugar para entidades fictícias como Bucéfalo e os centauros. Não são corporais nem incorporais, não existem nem subsistem, são algos sem o serem, formando assim um novo gênero, os não algos (*oútima*), uma espécie de não ser cujo modo de ser provém apenas da negação do algo.

Note-se que não há lugar para entidades abstratas como o conceito de mesa ou de cadeira. Cada conceito consiste num resumo, feixe de significações singulares; o conceito "mesa" é um modo resumido de se reportar a esta mesa ou a algumas mesas, mas de tal maneira que as diz e, por isso mesmo, ele se associa a toda intermediação operada pela linguagem. Não pode haver, então, uma diferença intrínseca entre proposições universais e particulares, porquanto ambas dizem respeito a indivíduos mais ou menos determinados, presentes ou ausentes para a percepção. Esta é a primeira das cinco faculdades da alma (*psychê*). O conhecimento se inicia pelas representações ou imagens (*phantasia*) que as coisas deixam na alma. Para Zenão, estas nascem como o selo marca a cera. Para Crisipo, as cores e os sons, por exemplo, produzem alterações na alma que, por sua vez, se juntam, são compre-endidas, e confirmadas, assentidas, numa unidade perceptiva. Mas esse trabalho de junção feito pela alma pode resultar em representações que nascem do próprio pensamento, como é o caso das representações dos incorporais. Nesses últimos casos a representação é compreensiva (*phantasia kataleptikê*), noção escandalosa para os adversários do estoicismo.

Deixemos, porém, de lado a polêmica a seu respeito para salientar apenas que a representação compreensiva termina dividindo o verbo em dois momentos, aquele que diz a coisa aprendida e aquele outro do assentimento, que faz com que a alma, ou melhor, sua parte hegemônica, se represente como sendo alterada pelo assumir da coisa. A representação compreensiva fornece o primeiro grau de certeza sobre o real. É de notar que os estoicos não são intuicionistas, não acreditam piamente nas marcas que as coisas deixam na alma, pois nelas encontram uma atividade, um momento racional intrínseco a essa alma enquanto corpo, que permite distinguir uma coisa da outra. Por isso, em vez de se agarrar aos dados dos sentidos, preferem tomar como ponto de partida as opiniões aceitas, as representações já domadas, as opiniões comuns. Deus é uma delas. A coerência e a beleza do mundo não tendem a levar todos os seres humanos a acreditar nele?

Cícero, nos *Primeiros acadêmicos*, II, parágrafo 144, conta que Zenão, para ilustrar os degraus da certeza, afigurava a representação mostrando sua mão aberta com os dedos estendidos, o assentimento dobrando ligeiramente os dedos, a percepção fechando a mão, por fim, a ciência, privilégio do sábio, segurando com o punho esquerdo a mão direita. Note-se que a progressão contínua vai do aberto, da certeza presente na alma, passa pelo movimento de interiorização, responsável pela posição do real, e termina na ciência, no conhecimento sistemático da realidade por suas causas — o cruzamento das mãos fecha tudo num sistema. Os sensíveis são dados, mas sua apreensão já ocorre mediante uma primeira atividade intelectual. É possível abstraí-los, juntá-los, separá-los, reuni-los, e assim por diante, mas nem sempre se sai do plano da percepção e do assentimento, do senso comum que fornece noções comuns, como aquelas do bem e do mal, do justo e do injusto. Noções comuns são como induções imediatas.

Acreditamos em Deus, ou em deuses, pouco importa, pois os vários seres divinos indicam o mesmo princípio de racionalidade que conforma a matéria dada. Essa dualidade de princípios faz com que o estoicismo fuja dos padrões tanto do monismo como do materialismo. O princípio ativo e divino se identifica com o fogo de Heráclito, logos universal, sem perder, contudo, seu caráter corporal. O agente e o paciente, os sopros vitais (*pneumata*) e os corpos mantêm entre si uma tensão, assegurando unidade a cada ser. Tensão que explode quando o fogo cósmico consome todas as coisas, dando início a uma nova duração do mundo, que renasce quando esse fogo, graças ao ar, se conforma em umidade, cuja parte espessa se faz terra; a parte mais sutil forma o ar propriamente dito que, por sua vez, se transforma novamente em fogo. Deus, o mundo e suas partes são sempre indivíduos, de sorte que, contra o platonismo, os indivíduos se apresentam dotados de uma racionalidade própria, sendo por isso objetos de ciência. Assim como os corpos são perpassados pelos sopros vitais da alma do mundo, os dizíveis correspondentes se corporificam na ciência.

3.

Pagando o preço de sua época, os estoicos se maravilhavam com as sutilezas da lógica e, por isso, mantiveram um intenso diálogo com a escola de Mégara, outra especialista no gênero. Essa escola nasce sob a influência de Euclides, matemático ainda ligado a Platão, e se especializa em explorar os meandros e os impasses do pensamento formal. Diodoro Crono é o mais conhecido filósofo megárico. Contam que morreu desesperado porque não pôde resolver um desafio lógico proposto durante um banquete real em Alexandria. Junto de seu colega Fílon estudou a lógica da proposição e, particularmente, do condicional "Se ... então", sendo que suas teses foram amplamente discutidas durante toda a Antiguidade.

Para nós importa tão somente a crítica estoica contra a filosofia do conceito em geral, quer sob a Forma platônica, quer sob a forma aristotélica. Essa filosofia, dizem eles, cai em contradição na medida em que, aceitando a fixidez das essências, não poderia acolher realidades indeterminadas como o conceito aristotélico de potência. Mas esse fascínio pelo formalismo do pensamento, incapaz de fazer concessões à indeterminação, não vai reencontrar as dificuldades do pensamento puro de Parmênides?

Se lógica, física e moral estão essencialmente intrincadas, se tudo então passa a ser determinado pelo conjunto do pensamento, do cosmo e das virtudes, que lugar sobra para a liberdade da ação humana? Os pensadores helenistas acreditavam que uma ação ou uma atividade, se forem necessárias e impossíveis, não dependeriam então de nós e fugiriam de nosso controle. Por conseguinte, o que depende de nós é tanto possível como não necessário. Diodoro Crono define o possível como o que é ou será. Assim sendo, se tudo o que é ou será se encontra dentro do possível, o que diz o que é, em suma, a proposição, não fica, pois, marcada por uma possibilidade?

Para que se possa distinguir o que depende de nós do que não depende de nós, é preciso ter presente como os fatos se encadeiam; encadeamento, por sua vez, pensado e dito por uma série de enunciados condicionais do tipo "Se p, então q". Por exemplo, "Se é dia, há luz". Essa proposição condicional afirma que o primeiro fato depende da existência do segundo fato, de sorte que o ser verdadeiro do segundo fato depende do ser verdadeiro do primeiro fato. Mas o que significa um verdadeiro seguir-se do outro? Há muitas definições do condicional. Fílon assim o define: um condicional é verdadeiro somente se não possui um antecedente (p) verdadeiro e o consequente (q) falso. Essa combinação soa estranha, pois vale mesmo quando os dois fatos ditos em nada se relacionam no concreto. Segundo essa definição, vem a ser verdadeira a proposição complexa "Se a Terra está voando, então ela tem asas", pois as duas proposições componentes são falsas. Para evitar esse resultado, Diodoro sustentava que uma proposição condicional é verdadeira se não é nem nunca foi possível que o antecedente seja (ou tenha sido) verdadeiro e o consequente seja (ou tenha sido) falso. O condicional incorpora o tempo em que a proposição é ou foi verdadeira ou falsa e a possibilidade disso. Decorre daí que não basta definir a proposição como a frase verdadeira ou falsa, isto é, determinada pelo princípio da bipolaridade do verdadeiro e do falso, porquanto esse princípio somente passa a funcionar na medida em que leva em conta quando o estado de coisa está sendo realizado, o que implica colocá-lo sob a modalidade do possível.

Os estoicos retomam o caminho dos megáricos e consideram que a verdade e a falsidade da proposição dependem do tempo e do possível inscrito nela. Desde Diodoro os lógicos estavam interessados em definir o possível, o impossível, o necessário e o não necessário. Mas, dado o quadro completo dessas definições, fica bloqueado o espaço onde a liberdade humana pudesse ser assegurada. O conhecido argumento do "Dominador" desenha esse quadro, que apresentamos na formulação mais simples, elaborada por Epiteto. Para que a liberdade seja posta, uma das três seguintes proposições não poderia ser verdadeira: 1) Toda proposição verdadeira sobre o passado é necessária; 2) De uma proposição possível não se segue outra impossível; 3) Há uma proposição que é possível mas que não é verdadeira nem será verdadeira. Tendo definido o possível como "o que é verdadeiro ou será verdadeiro", Diodoro prefere renunciar à terceira, reafirmando assim o princípio da bipolaridade. Crisipo aceitava a primeira e a terceira, renunciando à segunda.

Não vou discutir por que os antigos não questionaram a incompatibilidade dessas três proposições. Essa discussão pode ser encontrada no livro de Benson Mates,[82] do qual retiro as informações aqui apresentadas. Mas com uma ressalva: não sigo sua orientação de tomar a lógica formal contemporânea como o pano de fundo de suas discussões, pois prefiro estudar a lógica estoica na sua ambiguidade, entremeada como está por problemas epistemológicos e morais. Essa "confusão" nos obriga a atentar para certas indeterminações que marcam o pensamento em foco e que teriam uma única interpretação se fossem rebatidas para a lógica contemporânea. Nos últimos anos, multiplicaram-se os estudos sobre a lógica antiga. Cabe lembrar este de Mates, assim como os do importante lógico polonês J. Lukasiewicz, mas em geral os estudiosos, em vez de marcar as diferenças entre as duas lógicas, tendem a ver na lógica estoica os primeiros passos da lógica da proposição e da dedução contemporâneas. Não correm, então, o risco de cometer anacronismos? No fundo a lógica formal é considerada uma ciência cujos antecedentes são avaliados pelo panorama do momento.

82. Benson Mates, *Stoic Logic*, Berkeley/Los Angeles: University of California Press, 1973.

Para Aristóteles, como vimos, a definição, o enunciado definitório, exprime a essência da coisa, sendo, por conseguinte, sempre verdadeira. Uma falsa definição não é uma definição, mas um emaranhado de palavras sem sentido. A autêntica proposição é então aquela que diz da coisa o seu acidente. Para Crisipo, em contrapartida, a definição é apenas uma explicitação de algo próprio à coisa individualizada, sua essência constitutiva, desde que por essência se entenda o que ela é na sua particularidade atual, o que se costuma aprender dela. A definição, portanto, exprime uma noção comum, algo que se assume como sendo verdadeiro, sem que com isso alguma essência venha a ser pressuposta. E, se o que é pode ser deste ou daquele modo, a figura batalha naval não está prenunciada no enunciado que afirma que essa batalha vai ocorrer. Note-se que desaparece então a diferença aristotélica entre lógica e dialética, pois todo lógico dizível é determinado pela noção comum tal como é apreendida pelos seres humanos e se reporta a fatos configurados agora deste modo, depois de outro modo.

Desse ponto de vista, uma proposição será verdadeira, seja ela enunciada pelo sábio, seja pelo insensato, na medida em que exprime um aspecto comum abstraído da coisa, simples e isolado, podendo ou não integrar-se no sistema da verdade. A esse sistema, a que somente o sábio tem acesso na medida em que procura assumir o ponto de vista de Deus, corresponde o todo pulsante do mundo, do pensamento e as doações humanas na sua integralidade atual. Segue-se uma diferença importante entre o verdadeiro, que exprime o comum aleatório sendo, e a verdade, que apresenta o sistema, a atualidade de tudo o que é. Daí verdadeiro resumir-se num incorporal, enquanto a verdade vem a ser um corpo.

Estamos salientando que, para os estoicos, o existente é o indivíduo na plenitude de sua ação e, como tal, ele vem a ser um corpo, cuja identidade não está dada pela impenetrabilidade de sua matéria, mas por sua força atuante. Não o indivíduo isolado, mas no sistema do mundo, que também é um corpo existindo por si mesmo, por conseguinte vivo e eficaz. Mais do que matéria comprimida, o corpo demarca sua individualidade mediante sua capacidade de agir. Uma gota de vinho não perderia sua individualidade corporal mesmo quando se dissolvesse pelo mar inteiro, pois nem assim perderia seu modo de ser. Nada mais natural, então, que o pensamento também venha a ser um corpo, pois consiste num ato psicológico que se reporta a um estado de coisa, impressão racional feita na alma. Mas o pensamento dito perde sua corporeidade, na medida em que, movendo-se no nível das significações linguísticas, deixa de fazer-se. O dizer não faz, a não ser em casos muito especiais que os lógicos contemporâneos têm estudado. Por exemplo, o casamento se perfaz quando os noivos dizem "sim". Mas no dia seguinte o casamento precisa ser refeito de outra maneira.

Graças a essa introdução de um incorporal entre a fala concreta e o fato, os estoicos se livraram de um famoso sofisma muito comentado na época. Se for verdade, pergunta o filósofo matreiro, que o que digo passa por minha boca, se disser "carro", então um carro passaria por minha boca? Não, poderia responder um estoico, pois não é o objeto carro que passa, mas seu sentido incorporal, sua sombra de existência, o que dele vem a ser dizível (*lekton*).

4.

A proposição, como estamos vendo, é o exemplo mais evidente de um dizível: "Pedro anda" se mostra inteligível para todos que falam português, possuindo então um sentido, algo intermediário entre os sons articulados e o objeto referido, mencionado. O dizível completo, por si mesmo afirmativo ou negativo, a saber, assertórico, é chamado axioma, palavra hoje traduzida geralmente por "proposição", obviamente dentro do sistema estoico. Mas nem todo enunciado significativo vem a ser uma proposição, isto é, enunciado verdadeiro ou falso, pois mediante as regras da linguagem se formam questões, mandamentos, preces, e assim por diante. Um dizível completo, assertórico — que assente —, proposicional ou não, será formado por um predicado, em geral um verbo, que se reporta a um nome ou a um pronome dito. O predicado, dizível incompleto, consiste num membro primário de um enunciado significativo; logicamente carrega as significações, ontologicamente apresenta aspectos dos fatos. Enquanto parte de um dizível, o nome ou o pronome, por sua vez, é mero designador de algo, pois tanto o designador como o algo designado são corpos. Por isso os estoicos entendem o sujeito como um incorporal incompleto que vem expresso pela palavra no "caso" (*ptôsis*) nominativo. Se o predicado se reporta ao qualificado, no sentido estoico, isto é, uma forma de determinação categorial do corpo, o faz filtrando-o para que seja dizível. Por sua vez, os nomes segundo seus casos se reportam a modos dizíveis dos substratos, isto é, às identidades atuantes. Lembremos que são quatro as categorias estoicas: o substrato (*hypocheimenon*), o qualificado (*poion*), o disposto (*pôs echon*), o relativamente disposto (*pros ti pôs echon*), gêneros do ser, não sob a forma de predicado, mas tão só de modos de ser.

Como vimos, para Aristóteles, a proposição conforma uma síntese, primeiro psíquica e depois linguística, do predicado reportando-se a um sujeito, síntese que pode ocorrer ou não com as partes do real. Quando nada real corresponde à síntese mental, a proposição é falsa. Para os estoicos, a síntese mental, a representação, é completa ou incompleta, captando ou não um processo causal real. Ela é pensada, então, a partir de um conceito muito particular de causalidade. Já Zenão considerava que causa e efeito são realidades corpóreas, porquanto somente o que vem a ser corpo pode agir e sofrer. Mas entre esses dois termos se interpõe um incorporal. Se afirmarmos "A faca corta", ambos os objetos são corpos, a faca e o corte produzido,

> mas a ação que vem expressa pelo predicado "corta" não constitui um fato de natureza corpórea do mesmo modo daqueles dois indicados. Assim Zenão descobria uma forma de relação entre fatos de ordem física que se exprime em forma lógica, e cria entre eles uma passagem de natureza diversa. É o que mais tarde será chamado "predicado verbal", Cleanto em seguida o indicou com o nome de *lekton*, aquilo que se pode dizer ou "exprimir" de um dado objeto, Crisipo aperfeiçoou tal intuição criando a teoria do *semaínon* e *semainómenon*, "significante e significado".[83]

Aristóteles decompunha a proposição num sujeito e num verbo, este redutível a uma cópula e a um atributo, ambos designando noções gerais. O vínculo entre o sujeito e o predicado representa um vínculo real possível; quando o vínculo proposicional é afirmativo e quando o vínculo real existe, a proposição é verdadeira. Se o vínculo entre as partes do real não ocorre, a proposição continua significativa porquanto, embora o vínculo proposicional não corresponda a nada, ele representa uma síntese possível. Para os estoicos a proposição representa um vínculo causal, o agente deixando no paciente uma marca que este, por assim dizer, já tinha entre suas possíveis características, não afetando assim sua individualidade concreta. A ação, contudo, é incorporal. Não há energia transpassando-se de um corpo a outro; pelo contrário, o movimento do agente desperta uma qualificação do paciente que ele já poderia assumir. Toda coisa possui esse assumir-se, que já no animal aparece como um assentimento primitivo. Por isso a relação

---

83. Cf. Margherita Isnardi Parente, *Introduzione a lo stoicismo ellenistico*, Laterza, 1995, pp. 16-7.

representada não é uma síntese, mas uma conjunção quase real, incorporal, desde logo representável, dizível. No vocabulário que muito mais tarde Kant inventará, podemos chamá-la uma condição transcendental, mas, não nos esqueçamos, para Kant e para todos os filósofos da consciência o conhecimento vai da consciência para o real, enquanto para os antigos vai do real para a representação.

Mas, ao fazer do dizível, do *lekton*, proposicional uma espécie de papel-celofane que cobre o real, essa explicação não cai sob aquele círculo vicioso apontado por Sexto Empírico?

> Os estoicos dizem que o verdadeiro é a proposição que é real (*ho hyparchei*) e se opõe a algo; que o falso é o que não é real, mas se opõe a algo. Interrogados sobre o que é real dizem que é aquele que move uma representação compreensiva (*kataleptikê*). Em seguida, ao serem examinados acerca da impressão compreensiva voltam de novo ao real, dizendo "impressão apreensiva é aquela que provém do real conforme o próprio real".[84]

Lembremos que verdadeiro é um incorporal, somente a verdade sendo um corpo. O texto diz então que o incorporal verdadeiro é a proposição que vem a ser real, isto é, que representa o real, a representação sendo movida pelo real que se encontra, então, enquadrado na bipolaridade do verdadeiro e do falso. No entanto, essa explicação somente seria válida se a própria representação compreensiva (*phantasia kataleptikê*) viesse a ser critério de si mesma. Para Sexto o círculo é vicioso, mas para os estoicos é virtuoso, porquanto se assente a si mesmo, diz-se decididamente de si mesmo com o máximo grau de certeza.

Crisipo define a proposição como um dizível assertórico por

---

84. *Adversus mathematicos*, 8, 85-6.

si próprio, de sorte que a bipolaridade advém a ela por meio desse autoassegurar-se. Como parte desse dizível o sujeito é antes de tudo um caso nominativo que completa o verbo. Tomemos o predicado "anda", o sujeito que o completa da melhor maneira possível, isto é, apresentando o caso, é o pronome "este", que nominativamente designa algo mediante um gesto que mostra um homem existente. Como dizem os linguistas, o pronome é um dêitico. É por isso que a proposição "Este (homem) anda" é considerada definida. Se afirmar "Alguns andam", torno indefinida a proposição, que somente será verdadeira se a proposição definida correspondente o for. Para que "Alguns andam" seja verdadeira, é preciso que indivíduos andem, cada um indicado por "este".

Entendemos por que "Díon anda" é considerada intermediária, entre o definido e o indefinido. Porquanto, para que ela seja verdadeira, é preciso que também seja verdadeira para *algum* indivíduo particular que torne verdadeira sua correspondente proposição definida. Não se trata propriamente de um nominalismo, mas, por assim dizer, de um atualismo, porquanto o que torna uma proposição verdadeira vem a ser sua capacidade de corresponder a um caso existente exercida desde logo no apontar para o objeto. Se o carro não passa pela boca quando digo "carro", não é por isso que esse dizer enquadra uma proposição, ele não dispensa atos de designar, em resumo, um comportamento dêitico. A proposição sempre é ato representativo. Desse modo, ela está sempre no tempo, tanto o ato como o referente. Agora "Díon anda" é uma sentença verdadeira, mais tarde pode ser falsa. E "Díon morreu", sob um aspecto que ainda analisaremos melhor, não pode ser verdadeira, visto que não há dêitico que a confirme.

A mediação do dizível confere à predicação um significado peculiar. Sendo o sujeito o "caso", este precisa de referência para ser declinado como nominativo, dativo ou acusativo e, assim, integrar a totalidade do dizível simples ou complexo. Se a referência vem a ser destruída, o sujeito-caso não encontra mais condições de se relacionar com o predicado. Como acabamos de dizer, uma pessoa morta não pode ser indicada por um pronome indefinido como "este". O enunciado "Este morreu" não pode ser tomado como proposição porquanto carece daquele ato que dá sentido ao indicador. É como se se dissesse "Quero isso" apontando indiscriminadamente para várias coisas. Se for verdadeiro que Díon morreu, quando se apontar para seu corpo e se disser "Isto morreu" o significado de "Isto" não é mais o corpo, mas o caso do pronome relacionando-se ao verbo *morreu*. O denominado, porém, não é mais Díon, e sim seu cadáver.

Na predicação aristotélica o predicado é dito da coisa designada pelo nome. A predicação estoica junta sujeito-caso e verbo, vindo a ser verdadeira quando essa representação corresponde ao real. É, portanto, toda proposição que é projetada para o real, vindo ela a ser verdadeira quando o representado atualiza a representação, falsa quando isso não acontece. O verbo *hyparchein* deixa de significar "ser dito de", "predicar a", para significar simplesmente a existência. Além do mais, se para Aristóteles o predicado é dito ou não dito do sujeito-objeto, de sorte que a negação é interna à proposição, para os estoicos, em contrapartida, a negação diz respeito a toda proposição, à representação incorporal que se reporta ou não a um estado de coisa.

Em vez de afirmar "Algo é dito de algo", os estoicos afirmam "Algo é assim", em vez de "A grama é verde", "A grama verdeja". Segue-se que a negação não entranha a relação do predicado com o sujeito, segundo a fórmula "A não é dito de B", mas toma a proposição como um todo, "Não A é". Essa lógica não comporta a quantificação quer no sentido aristotélico quer no sentido moderno da palavra. Se, de um lado, aceita "Alguns andam", o faz tendo no horizonte "Este alguém anda". Mas de modo algum pode admitir um quantificador universal "todos", a não ser como resumo dos predicados particulares. Ora, essa ausência marca o sistema da lógica dos estoicos como uma coisa do passado, pois não dá conta de sistemas formais a não ser muito elementares. Isso basta para mostrar como é descabida a pretensão de alguns autores modernos que tencionam ressuscitar a lógica estoica para justificar um nominalismo radical.

5.

No entanto, embora a negação se reporte à proposição como um todo, podendo ela ser formalizada por "não p", embora os estoicos conheçam a dupla negação, "não não p = p", não elaboraram uma combinatória equivalente ao cálculo proposicional contemporâneo. Isso porque, no fundo, a proposição está condicionada tanto temporalmente como pelos dêiticos correspondentes.

Hoje em dia tomamos as proposições como tendo dois valores equiponderantes, o verdadeiro e o falso, a proposição vindo a ser complexa quando formada pela combinação desses valores. Desse modo, a conjunção (p e q) é verdadeira quando combina seus valores de verdade de tal maneira que todas as combinações sejam verdadeiras; a alternativa inclusiva (p ou q), quando somente a combinação F e F é excluída; o condicional "Se p, então q" quando é falsa a composição V e F, e assim por diante:

P Q	P . Q	P v Q (inclusiva, *vel*)	P $\to$ Q
V V	V	V	V
V F	V	V	F
F V	V	V	V
F F	V	F	V

Essa combinatória às vezes pode fugir do bom senso. É o caso da implicação material, que seria falsa quando o antecedente for falso e o consequente verdadeiro. É de esperar que do falso não se siga nenhuma verdade. Mas a implicação material apenas combina os valores de verdade das duas proposições componentes, sem levar em conta a adequação delas a um determinado contexto. Por exemplo: "Se Campinas é uma cidade grande, então o gato é peludo" é uma combinação válida, já que junta duas proposições elementares verdadeiras. Note-se que, ao contrário dos modernos, os estoicos não elaboram um quadro *combinatório* de todas as proposições possíveis dos dois valores de verdade, de sorte que nunca poderia passar pela cabeça que todas as combinações possíveis pudessem se reduzir à dupla negação, como isso foi provado pelo lógico Nicod.

Embora para os estoicos uma proposição sempre seja verdadeira ou falsa, sendo que a negação a afeta como um todo, não é por isso que ela possui valores de verdade no sentido contemporâneo. A proposição é o lado dizível de uma representação mental, aquilo que esse estado da alma possui em comum com todas as outras representações, próprias ou alheias. Desse modo, a proposição complexa, molecular, deve obedecer às condições de representabilidade das proposições simples, atômicas. Isso não significa que as condições de significabilidade, as condições para que uma frase tenha sentido, se confundam com as condições de verdade, mas os estoicos tomam os dois planos numa relação muito peculiar. Para ter sentido, uma proposição composta, molecular, precisa considerar as regras da gramática de uma determinada língua, as quais no fundo exprimem os encadeamentos lógicos da razão. Como já vimos, o verdadeiro exprime o comum aleatório, enquanto a verdade apresenta o sistema, a atualidade de tudo o que é. Mas, se a verdade é um corpo e o verdadeiro um incorporal, esse verdadeiro somente subsiste porque a verdade existe. Sem essa visada para o corporal o verdadeiro perde o sentido.

Crisipo considera apenas três conectores válidos: a conjunção *e*, que forma uma proposição complexa verdadeira somente quando "p" e "q" são verdadeiras; a disjunção exclusiva, quando uma das proposições componentes é verdadeira, e, por fim, o condicional (ou implicação), cuja condição mínima é que o verdadeiro não condicione o falso. Mas isso não basta, para ele ainda é preciso que haja uma incompatibilidade entre o antecedente "p" e o consequente "q", de sorte que introduz um lado modal no critério: é impossível que "p" e "não-q". No exemplo anterior, "Se Campinas é uma cidade grande, então o gato é peludo", é impossível que o gato não seja peludo, mas é possível Campinas não ser representada como uma cidade grande, porquanto pode estar sendo comparada com São Paulo. A representação, consistindo numa marca que o fato deixa na parte hegemônica da alma, confere sentido peculiar ao condicional.

6.

Os estoicos introduzem a mediação do dizível entre o significante e o significado; do mesmo modo, consideram a proposição como uma espécie de papel-celofane que acompanha todos os meandros dos fatos individualizados. A consequência não resulta da mera combinação formal dos conceitos ligados entre si por duas predicações quantificadas, mas depende do sentido do antecedente expresso no condicional "Se p, então q". Em oposição ao silogismo aristotélico, que se move administrando três termos — maior, médio e menor —, cuja referência pode ser afigurada pelo entrelaçamento de três círculos, o silogismo estoico joga apenas com dois termos ligados a uma proposição condicional marcada pela modalidade do possível, e outras duas a respeito de fatos concretos (existe algo, então outro algo também existe assim). Do assentimento ou a recusa da segunda, resulta o assentimento ou recusa da primeira. Lembremos o exemplo: "Se é dia, há luz. Há luz. Logo é dia". Isso fez com que, por séculos, a lógica estoica fosse esquecida, parecendo estéril para os lógicos ligados à tradição platônico-aristotélica. Somente volta a ter interesse quando nela se percebem antecipações da lógica proposicional ou de problemas sintáticos e semânticos da lógica contemporânea.

Vejamos outro exemplo: "Se uma fêmea tem leite, ela deu à luz. Ela tem leite. Então deu à luz". O ter leite passa a ser sintoma do parto, como as cores e a situação das vísceras de um pássaro indicariam a fortuna ou a desgraça de um evento futuro. Desse ponto de vista, o silogismo está ligado a uma visão geral do mundo, percebido como totalidade orgânica perpassada por uma alma (*psychê*) em que tudo se imbrica com tudo, de sorte que uma proposição indica um sintoma do que a outra indica. Desse modo, espera-se que um silogismo tenha valor na medida em que se encadeie a outros silogismos formando um traçado, que somente será a verdade quando for o traçado do mundo. É uma forma de raciocinar muito próxima da prática médica e das profecias; estas, para os gregos e para os povos da época, encenam o passado, o presente e o futuro.

Os dois silogismos acima podem ser formalizados na seguinte forma de argumentação:

Se o primeiro, então o segundo.
O primeiro.
Então o segundo.

Torna-se assim possível variar o esquema segundo a afirmação ou negação das premissas:

Se o primeiro, então o segundo.
Não o segundo.
Logo não o primeiro.

Outra forma:

Não: o primeiro e o segundo.
O primeiro.
Então não o segundo.

Deixemos de lado os outros três esquemas possíveis. Lembremos apenas que nascem da afirmação ou negação das proposições como unidades inteiriças, ao contrário do silogismo aristotélico, quando a negação diz respeito à atribuição do predicado ao sujeito, por conseguinte a uma relação interna à proposição. E tais blocos dizíveis ganham sentido em vista dos corpos que eles exprimem.

7.

Se a cosmologia estoica apresenta o mundo se movendo numa temporalidade cíclica, segundo o eterno retorno do mesmo, como dirá Friedrich Nietzsche mais tarde, ela nos coloca desde logo diante do problema moral do destino. Nessa época muito se escreveu sobre esse tema, vários livros e opúsculos levam o nome latino de *De fato*, mas pouco nos sobrou dessa rica literatura.[85] O destino é definido por Crisipo como a razão (logos) do universo, a razão das coisas administradas pela Providência, que produziu

---

85. Um estudo muito completo desse problema pode ser encontrado no livro de Susanne Bobzien, *Determinism and Freedom in Stoic Philosophy*, Oxford: Clarendon Press, 1998.

os eventos passados, produz os eventos presentes e produzirá os eventos futuros. Não dominamos as representações de tais eventos que se formam em nós, mas está sob nosso domínio lhes dar ou recusar nosso assentimento.

Tudo isso está ligado ao modo pelo qual os estoicos veem a causalidade. Platão pensa a causa tendo como paradigma um agente, um demiurgo, que atua em vista de Formas eternas, cuja perfeição independe da atividade desse ator. Embora Aristóteles incruste a Forma na coisa, fazendo dela uma determinação inseparável, não é por isso que foge do paradigma platônico. Lembremos o famoso exemplo do artesão fabricando uma taça: a prata é causa material; esse agente, a causa atuante; o paradigma essencial constitui a causa formal, a intenção de oferecê-la aos deuses, a causa final. Dado que essas quatro causas se reduzem a duas, a material e a formal, a causalidade opera no intervalo entre duas perfeições marcadas pelo condicionamento formal, o modelo de onde vem e o fim para o qual tende.

Em contrapartida, para os estoicos o modelo não existe em vista da cópia, a existência concreta não se processa em vista de sua superação, e as técnicas que se inspiram no modelo, no paradigma, visam unicamente efeitos precisos: curar o doente, construir a casa. Por certo também depreciam o efeito para ressaltar a causa, mas esta deixa de ser paradigmática, inteligível, para se consumir num efeito atuante, a causa que faz, *causa quae facit*, no dizer de Sêneca.[86]

Toda causa entremeia assim um corpo que atua sobre outro, provocando efeitos incorporais, imperfeitos em comparação com a perfeição dos corpos, efeitos quase existentes quando comparados com a existência plena desses corpos. Cabe, então, distinguir, ainda que relativamente, "causas perfeitas e principais" de "causas

---

86. *Epístola* 65, § 14.

auxiliares e próximas"; as primeiras movendo indivíduos corporais, as segundas, acontecimentos incorporais que precedem a atividade dos agentes. A causa motriz atua, pois, entre dois termos incorporais, provocando nos corpos acidentes e atributos. Crisipo esclarece que o princípio da determinação causal se aplica unicamente ao que acontece segundo causas antecedentes, mas não se aplica às causas principais ou perfeitas. Assim é que, por exemplo, o impulso, dado pelo fio que amarrou o pião e o faz girar ao ser desamarrado violentamente, é abraçado pela forma desse pião, por sua própria natureza, que vem a ser então a causa principal e perfeita de seu movimento. Não há nem transformação da potência em ato, nem transferência de uma força de um corpo a outro, um atua no outro, despertando nele um modo de ser que ele sempre teve.

Perfeito em si mesmo, o movimento é presente. Esse movimento não é pensado como atividade que diminui uma distância, deste para aquele lugar, nem como o despertar da potência em ato, mas é o próprio corpo determinando seus limites e ocupando uma situação no vazio. Do mesmo modo, o ato, graças à sua extensão, determina o presente, que por sua vez mede a totalidade do movimento. Do ponto de vista de Aristóteles, essa totalidade é composta por movimentos parciais e imperfeitos, apenas globalizados pelo último movimento, aquele que atinge seu fim. Para os estoicos, em contrapartida, essa totalidade é dada em cada instante na sua plenitude. Sob esse aspecto ela, embora física, contém uma dimensão moral, porquanto somente assim pode ser assentida pelo sujeito. Física e moral são faces diferentes da mesma moeda, do todo da razão universal: a causa provoca efeito incorporal na coisa corporal, sendo que esta o acolhe segundo sua natureza individual. Isso em oposição a Aristóteles, que somente vai conferir essa plenitude no final do processo, no pleno exercício prazeroso de uma faculdade. Cada faculdade possui sua plenitude correspondente, e a melhor delas, o pensar, possuirá o prazer mais pleno.[87]

Para os estoicos, o presente temporal é delimitado pela extensão do movimento, o qual é maneira de ser do agente corporal. Este, por sua vez, é a causa perfeita do movimento, o único que está em condições de percebê-la segundo suas qualificações. Deus, razão absoluta, percebe esses movimentos cíclicos como simultâneos e harmônicos, na sua constante presença. Não tendo acesso a essa presença divina, somos forçados a ver a razão universal do lado do passado, do presente e do futuro, por conseguinte sempre como parte que nos cabe completar empregando nossos próprios meios racionais.[88]

Ao revelar as razões dos processos causais, o dizer conforma esses dizíveis na bipolaridade da proposição. Depois de Platão e Aristóteles, todas as escolas, com exceção daquela de Epicuro, cuja doutrina infelizmente não teremos ocasião de estudar, assumem que a proposição é verdadeira ou falsa. Aristóteles não aplica esse princípio aos futuros contingentes, à proposição que diz que a batalha naval poderá ou não acontecer amanhã, mas os estoicos o aplicam ao passado, ao presente e ao futuro. Como diz Crisipo, se houvesse movimento sem causa, toda proposição deixaria de ser verdadeira ou falsa, porquanto o que não fosse movido por uma causa eficiente não seria nem verdadeiro nem falso. Sendo toda proposição verdadeira ou falsa, não existe movimento sem causa. Tudo acontece, portanto, segundo o destino, o *Fatum*, a fatalidade. No entanto, não é por isso que o mundo se resolve num fluxo de causas mecânicas, visto que importa a diferença, embora relativa,

---

87. *Ética nicomaqueia*, x, 4, 1174b.
88. Para uma análise mais completa da noção estoica da causalidade, cf. Victor Goldschmidt, *Le système stoïcien et l'idée de temps*, Paris: Vrin, 1953, § 42, 43.

entre causas perfeitas e causas auxiliares. Ao dizer a causa perfeita de um fato que o atinge, o ser humano encontra uma correspondente causa atuante no seu interior; ao assenti-la, ele coloca seu próprio ser agente em função dela. Até os animais possuem, no mínimo grau, essa faculdade do assentimento, mas tão só os homens, graças à linguagem, assentem a um incorporal dizível e assim são capazes de se juntar ao efeito participando dele. Mas não é por isso que são capazes de transformá-lo, a não ser num aspecto de si mesmo, no seu modo.

Obviamente essa teoria da causalidade é problemática, postula um determinismo por assim dizer débil, na medida em que tudo está sendo regido pelo logos universal, alma divina operando de modo providente e cíclico. Mas então surge um problema de difícil solução: se tudo é perpassado pelo sopro da racionalidade divina, de onde poderia surgir o mal? Por certo a alma humana pode ou não conferir seu consentimento ao destino, mas essa possibilidade deve estar de acordo com a ordem cósmica divina. Nessa ordem que lugar podem ocupar as catástrofes, os desarranjos da natureza — as pulgas, as cobras, as feras, enfim, todos esses eventos e seres que infernizam nossa vida? Como explicar a perversidade de certas ações humanas? Todos esses incidentes estariam a serviço da ordem divina a fim de ressaltar o equilíbrio do todo? Mas o que significa esse "a fim de ..."?

Voltemos à questão da representação. Seja ela o traço que a coisa deixa na alma, como quer Zenão, ou a luz que se ilumina nela em presença da coisa, como ensina Crisipo, ambos os autores estão pensando a representação como o resultado de uma causa auxiliar que sobretudo desperta o exercício da causa perfeita residente na alma. Os animais já são dotados de representação, de fantasia, mas tão só os seres humanos fazem dela um dizível que lhes é próprio, ao qual assentem de bom ou mau grado, segundo moto próprio. É preciso ter muito cuidado, nesse ponto da doutrina estoica, de não introduzir nela a concepção moderna da vontade, entendida como faculdade da alma que atua a partir de suas representações, que pode construir um representado a partir de uma representação. Para evitar anacronismos, vale a pena então examinar como os estoicos vão entender a vontade como o ato de moto próprio, assumindo o que advém ao sujeito, mesmo que ele não apreenda a verdade do que está acontecendo. Obviamente não existe uma força de vontade no sentido moderno da palavra.

Os estoicos pensam esses fenômenos como dependentes de si, dos próprios indivíduos humanos, interagindo entre si segundo suas causalidades próprias. Todo o esforço se concentra então em passar do verdadeiro para a verdade. Assim como o prato da balança necessariamente se inclina quando recebe um peso, a alma cede à evidência, mas por si mesma, sem nada deliberar. A representação e o assentimento se harmonizam de tal modo que, elaborando um solo de certeza, garantem que a percepção do objeto venha a ser acompanhada por uma copercepção de si mesmo. Não é assim que, desse novo patamar que afirma nossa autonomia como ser racional, nos vem a ser possível tanto apreender a coisa como apreciá-la e colocá-la ao nosso dispor? Temos representações, mas só podemos usá-las de tal maneira que nelas não se introduzam elementos estranhos a extravasar sua presença, ou melhor, levando-nos além do presente.

Se o pensamento caminha do pleno ao pleno, o dever-ser não se apresenta como objetivo a ser alcançado além do que é, a norma é uma adesão ao ser na sua plenitude. Uma passagem de Epiteto o mostra: "Se o homem de bem pudesse compreender o futuro, ele próprio cooperaria com a doença, com a morte, com a mutilação, pois teria consciência de que, em virtude da ordem universal, esta tarefa lhe é consagrada".[89] A cosmologia permite que se passe do

---

89. *Dissertationes, ab Adriano digestae*, II, X, 5, ed. H. Schenkl, 1919.

verdadeiro para a verdade, assim como do bom para o Bem. Isso, antes de tudo, porque o que é, o é na sua plenitude, como logos divino. Estamos assim muito distante da cosmo-teologia platônico-aristotélica, para a qual a aparência onde vivemos apenas imita ou se apropria da travação das essências. Mas vale a pena observar que já se prepara uma nova concepção de natureza que prenuncia a física moderna. Não mais importa a passagem da potência ao ato, do movimento como crescimento da plenitude, e sim o que é na sua racionalidade plena. Séculos depois Galileu poderá afirmar que a natureza é um livro escrito pela mão de Deus em linguagem matemática. A previsão não altera o novo, embora possa ser precisamente descrita.

Deus se resolve numa causa motriz infinita e racional. O ser humano possui alma divina, sopro natural e constante que percorre todo o seu corpo. Por isso age segundo um combate contínuo de se apropriar de si mesmo, sem contudo abrir uma distância entre o modelo e a cópia. É modelo de si mesmo na medida em que usa de suas representações para ser feliz, encontrar a tranquilidade da alma. Por isso o princípio de Zenão de viver conforme à natureza vai ser, muito mais tarde, em particular por Marco Aurélio, entendido como o conselho de viver sobretudo na sua cidadela íntima, na cidade cara de Zeus. Mas, como na cidade antiga, a interioridade da consciência se expõe à consciência pública e procura se acordar com ela: moral e direito se colocam numa mesma linha contínua.

Não se confunda, porém, esse recolhimento exteriorizante com o êxtase que os platônicos ou os neoplatônicos como Plotino almejavam. O próprio ato é que determina e realiza o tempo. Para o estoico a exigência de perfeição não pressupõe que a felicidade aumente conforme ela mais dure. Ao contrário de Plotino, que pretende medir a felicidade pela eternidade, ao contrário de Aristóteles, que colocara o prazer fora do tempo da gênese, o estoico não procura adiar o dia de sua morte, porquanto esse adiamento não torna a vida mais feliz, apenas mais longa.[90] Não é porque está fora do tempo, mas porque toma o tempo presente como o instante oportuno, aquele em que a iniciativa concorda com o acontecimento.

---

90. Sêneca, *Sobre a brevidade da vida*, São Paulo: Nova Alexandria, 1993.

viii. O cético e o desconfiado

1.

A filosofia nasce associando a admiração e o espanto pela existência do mundo às dúvidas que se levantam no decorrer dessa experiência. Nem sempre o que percebemos, o que imaginamos, o que pensamos se mostra verdadeiro, o falso espreita cada passo da investigação filosófica. Há sempre uma dose de paranoia nessa prática.

Sofre a dúvida, mas lida com ela, duvidando de seus achados assim como das maneiras corretas de duvidar. Um bastão mergulhado na água aparece como se estivesse quebrado. Isso é mesmo verdade ou o bastão fica quebrado enquanto estiver submerso? Caberia, entretanto, pôr em dúvida a inteireza de tudo o que nos aparece agora assim e mais tarde de outro modo? Sócrates afirmava que nada sabia, sempre desconfiava daquilo que se lhe apresentasse como um saber, mas essa dúvida lhe dava o saber certo de que nada sabia. Obrigava-se então a estar constantemente à procura da verdade. Age na contramão daqueles que acreditavam saber o que era a virtude ou a ciência, porquanto as praticavam corretamente, mas não conseguiam defini-las, isto é, distinguir o que são de fato, expor aquele critério que circunscreve onde está a virtude e onde está o vício, aquele onde está o verdadeiro e o falso.

Bastam esses exemplos para que se perceba que existe um jogo de compensação entre dúvida e certeza, uma não existindo se a outra não estiver no horizonte. E neste permanece sempre à espreita a questão do critério para distinguir o verdadeiro do falso. Mas como se desenvolve esse jogo entre certeza, dúvida e critério? Desacoroçoado com a diversidade das opiniões humanas, Descartes resolveu excluir do domínio das certezas tudo o que pudesse vir a ser duvidoso. Se a percepção nos engana, então cabe recusar-lhe o estatuto de saber inevitável. Os pensamentos, em virtude de permanecer longe do frenesi perceptivo e de seus encadeamentos formais, parecem estar mais colados à certeza, mas essa impressão desaparece tão logo se atenta para a diversidade das opiniões humanas. Como duvidar, porém, de uma equação, por exemplo, "2 + 2 = 4"? Mas se por trás de nossas práticas de cálculo sempre operasse um gênio maligno que, tão logo ajuntássemos duas a duas pedras, nos fizesse ver cinco pedras juntas? No entanto, nesse momento mais radical da dúvida, quando cada um de nós imagina um demônio embaraçando nossos pensamentos, cada um se apercebe pensando, tendo representações dos mais variados tipos. Se duvidar do que elas representam, não posso duvidar que as tenho. Daí a famosa afirmação "Penso, logo existo", uma primeira certeza a partir da qual Descartes pretende erguer toda a sua filosofia.[91]

A dúvida metódica terminou conduzindo o filósofo a uma rocha da certeza, ao indubitável. A partir daí precisa, então, inves-

---

91. Descartes, *Discurso do método*, Coleção Os Pensadores, São Paulo: Abril Cultural, 1973.

tigar o critério para estabelecer quais representações, isto é, ideias no seu sentido mais geral, possam ser seguramente verdadeiras. Quem percorre o caminho da dúvida, mais como ato de vida do que como recurso metodológico, é dito, na língua grega, um *skeptikos*. Sob esse aspecto Descartes é um cético, mas seu ceticismo transforma a dúvida radical apenas num meio para atingir a certeza; seu ceticismo é, portanto, tão só metódico. Há outras formas de ceticismo. É possível negar a existência de tudo aquilo que não aparece evidente, ou daquilo que à primeira vista é evidente mas não resiste a uma análise mais acurada, ou ainda se contentar com o que nos aparece sem afirmar nem negar a existência do que está sendo apresentado.

Toda filosofia apresenta, pois, um lado cético, mas pode ela construir um edifício cético? Um sistema integralmente cético seria contraditório, pois, para ser sistema, assume alguns pontos indubitáveis. A dificuldade está em saber onde se encontram tais pontos e como interpretá-los. Seriam apenas pontos de passagem como os degraus de uma escada que se joga fora depois de se atingir a altura desejada? Haveria, porém, um plano que sempre se estivesse pondo em xeque? Pode uma filosofia ser inteiramente assistemática?

Há céticos que duvidam de todos os dogmas metafísicos, precisam então de um critério para distinguir tais dogmas de outros pensamentos. Em geral se desesperam com as inconsequências das doutrinas filosóficas. Se aceitarem, porém, a validade dos problemas filosóficos, dos filosofemas como se costuma dizer, o ceticismo sistemático não se confundiria com uma metafísica negativa, parecida com a teologia negativa? De um modo ou de outro, entretanto, passam a assumir um terreno de certeza por mais provisório que ele seja. É frequente que os defensores do ceticismo terminem se apoiando no senso comum. Entre nós, essas questões têm sido sistematicamente levantadas por Oswaldo Porchat

Pereira,[92] que procura reviver o ceticismo de Pirro, embora o compense, precisamente, por uma filosofia do senso comum.

Se existe, porém, um balanço entre dúvida e certeza, convém desde logo não fazer dele um movimento que apresente duas faces de uma mesma moeda. De um lado, porque duvidar ou ter certeza se processa em geral por meio de juízos, e tudo vai depender do que se entende por juízo. Resulta de uma faculdade da alma ou de uma construção meramente linguística? De outro, convém evitar considerar o ceticismo como matriz inalterável que, na história da filosofia, tivesse várias encarnações. Sabemos que, na Antiguidade, houve uma escola cética, que lutou aguerridamente contra os *dogmata*, "doutrinas", sustentados por suas adversárias. A análise dessa escola nos leva a perceber que o ceticismo antigo era quase uma imagem invertida das escolas dogmáticas com as quais competia, o epicurismo e principalmente o estoicismo. Em geral todas elas se movem tendo como base uma teoria realista da verdade, que a pensa inscrita na coisa, de sorte que o ceticismo grego é muito diferente, por exemplo, dos empiristas ingleses do século XVII, para os quais a verdade é sobretudo uma questão de associações de ideias.

2.

Os sistemas filosóficos helenistas se iniciam e terminam tendo o ceticismo como contraponto. Seu representante mais antigo é Pirro (cerca de 360-270 a.C.) de Elis. É uma espécie de Sócrates mais jovem, que teve a oportunidade de acompanhar Alexandre à Índia e sofrer influência da filosofia oriental. Nada escreveu, co-

---

92. Cf. Oswaldo Porchat Pereira, *Rumo ao ceticismo*, São Paulo: Editora Unesp, 2007.

nhecemos suas ideias por transcrições feitas pelo discípulo Timão; hoje se duvida da fidelidade dos fragmentos que chegaram até nós. Em todo caso, sabemos que Pirro, ao contrário de Sócrates, morreu honrado pelo Estado ateniense por causa de suas virtudes, de sua circunspeção, por nunca se perturbar com as inconstâncias da vida.

Como bom filósofo quer pensar as coisas pela raiz. Sócrates dizia que nada sabia a não ser que tinha conhecimento de sua ignorância. Pirro nem mesmo tinha certeza desse conhecimento, simplesmente porque nada lhe parecia certo. Para chegar às teses principais de sua filosofia, vamos estrategicamente tomar como ponto de partida um fragmento de Arístocles, um adversário do século I a.C., ligado à escola peripatética, isto é, de tradição aristotélica. Encontra-se numa obra de Eusébio, um bispo que viveu na passagem do século III para o IV d.C. Embora o fragmento seja considerado fiel aos ensinamentos céticos, suas torções nos indicam pistas interessantes. Usaremos a tradução feita por Long e Sedley:[93]

> (1) É de suprema necessidade investigar nossa própria capacidade de conhecer. Pois, se formos constituídos de tal forma que nada conhecemos, não há necessidade de continuar investigando outras coisas. Entre os antigos também houve quem assim se pronunciasse e Aristóteles os combateu. (2) Pirro de Elis foi um poderoso advogado dessa posição. Ele próprio nada deixou escrito, mas seu aluno Timão diz que seja quem for que pretenda ser feliz deve considerar estas três questões: a) Como as coisas são por natureza? b) Que atitude se deve adotar diante delas? c) Qual será o resultado para quem assume essa atitude? (3) De acordo com Timão, Pirro declarava que as coisas eram indiferentes, incomensuráveis e inarbitrá-

---

93. A.A. Long e D.N. Sedley, *The Hellenistic Philosophers*, cit., pp. 14-5.

veis. (4) Por essa razão nenhuma de nossas sensações nem de nossas opiniões nos conta a verdade ou a falsidade. Portanto, por essa razão não devemos em nada confiar nelas, mas devemos ser sem opiniões, sem compromissos e resolutos, afirmando a respeito de cada coisa individual que ela não é mais do que não é, ou que tanto é como não é, ou que nem é nem não é. (5) O resultado para quem assume essa atitude, diz Timão, será, primeiro, a afasia e então a liberdade dos distúrbios, mas, conforme o Enesidemo, o prazer. (6) Esses são os pontos principais do que eles dizem.

Estou convencido de que um cético levantaria fortes objeções a essa apresentação de suas posições filosóficas; as marcas de um seguidor de Aristóteles estão presentes desde o início, quando a questão se coloca como uma questão sobre o ser, ou melhor, como as coisas são por natureza. Mas refletir a respeito de quais seriam elas me permite salientar os pontos de fricção entre os dois pontos de vista e mostrar como este ceticismo, sendo uma espécie de dogmatismo invertido, não escapa dos limites da filosofia grega.

Arístocles começa ressaltando a necessidade de investigar nossa capacidade de conhecimento, isto é, de uma crítica da razão. A recusa do princípio da contradição, ensina Aristóteles, impediria esse conhecimento. Mas conduz sua interrogação para o nível do ser, da capacidade dos atos de conhecer chegar ao conhecido. Até que ponto estamos em condições de saber o que é o ente e como ele é? Porquanto, se nada podemos saber, é melhor desde já abandonar a pesquisa dessas coisas. Antes de Pirro outros filósofos negavam essa capacidade, mas diante de seus ensinamentos temos a vantagem de especificar os pontos principais que, postos em questão, podem nos conduzir à felicidade. Como para os outros pensadores helenistas, o conhecimento somente interessa quando nos traz ensinamentos morais. Desse ponto de vista interessa conhecer, conforme nos ensina Timão, três questões, sendo que a primeira, a base de todas, é de natureza ontológica. E, como os físicos não chegam a um acordo a respeito do que as coisas são, Pirro pode então afirmar que são igualmente sem diferenças relevantes (*adiaphora*), sem medidas (*astathmêta*) e indecidíveis (*anepikrita*). Os filósofos não se põem de acordo, a história da filosofia é uma *diaphonia*, uma dissonância. Note-se que o critério é o desentendimento entre os filósofos, o que leva Pirro a negar o princípio aristotélico segundo o qual o caminhar do inteligir haveria de coincidir com o inteligível. A impossibilidade do acordo é de fato ou de direito? Se estiver apoiada, como querem os sofistas, na própria estrutura da conclusão, que sempre pode ser negada por sua contraditória, ela é de direito, impede o conhecimento da natureza das coisas. Melhor seria, então, se os filósofos se ocupassem de outros problemas. Em contrapartida, se for de fato, nada impede que continuem a procurar uma solução, a despeito do esforço demandado para tanto. No entanto, o que nos importa no texto de Arístocles é que este inicia sua exposição insistindo numa impossibilidade do conhecer, do inteligir chegar ao inteligível, por conseguinte já no nível do pensar. Pirro não seria menos intelectualista?

Ora, se examinarmos os dez modos — a lista não pode ser completa porque então seria ela própria dogmática — pelos quais Sexto Empírico conduz à suspensão do juízo, veremos que ele sempre trata de opor qualquer positividade a sua correspondente negatividade. Sexto Empírico foi um médico filósofo que viveu na passagem do século II para o III d.C. e escreveu uma espécie de suma do pirronismo, *Hipotiposes pirronianas*. Nessas hipotiposes, ou melhor, nesses esboços, Sexto vai mostrando que a cada espécie de coisa corresponde seu contrário. Uma torre não nos aparece ao longe redonda, mas quadrada de perto? Alguns animais não nascem sexuadamente enquanto outros nascem por mera criação espontânea? Percorrendo esses modos, percebe-se que o que está sendo posto em questão é a própria possibilidade de construir um conceito, digamos uma representação capaz de enfeixar outras sem encontrar obstáculos: noutras palavras, descobrir uma unidade na multiplicidade sensível.

Daí um modo muito peculiar de conceber a aparência, relativa então ao sujeito, ao objeto ou a ambos. Tudo o que aparece — coisas, estados de coisa, causa, verdade, movimento, geração, natureza — bem se mostra *além de nosso poder de conhecer*.[94] O que aparece, portanto, se dá antes de tudo como afecção da alma, anterior a qualquer assentimento. Sem esse pressuposto psicologista, que reduz todo signo, por conseguinte toda linguagem, a uma conjunção de perceptivas, não há ceticismo antigo. O critério passa a valer como motivo, a regra unificadora, a uma multiplicidade, cuja união todavia é *ad hoc*, traz consigo uma indeterminação inarredável.

Essa crítica somente tem sentido se tiver por trás a teoria estoica do juízo e da demonstração. Um silogismo aristotélico pode ser dialético, mas desde que se ponham as premissas, segue-se a conclusão a partir desse simples ato de pôr, operado pela parte mais alta da alma. Isso graças ao jogo dos três termos e dos quantificadores. Mas para um estoico o pôr da premissa se resolve no assentimento (*synkatathesis*) dado à representação, à *phantasia* deixada pela sensação. Seja ela apenas a marca que o objeto deixa na alma, ou o modo pelo qual essa alma integra a afecção, como quer Crisipo com sua teoria da *phantasia kataleptica*, a proposição elementar não é uma síntese mental possível entre dois elementos do real, mas ato de síntese mental que aceita ou não a representação vinda do representado. A síntese estoica opera entre a representação e o representado, embora a unidade haveria de vir deste último. O assentimento proposicional sintetiza por ser ele próprio uma ação, mas que se retém. Um fragmento de Stobaeus, um compilador bizantino do século v, é esclarecedor:

---

94. Idem, ibidem, p. 487.

[Os estoicos] dizem que todos os impulsos (*hormai*) são atos de assentimento (*synkatathesis*) e que os impulsos práticos contêm ainda um poder motivador. Mas os atos de assentimento e os impulsos por certo diferem em seus objetos: as proposições são os objetos dos atos de assentimento, mas os impulsos são dirigidos para os predicados, que num certo sentido estão contidos nas proposições.[95]

Os céticos rejeitam a necessidade desse assentimento para qualquer tipo de apreensão do objeto, assim como para iniciar a ação. Agimos de acordo com nossos usos e costumes, mas, quando procuramos a razão para assentir a esta ou àquela ação, a esta ou àquela opinião, encontramos motivos competitivos equivalentes, que nos obrigam a tomar este ou aquele caminho conforme nossos costumes. Por isso os pirrônicos nunca afirmam que uma coisa é, mas que assim se lhes aparece. Permanecem no nível do puro fenômeno (*phainomenon*), não no nível do que se diz dele. Quando afirmo "O mel é doce", simplesmente declaro como o percebo assim sendo para mim, sem me importar se a doçura lhe é inerente. Em certas ocasiões, ele pode me parecer amargo, mas não é por isso que muda seu modo comum de aparecer, porquanto a indeterminação faz parte de todas as coisas. Eles se recusam a dizer o logos dessas coisas, "não dogmatizam no sentido daqueles que dizem que um dogma é um assentimento de um dos objetos não--evidentes (*adêlon*) da investigação científica".[96]

Note-se que a não-evidência não está ligada a um privilégio da subjetividade, mas apresenta as coisas como são enquanto sendo no grau de indeterminação que comportam. Não existe, pois,

---

95. *Eclogae* 2 88.2-6, em R.J. Hankinson, *The Sceptics*, Londres/Nova York: Routledge, 1995, p. 278.
96. Sexto Empírico, *Hipotiposes pirronianas*, 1, 14.

uma diferença radical entre o ser e o aparecer, o ser é a aparência tal como se dá para nós que estamos no mundo. O mesmo vale para o bem e o mal: "[...] nada existe que seja bom ou mau por natureza, mas essas coisas são decididas pelos homens segundo uma convenção (Timão, frag. 844)".[97]

Se tudo é o que nos aparece, se não devemos ser dogmáticos, cabe simplesmente suspender o juízo que ultrapassa os limites do que é dado. A suspensão do juízo (*epokhê*) é uma das teses mais célebres do ceticismo pirrônico. Retomemos o texto de Arístocles citando Timão: "Por essa razão nenhuma de nossas sensações nem de nossas opiniões nos conta a verdade ou a falsidade. Portanto, por essa razão não devemos em nada confiar nelas, mas devemos ser sem opiniões, sem compromissos e resolutos, afirmando a respeito de cada coisa individual que ela não mais é do que não é, ou que tanto é como não é, ou que nem é nem não é". A suspensão do juízo é apresentada por Arístocles como se fosse feita nos termos aristotélicos. Ela não diz respeito à verdade ou à falsidade das coisas, mas tão só diz que as coisas são o que aparecem, não havendo mais verdade ou bondade além disso. Por isso Timão esclarece que a coisa individual tem suspensa sua realidade. Quem assume corajosamente essa atitude será então sem fala, afásico; *aphasia* que resulta na liberação dos percalços do mundo e, segundo Enesidemo, na colheita do prazer.

3.

Hume caminhará na mesma direção quando, criticando o radicalismo cético, afirmará que ele nos deixaria inertes: "[O filósofo pirroniano], ao contrário, deve reconhecer, se for reconhecer

---

97. Idem, *Adversus mathematicos*, 11, 140.

alguma coisa, que toda a vida humana deve perecer onde seus princípios prevalecerem universal e firmemente. Todo discurso, toda ação cessará imediatamente e o ser humano permanecerá numa letargia total até que as necessidades da natureza, não sendo satisfeitas, ponham um fim em sua miserável existência".[98] A crítica somente teria sentido se qualquer juízo como princípio de ação se resolvesse numa colagem de representações sem nenhuma relação intrínseca com o representado. Mas a representação cética é princípio de ação sem que para isso seja necessário qualquer assentimento. Não há solução de continuidade entre o ato por costume e o ato pensado. Uma vez que naturalmente representação e representado estão fundidos, a *epokhê* somente suspende os juízos sobre o que dizemos do que vem sendo representado, aparecido, e por isso não nos isola do comportamento cotidiano nem corta nossas relações com o mundo. Simplesmente nos poupa de afirmar algo a respeito do representado como tal, de cair em tentações metafísicas, tendo como objetivo muito preciso alcançar a tranquilidade da alma.

Não é por isso que o cético, como diz o nome, deixa de ser um pesquisador. A suspensão do juízo é um estado de alma que aceita a controvérsia sem afirmar nem negar que ela não possa ter um fim. Escreve Sexto Empírico:

> Quando dizemos que a cada argumento (*logos*) se opõe outro argumento equivalente, "cada" é entendido como cada um examinado por nós e não usamos a palavra *logos* sem qualificação, mas como algo que estabelece algo dogmaticamente (isto é, concernindo ao não-evidente) e não o estabelecendo necessariamente por meio de premissas e conclusão, mas por qualquer meio possível. Dizemos "igual" no que concerne à convicção ou falta dela, tomamos "opos-

---

98. *Enquiry*, XII, § 2 128, p. 160.

to" em seu sentido geral de conflito, e implicitamente o completamos "tal como me aparece". Desse modo, quando digo "para cada argumento outro igual argumento se lhe é oposto" significo com efeito "parece-me que para todo argumento examinado por mim que tenta estabelecer algo dogmaticamente há oposto a ele outro argumento que tenta estabelecer algo dogmaticamente e que é igual ao primeiro no que respeita à convicção ou à falta dela". Assim este enunciado da sentença não é dogmático, mas antes uma declaração (*apangelia*) de uma afecção (*pathos*), humana, que é o que aparece para a pessoa afetada.[99]

Em que sentido, entretanto, está se tomando esse não-julgamento? Um estado de alma produzido pelo ponderar dos argumentos, um mero *pathos* do me aparecer. Por isso Hankinson sublinha que a relação entre a *isostheneia*, a equiponderância e a *epokhê*, suspensão do juízo, é de natureza causal e não lógica. Mas que lógica?, devemos perguntar. O cético não suspende todos os juízos, mas somente sobre os *dogmata*, sobre a essência daquilo que é. Impossível suspender todos os juízos, pois isso o reduziria à inércia. Suspende o juízo sobre este ou aquele dogma, mas não sobre se isto lhe aparece ou não. Para tanto necessita *representar* se está diante da pergunta pela essência do mel ou de como vai abrir uma porta. Somente depois de distinguir essas representações é que poderá conceder ou recusar o assentimento ao que está sendo representado. Para o aristotélico, em contrapartida, a representação se resolve num estado de alma que substitui um nexo possível de coisas, de sorte que esse estado está imerso no processo de deli-

---

99. *Hipotiposes pirronianas*, 1, 202-3. Hankinson (*The Sceptics*, cit., p. 30), ao comentar esse texto, insiste que essa equiponderância (*isostheneia*) é meramente subjetiva; não julgo se a questão é indecidível, o que seria um dogmatismo ontológico negativo, por conseguinte antipirrônico.

beração e escolha do que é um dogma ou não é um dogma, vale dizer, consiste numa proposição, por conseguinte numa construção. E, para suspender o juízo sobre o dogma, precisaria decidir, pôr, julgar se este algo é ou não dogma. Suspenderia o juízo se este dogma for verdadeiro ou falso julgando se ele é dogma ou não é dogma. Mas o estoico opera com outra noção de proposição e juízo. Porque os considera como um assentimento dado em certas circunstâncias a uma representação dizível é que pode suspender o juízo. Somente dentro desta doutrina o filósofo pode se recusar a afirmar ou a negar o conteúdo representado, permanecendo no nível do que lhe aparece. Frege e os lógicos fenomenológicos do século XX dirão que a proposição é um nome, um conteúdo proposicional, que será então assentido como verdadeiro ou falso; também para eles haverá algum sentido no ato da *epokhê*. Mas a suspensão do ser verdadeiro não destrói a unidade do conteúdo apresentado. A torre que aparece agora redonda quando antes aparecia quadrada é a *mesma* torre se apresentando por seus aspectos. Para o lógico aristotélico, o conteúdo proposicional nunca é um nome, mas uma síntese entre dois conceitos, o sujeito sendo dito na sua particularidade ou generalidade pelo predicado. Para ele poder pôr essa síntese como correspondendo a algo ou a nada, o juízo sobre a natureza do algo já está pressuposto.

 Creio que existe outro argumento que bloqueia a suspensão generalizada dos juízos dogmáticos, cujo alcance, todavia, só poderá ser inteiramente compreendido mais tarde, quando examinarmos o sentido da nova lógica formal. Se a cada proposição dogmática p, q, r... acrescento a frase, ou melhor, o operador "Parece-me que...", o operador perde seu sentido porque deixa de ser pertinente, não serve para diferenciar a frase sobre o que aparece sem mais daquela que diz aquilo que aparece embora sendo. Mas, nesse caso, a diferença se faz no plano do dizer e não no plano das operações da alma, isto é, das representações.

Deixemos, porém, de lado essas firulas. Para o cético o que importa é fazer da filosofia um caminho para a felicidade, muito diferente contudo da felicidade estoica. Um texto de Goldschmidt o explicita:

> Para Pirro, a acatalepsia [inapreensibilidade] e a ataraxia [tranquilidade] se determinam e se implicam mutuamente. É porque "nada é antes assim como de outro modo" que as coisas não podem oferecer objetos consistentes, nem para o conhecimento, nem para a vontade; a sageza se define como uma atitude de quietismo indiferenciado, sem história, sem aventura, sem combate singular: a suspensão do juizo (*epokhê*) é praticada em bloco, de uma vez por todas e sem preferência por certos objetos (*omnia exaequauerunt*, diz Cícero). A *apathia* não é, como no estoicismo, o resultado de uma luta contra nossas paixões numa determinada "prova". É uma "impassibilidade" em geral, um estado permanente e igualmente indiferenciado (*ataraxia*), porquanto não há nenhuma realidade exterior para mover, provar, variar essa calma absoluta e sem rugas.[100]

4.

A diafonia dos sistemas filosóficos fez história em nosso Departamento de Filosofia da Universidade de São Paulo, por isso vale a pena fazer um desvio em nossas reflexões para dar lugar a um breve comentário. Esteve ligada a uma interpretação muito particular do método estruturalista no estudo dos textos filosóficos. Além das aulas de Martial Gueroult, que nos anos 50 nos visi-

---

100. Cf. Victor Goldschmidt, *Le système stoïcien et l'idée de temps*, cit., § 42, 43 — deixo de citar as citações que comandam o texto.

tou várias vezes, decisivo foi um texto de Victor Goldschmidt[101] sobre o tempo lógico de cada sistema filosófico. O texto procura mostrar como as teses, os *dogmata*, se alinhavam num tempo próprio, diferente do tempo dos relógios e do tempo vivido pelos leitores. Antes de qualquer crítica a um sistema cabe examinar o sentido das junções e das oposições que os termos filosóficos traçam num texto particular. Essa posição nos foi muito importante para combater a velha mania brasileira de se contentar com o narrar das ideias filosóficas, confundindo assim filosofia com doxografia, o mero relato de opiniões. Também teve importância ao formar uma barreira àquela forma de fazer filosofia que toma sua história como um estoque de argumentos à disposição do filósofo que prepara seu próprio sistema. Quantas vezes repetimos, seguindo as lições de Martial Gueroult, que a prova ontológica da existência de Deus ganha sentidos diferentes em Santo Anselmo e em Descartes?

Não se mediu, todavia, o perigo de transformar o estudo e a prática da filosofia na leitura de um único filósofo eleito, como se fosse possível se casar com um sistema filosófico, esposar a noiva prometida, ignorando os outros pretendentes. Deixou-se de lado uma diferença radical entre Gueroult e Goldschmidt. Depois de estudar cada sistema filosófico, Gueroult se propunha a examinar as condições de possibilidade das filosofias como objetos de uma história possível. A uma história dos eventos filosóficos ele contrapunha uma história racional que cuidaria de situar cada sistema numa história da própria razão. A influência dos idealistas e dos historicistas alemães aqui é evidente. Em contrapartida, Goldschmidt

---

101. Victor Goldschmidt, "Temps historique et temps logique dans l'interprétation des systèmes philosophiques", *Actes du XIème Congrès International de Philosophie*, vol. XII, traduzido como apêndice ao seu livro *A religião de Platão*, cit.

procurava localizar nos sistemas estudados certas estruturas que se repetiriam independentemente do tempo histórico. Comentando os pontos comuns que encontrou entre o sistema estoico e teorias e doutrinas mais recentes, ele recusa a trama das influências e uma evolução que as ligasse. E escreve, retomando um ponto de sua comunicação ao XI Congresso Internacional de Filosofia: "Podem-se simplesmente constatar estruturas comuns, se poderiam encontrar, noutro sentido sem dúvida daquele posto pela tradição ou por Leibniz, argumentos em favor de uma *perennis philosophia* e, sobretudo, a indicação de um método possível para ajudar na sua descoberta".[102] A diafonia dos sistemas filosóficos é mais diabólica do que uma simples dissonância, já que cada filósofo a pensa a partir de algumas certezas que às vezes ele nem sabe explicitar. A mim, me parece que, antes de procurar uma história da razão ou traços de uma filosofia perene, importa atentar para as torções por que passam os conceitos quando são movidos por sistematizações diferentes. É nessa primeira demarcação que pretendo me manter durante todas estas lições.

---

102. Idem, *Le système stoïcien et l'idée de temps*, cit., p. 217.

ix. Agostinho de Hipona

1.

Os filósofos pré-socráticos acreditavam que os deuses poderiam conviver com os homens. Não se deixavam encontrar até mesmo num forno? Foi o que explicou Heráclito ao receber amigos surpresos porque o encontraram se aquecendo nele. À medida, porém, que o pensamento grego caminha para o monoteísmo, diminui a presença de Deus no mundo, ele o transcende embora se responsabilize pela racionalidade de seu travejamento. O advento do cristianismo muda por completo essa relação: de um lado, um Deus transcendente cria o mundo a partir do nada, *ex nihilo*, marcando de vez o império de sua substância atuante; de outro, Deus como Verbo se faz carne, de sorte que transcendência e imanência se cruzam, configurando um tremendo desafio a ser pensado do ponto de vista da razão. Esta se encontra assim interposta entre a claridade inefável do Verbo e a estrutura iluminada do mundo.

Paralelamente a religião de Estado grega, graças à influência de Alexandria, sofre influências orientais e, por fim, a própria

Roma se torna cristã. Cidades-estados, *poleis*, reinos e outras formações políticas se integram num império e a paz romana protege todo o Mediterrâneo. Em dezembro de 312 d.C., Constantino vence seu rival Maxêncio e se elege imperador. Para ser grande, ele precisava de uma grande religião; converte-se ao cristianismo e chega a controlar a Igreja católica (isto é, "para todos", *kath' holou*), a ponto de convocar ele próprio o concílio ecumênico de Niceia (324). Fez-se realidade o sonho do apóstolo Paulo, que dera sua própria vida para transformar o mais importante movimento messiânico do judaísmo numa religião universal.

Também filósofos se fazem cristãos, mas, para isso, foi preciso um longo ruminar dos temas tradicionais. Entre todos esses novos pensadores, os padres da Igreja, ligados a uma renovada forma de pensar conhecida por patrística, Agostinho é o maior, o mais fascinante, o mais surpreendente. A trajetória de seu pensamento demarca as passagens que a nova filosofia deveria atravessar para se conciliar com a criação e a Encarnação.

A despeito de ser filho de uma cristã militante, Mônica, santificada pela Igreja, Agostinho é educado como um romano. Na cidade onde nasceu (354 d.C.), Tagasta, na África, recebe os rudimentos da educação formal e logo se interessa pela retórica. Ainda jovem se transfere para Cartago. Aí trava contato com os acadêmicos, discípulos de Platão, de cuja influência nunca mais escapou. Entusiasma-se pela filosofia ao ler *Hortensius*, um livro perdido de Cícero. Logo, porém, se liga aos maniqueístas, uma espécie de seita filosófica cujos princípios tinham sido traçados por um sacerdote persa do século III d.C., Mani (também conhecido como Manes ou até mesmo Maniqueu). Pregava uma nova religião salvacionista e, já que o mal somente pode provir do mal, transformava o Bem e o Mal em duas substâncias antagônicas entre si. Agostinho, como bom romano, discípulo dos gregos, tendia a identificar ser e corpo, mas aos poucos, conforme se cristianiza, passa a entender Deus como espírito, terminando por desenhar sua própria concepção do mal.

Em 380 Agostinho se transfere para Roma como professor de retórica e logo depois aceita um cargo na corte de Milão. Lá sofre a influência do bispo Ambrósio, intelectual poderoso, atento à construção do pensamento da nova Igreja e às insurgências dos cultos pagãos. Combateu, em particular, a heresia de Ário (250-336 d.C.), um sacerdote cristão que viveu em Alexandria e se opunha à unidade substancial da Trindade católica, pois o Padre e o Filho não formariam uma mesma substância, já que o primeiro deveria ser anterior ao segundo. Não foi fácil, para os católicos, encontrar um conteúdo racional para o dogma da Santíssima Trindade.

Agostinho se converte em 386 e se põe inteiramente a serviço da Igreja. Não encara a conversão como mudança de crença, mas profunda transformação que reordena sua própria vida, submetendo os impulsos do corpo e da vontade ao domínio da alma e do espírito, tudo, porém, a serviço da iluminação divina. Mas, ao conformar seu pensamento e sua fé aos princípios do cristianismo, termina colaborando para que a própria Igreja encontre sua identidade ideológica.

Retorna à África e acaba sendo consagrado bispo, encarregado da diocese de Hipona. Agora sua investigação filosófica se mistura com as atividades políticas da Igreja. Uma de suas maiores batalhas foi combater o pelagianismo. Curiosamente, o monge bretão Pelágio resvala para a heresia ao ler as *Confissões*, um dos maiores livros de Agostinho. Retira da famosa frase "Dá o que ordenas e ordena o que queres" (*Da quod jubes et jube quod vis*) consequências que o autor nunca poderia ter imaginado. Pelágio retorna ao rigorismo estoico, ensina que a mera imaginação do pecado já bastaria para conduzir ao inferno e, sobretudo, denuncia a corrupção da Igreja. A esta recusa qualquer papel mediador, nem mesmo vê a necessidade da graça, na intervenção de Cristo para a remissão dos pecados. Considera Jesus tão só um sábio e modelo a ser imitado, mas sem o poder de redimir o pecado original; este poderia ser neutralizado naturalmente por meio de ações corretas. Em defesa da Igreja, em particular de sua presença mística na qualidade de residência terrestre do Cristo, Agostinho não mede suas forças, escrevendo, pregando, fazendo alianças para conservar seu poder temporal e espiritual.

A heresia, contudo, que mais lhe deu trabalho foi o donatismo. Na África, a Igreja católica sofria a concorrência de uma igreja ligada à história africana, marcada por períodos de livre expansão e de martírios. Associados ao bispo Donato, contemporâneo de Agostinho, os líderes religiosos africanos se colocam contra os desvios da Igreja romana, denunciam a depravação dos cristãos; não seriam poucos aqueles que ainda conservavam a pureza na fé? Para eles a verdadeira religião se resume numa relação privada entre o homem e Deus, desprezando as instituições intermediárias. É de notar que já no início de sua história a Igreja romana abriga tensões que prenunciam a Reforma protestante do século XVI. Agostinho combateu em duas frentes, de um lado, repensando a encarnação do Filho de Deus no contexto de uma sociedade visível, justificando, portanto, a *catholica ecclesia*; de outro, propõe um congresso com os dissidentes. Já que não chegam a um consenso, recorre à repressão do braço secular. No final das contas, entende que o diálogo tem limites, além dos quais simplesmente impera a força.

2.

A obra de Agostinho é gigantesca, ele redige diálogos, ensaios, livros, sermões; mantém, além do mais, um escritório que anota cada passo de sua pregação. O curso de seu pensamento não se reduz à montagem de um sistema, é fonte de onde jorram os mais profundos pensamentos e as mais atinadas ideologias. Vamos nos ater apenas, obviamente de modo esquemático, ao seu esforço para combinar a verdade das Escrituras com a tradição filosófica grega. Uma frase do profeta Isaías (7,9) indica-lhe a direção: "Se não acreditardes, não entendereis". A fé haverá de abrir caminho para a razão, desde a fé na existência das coisas, aquela perceptiva, até a fé na existência de Deus. Mas, então, de que fé e razão passa ele a falar? Opera com os instrumentos de seu tempo: absorve as influências céticas da Nova Academia e os ensinamentos de Platão; repensa, como outros filósofos patrísticos, o misticismo neoplatônico de Plotino; digere a visão estoica da linguagem, naquela época muito presente no ensino da gramática. No entanto, confere a essas influências intelectuais novos sentidos na medida em que são vistas a partir de seu ato da conversão. É significativo que as *Confissões* seja um diálogo com Deus: o progredir do conhecimento não mais se faz à medida que os interlocutores ajustam suas opiniões, predomina o lado da ascese, pois esse progredir tende para a Verdade do Cristo. Em contrapartida, esse esforço vem pontuado pela depuração operada pela confissão dos pecados: o assentimento das faltas aprofunda o conhecimento interior, assim como permite o encontro das imagens pelas quais o mundo e os mistérios de Deus podem ser entendidos. Quanto mais o conhecer se torna verdadeiro, mais se aproxima da Verdade, do Verbo divino, por conseguinte mais próximo estará da inefabilidade do todo: a pergunta se algo é verdadeiro só pode ser respondida pela própria Verdade.[103] Não há como deixar de pensar no processo análogo pelo qual os estoicos passam do verdadeiro para a verdade, da proposição para o sistema. Contudo, notam-se diferenças relevantes: agora é o corporal que se faz incorporal, este porém tomado como espírito e existência máxima que se volta sobre si mesma

---

103. *Confissões*, XI, iii, 5.

e encontra seu criador. Deus é a Verdade e o Bem, assim como parâmetro dessas existências secundárias, de sorte que, no absoluto, *regra* e *caso*, *norma* e *móbil* se confundem.

O longo caminho para o espiritual corre paralelo ao abandono de crenças maniqueístas: põe em xeque a corporeidade do Bem e do Mal, do Pai e do Filho. Já no nível da sensação Agostinho descobre resquícios do juízo, um assentimento que faz com que até mesmo nosso contato com o mundo exterior se exerça pela marca da interioridade. Nesse aprofundamento de si a Verdade vem a ser conquistada para que enfim se ajuste à verdade revelada. Como entender, porém, a Trindade, até que ponto uma substância poderá ser trina? Se, desde logo, vem a ser dotada de uma reflexão, volta espiritual sobre si mesma, não pode ser compreendida pelas categorias aristotélicas. Todo predicado dito de Deus seria uma perda, marcaria uma distância no Absoluto entre sua substância e suas determinações:

> Assim, pois, o que se diz de Deus também se diz das três pessoas singulares, o Pai, o Filho e o Espírito Santo, e também simultaneamente se diz da própria Trindade, não de modo natural, mas singular. Pois, para Deus, ser não é outro que ser grande, mas para ele ser e ser grande são o mesmo, e, por isso, assim como não dizemos três essências, tampouco dizemos três grandezas, mas uma única essência e grandeza. Digo essência o que em grego se diz *ousia*, a qual chamamos mais usualmente de substância.[104]

O que se diz de Deus não é mais dito de modo finito. Se Deus é grande, ou melhor, a grandeza absoluta, tudo o que se disser dele é dito na universalidade, na generalidade máxima. E, como cada

---

104. *Da Trindade*, 5, 8, 9; *De Trinitate, Obras de San Agustín*, V e VI, trad. Fr. Luis Arias, O.S.A., Madri: Biblioteca de Autores Cristãos, 1948.

uma das três figuras é a totalidade de Deus, o que se diz de uma delas vale integralmente para ela e para Deus. Por certo "pai" é dito em relação a "filho" e vice-versa, mas essa alteridade, essa determinação *ad aliquid*, serve apenas para mostrar que a substancialidade do todo se dá como substância trina, cada uma apenas como pessoa, ponto de referência para a busca da totalidade. No final vale, antes de tudo, a palavra do Cristo testemunhada pelos Evangelhos: "Eu e o Pai somos um". Em vista dessa unidade é que se compreende o que se diz de Deus, assim como as determinações de uma coisa criada. A verdadeira grandeza não é aquela pela qual a casa é dita grande, assim como são grandes a colina e outras coisas; a verdadeira grandeza é grande por causa de uma grandeza maior e absoluta, de que as outras participam: "Aquela grandeza que é originariamente grande é muito mais excelsa do que todas aquelas que são grandes por dela participarem. Deus é grande não por uma grandeza que não é ele mesmo, como se Deus dela participasse quando é grande, de outro modo essa grandeza seria maior que Deus, mas nada é maior do que Deus".[105]

    Percebem-se duas influências nessas considerações. De um lado, o dizer é pensado como modo de participar de uma Forma, tal como Platão o entendia. No entanto, em vez da comunicação das Formas, encontramos uma única Forma perpassada pelas pessoas da Trindade. O Bem platônico se fez Deus criador. De outro, essa unidade reformula o Uno de Plotino, que logo se separa em três emanações. Os primeiros teólogos cristãos recuperam essa fórmula. Hoje, em contrapartida, os comentadores de Plotino se preocupam em salientar a originalidade desse Uno tal como ele é pensado nas *Enéadas*.[106] Salientam o caráter dinâmico dessa uni-

---

105. *De Trinitate*, v, 10, 11.
106. A obra de Plotino foi publicada comportando 54 tratados repartidos em seis grupos de nove.

dade primordial, que logo se determina como o Primeiro e o Bem. Nessa caracterização se dá a primeira passagem, a primeira hipóstase: o indeterminado existente se afirma antes de tudo como o Primeiro e o Bem, sendo que é a partir deles que se formam as outras determinações do Uno fundamental.

Como todo ser vivo que, chegando à idade adulta, produz seu semelhante, o Uno se expande numa segunda hipóstase, que é ao mesmo tempo o Ser, a Inteligência e o Mundo inteligível. Dela brota a terceira hipóstase, a Alma, resumindo-se numa alma do mundo. O inteligível é primeiro em relação ao sensível, a grandeza, por exemplo, possui mais existência do que as almas e as coisas grandes. Tudo isso em nítido contraste com Aristóteles, tanto do ponto de vista lógico, pois para este os predicados são ditos segundo as categorias, quanto do ponto de vista ontológico, já que o próprio ente se resolve numa emanação do Ser.

A Trindade, pensada por Agostinho, é substância determinante se revezando em três substâncias que se reduzem à sua unidade espiritual. De nosso limitado ponto de vista, diremos que é uma substância que se determina a si mesma, vale dizer, como vontade. Ela se mostra ainda como a Verdade e o Bem, criando todas as coisas pelo *dizer* de sua Verdade e de sua Bondade, de sorte que os seres existentes ecoam a existência absoluta marcada pelas três pessoas do Pai, do Filho e do Espírito Santo. A figura mediadora do Filho é o Verbo, o *logos* grego traduzido como *verbum*. O verbo que conhecemos é uma sucessão de sílabas que se realizam no interior da alma. Não há sucessão nem alteridade no Verbo supremo. Na carta CXXXVII Agostinho escreve:

> Não vás imaginar a Palavra de Deus, que tudo fez, como submetida à transformação, tornando-se depois de ter sido. Não, ela permanece o que é, ela está de maneira integral em todos os lugares. Ela vem quando se manifesta, ela desaparece quando se esconde, mas escon-

dida ou manifesta, ela está sempre lá, assim como a luz para os olhos do que enxerga e para os do cego: presente, ela é visível para um, embora permaneça oculta para outro. [...] Assim sendo, por que motivo recusar a crer que o que é para o ouvido a palavra fugidia para o homem, não seja para as coisas a Palavra de Deus que permanece eternamente: uma é ouvida inteira por todos e outra está inteira em toda parte e tudo ao mesmo tempo.[107]

Limito-me a alguns comentários a esse texto interessantíssimo. Se Deus cria o mundo por sua palavra, por seu Verbo, esse verbo, ao contrário da palavra humana que escoa no tempo, se dá como total permanência e presença. A eternidade é essência da Verdade.[108] Mas a palavra humana, como todas as coisas criadas, ecoa a palavra divina; sua essência e as essências das coisas apenas balbuciam sua presença. O homem, em particular sua razão, precisamente criado à imagem e semelhança de Deus, *pode* pronunciar essa presença que "está em toda parte e é tudo ao mesmo tempo". A linguagem humana reproduz, se degradando no tempo, o Verbo divino, lembrado nas *Confissões*[109] "como eterno silêncio". Contra Aristóteles e repensando Platão, Agostinho faz dos entes projeções do Ser. O núcleo essencial de cada ente se mantém graças à identidade do Verbo, cujas tarefas criadoras só podem ser cumpridas se ele for tomado como um nome. Muito distante, por conseguinte, do verbo aristotélico, que diz algo se abrindo para um possível sujeito. O Verbo divino apenas diz no seu silêncio, é mera expressividade nomeante. Por sua vez, o que a razão humana diz do Verbo não é

---

107. Apud M. Novaes Filho, *A razão em exercício*, São Paulo: Discurso Editorial, 2007, pp. 240-1, citando uma citação de H.I. Marrou, *Santo Agostinho e o agostinismo*, Rio de Janeiro: Agir, 1957.
108. *Da Trindade*, IV, 18, 24.
109. *Confissões*, XI, vi, 8.

apenas o dito desprovido de suas determinações particulares. Agostinho não defende uma teologia negativa, mas perscruta na linguagem e na razão humana os traços, os sintomas, da divindade. Não é à toa que, quando jovem, se dedica com paixão à interpretação dos sonhos, dos augúrios, às adivinhações. O saber trata das essências das coisas para nelas desvendar a essência do Verbo.

O primeiro homem criado, Adão, nomeia os animais terrestres e as aves (não os peixes, símbolos do futuro) que lhe foram apresentados por Deus. O mais sábio de todos os seres humanos será, para Agostinho, quem primeiro indicar os nomes dos entes. Mas, em virtude do pecado original, criou-se uma distância entre as palavras e as coisas que a própria linguagem deverá cobrir. Entre o nome e a coisa se instala uma significação, vigente entre o mundo finito e a verdade infinita.[110] A palavra — significante, significado, coisa — é imagem decaída da Trindade.

As palavras adquirem várias funções no exercício da linguagem. Mas para Agostinho todas elas têm por trás uma função nominativa, podem, em última instância, ser postas como nomes. É sintomático que Étienne Gilson, o grande medievalista, tenha observado: "É mais do que evidente que, seja qual for a interpretação da doutrina adotada, Agostinho nunca separou claramente o problema do conceito e o problema do juízo, nem o problema do juízo em geral daquele do juízo verdadeiro em particular".[111] Não há, pois, uma nítida distinção entre as condições de sentido e as condições de verdade, entre a lógica dos nomes e a lógica das proposições. Mais do que a bipolaridade do verdadeiro e do falso, importa-lhe aquela do Bem e do Mal, que por sua vez reflete apenas a monopolaridade do Verdadeiro. O falso, antes de se reportar

---

110. Cf. M. Novaes Filho, *A razão em exercício*, cit., cap. I.
111. Étienne Gilson, *Introduction à la lecture de Saint Augustin*, Paris: Vrin, 1987, p. 121.

ao conhecimento das coisas, por assim dizer, antes de ser epistêmico, traz consigo a marca do pecado.

3.

Do mestre[112] é uma das primeiras obras de Agostinho, um diálogo com seu filho Adeodato. Filho de seu pecado, como dirá nas *Confissões*. Não se entenda essa denominação como rejeição ao filho ilegítimo, mas simplesmente como uma forma de exprimir que todo o talento dele vem de Deus. Agostinho começa indagando pelas funções da linguagem: para que ela serve? Para ensinar ou aprender? O diálogo, à primeira vista, segue a forma tradicional, mas, já no início, aparece uma referência a dois textos do apóstolo Paulo[113] colocando a Verdade como o limite e o sentido profundo da investigação racional: Deus encarnado tem no homem o seu templo, Cristo habita o homem interior, de sorte que essa Verdade interiorizada vem a ser o último critério do conhecimento. A interlocução entre o pai e o filho deverá caminhar mostrando que a exterioridade da linguagem e das ações se interioriza até encontrar Deus revelado e encarnado, cuja imagem inscrita na alma se apresenta por fim como o mestre absoluto de todo conhecer.

Os interlocutores começam assumindo que as palavras são sinais, por conseguinte sinais de algo. Agostinho, seguindo a tradição dos gramáticos, propõe que se analise um verso de Virgílio: "*Si nihil ex tanta Superis placet urbe relingui?*" (Se nada, de tamanha cidade, apraz aos deuses que fique?).[114] O poeta lamenta a destruição

---

112. *De magistro*, trad. Antonio Soares Pinheiro, Porto: Porto Editora, 1995.
113. *Coríntios*, 3,16, e *Efésios*, 3,16.
114. *Eneida*, II, v. 659.

de Troia, de que não restará pedra sobre pedra. A Adeodato cabe explicar como "se", "nada", "de" etc. funcionam como sinais de algo. Não há palavras que indicam o algo de "se", sabe-se apenas que marca uma dúvida. A "nada" nada corresponde, talvez, como induz Agostinho, se reporte a uma síntese mental sem referência na realidade. Por sua vez "de" pode ser substituído por "pertencente a", de sorte que esta última substituição mostra como sinais podem substituir sinais.

Note-se que Agostinho trata "sinal de algo" conforme a lógica estoica: o algo assinalado se resolve num indivíduo. Em oposição à lógica aristotélica, os nomes não são ditos homônimos ou sinônimos conforme as essências das coisas referidas sejam diferentes ou idênticas, mas se reportam às coisas mediante significações. Um sinal pode ser sinal de si mesmo, quando "sinal" é dito de sinal. Dada essa reflexão, como explicar que eles se reportam ao real? Pelo gesto, suponhamos, quando apontamos para algo. Mas esse gesto passa a ser um sinal, indicando corpos visíveis. Não é, porém, o que acontece quando falamos no andar, no correr, e assim por diante, porquanto agora as próprias ações se mostram como correspondentes às palavras significantes. Mas, para que se efetue a diferença entre o sinal e a coisa, neste caso as ações designadas, não deveríamos estar parados para que uma diferença fosse percebida, e assim víssemos que andar não se confunde com parar? Em contrapartida, se quisermos explicar o que é "falar", essa locução se mostra por si mesma. E a investigação explora, então, esse caminho. Como não podemos estudar cada um de seus passos, atentemos apenas para seus resultados: 1) por meio de sinais se mostram sinais; 2) por meio de sinais se mostram outras coisas que não são sinais; 3) sem sinal se mostram coisas que são exercidas desde que seja posta a pergunta por elas.

Como se mostram essas coisas? Aquelas que se evidenciam

pelos sinais aparecem como sendo significáveis (*significabilia*), assim como aquelas que se dão à vista se determinam como visíveis. Entre o sinal e a própria coisa surge a significação, tomada como um dizível, um *lekton*, no vocabulário dos estoicos. Contra Aristóteles, Agostinho está adotando uma interpretação ternária da linguagem, composta por palavras, significação e coisas. É nesse contexto que todas as palavras podem ser reduzidas aos nomes. Quando falamos de "se", "nada", "de", assim como de "e", "implica" etc., estamos *mencionando* essas palavras como nomes delas próprias. Não estão sendo referidas segundo seu *uso* normal, o sinal significando algo, mas tão só como palavras significantes, isto é, coisas nomeadas enquanto vocábulos. E assim, ao ser nomeada, qualquer palavra — o nome "casa" ou a conjunção "mas" — revela-se nome. Hoje estamos acostumados a distinguir numa palavra, seu *uso* no falar sobre os acontecimentos e sua *menção*, quando dela tratamos para examinar o que é, sua forma fonética e seu sentido. Temos o cuidado, porém, de não identificar mencionar com nomear. Agostinho explora essa possibilidade de mencionar a palavra para fazer dela um nome, já que a palavra mencionada adquire uma algoidade característica do nome. Estamos acostumados a substantivar outras categorias. Para nós o termo *sujinho*, além de ser um adjetivo que indica que algo está meio sujo, também é o nome de um restaurante popular. Aristóteles diria que as coisas seriam então homônimas, já que o mesmo nome serve para indicar essências diferentes. Seguindo a tradição estoica, a Agostinho importa que *sujinho* venha a ser um nome, seja quando nomeia o restaurante, seja quando qualifica a coisa, porquanto a palavra fisicamente considerada é mais do que uma sequência articulada de sons, mas algo significante que indica uma coisa sob um aspecto, sua significação. Ao ser *chamada* significante, a palavra *sujinho* revela seu caráter *nominativo*: "Parece-te então que, prescindindo de autoridades, é menos firme a mesma razão pela qual se demonstra que por todas as partes da oração alguma coisa é significada, donde é chamada. Ora, se é chamada também é nomeada, e se é nomeada, o é certamente por um nome".[115] Resumindo: as palavras têm sentido, são sinais de *algo*; essa intenção para algo coloca o algo como *significabilia*, dizível. Quando menciono a palavra como tal, quando tomo *mesa* como um conjunto de sons ou de letras articulados, não posso reduzir minha consideração exclusivamente a esses traços materiais do vocábulo, nem mesmo como ele se articula em sílabas e assim vem a ser uma palavra, a não ser que leve em conta sua função nominativa, a maneira pela qual as coisas ou *as próprias palavras* se tornam dizíveis. A mera oposição entre menção e uso de uma palavra é cega enquanto não ficar claro o sentido linguístico do processo de *mencionar* e para Agostinho a menção nominaliza.

Se a palavra mencionada — fora de seu uso normal — continua significante, é preciso ter todo o cuidado para não transferir propriedades dela para as coisas significadas. Não é porque *homem* tem duas sílabas que os seres humanos possuiriam duas sílabas. Um leão não passa pela boca de quem pronuncia a palavra *leão*, apenas seu significado, mas então se percebe que a palavra significante está se dirigindo e se curvando diante da coisa hegemônica. Mas, se tudo fosse dado pelas palavras, como chegaríamos às coisas? Temos o sinal de uma palavra e a coisa assinalada, mas, já que posso nomear esse sinal, chego ao conhecimento de seu nome. Obtemos a sequência: nome, coisa, conhecimento do nome, conhecimento da coisa. Ora, para nós, conhecer é mais importante do que perceber a coisa, pois essa percepção mediante o nome já implica certo assentimento pelo qual a coisa deixa de ser esta ou aquela para ser muitas. Além do mais, conhecer e ensinar integram o mesmo circuito do pensamento, pois conhe-

---

115. *De magistro*, cit., 72, 18 ss.

cemos para ensinar a nós mesmos e aos outros, assim como ensinamos para que os outros conheçam e nos conheçam.

No plano do conhecimento importam as coisas que precisam ser conhecidas para ser tratadas. Mas a passagem pela significação pode reverter o vetor do conhecimento de algo para o conhecimento de si:

> De fato, não aprendemos as palavras que conhecemos, nem podemos declarar ter aprendido as que não conhecemos, senão depois de ter percebido a sua significação. Ora, esta não provém da audição dos sons emitidos, mas do conhecimento das coisas significadas. É um raciocínio muitíssimo verdadeiro e com toda a verdade se diz que ao serem proferidas palavras, ou sabemos o que significam, ou não sabemos; se sabemos, mais o rememoramos do que aprendemos; se não sabemos, nem sequer o rememoramos, mas somos talvez incitados a inquirir.[116]

O diálogo platônico *Mênon* já tentava mostrar que a busca do conhecimento encontra sua fonte no próprio escravo interrogado. Platão explica essa memória como reminiscência daquela visão das Formas que Mênon teria tido antes de nascer, antes de encarnar. Levando em consideração a encarnação do Cristo, Agostinho considera irrelevante essa tese das ideias inatas, como se a significação do triângulo, que Mênon carregaria consigo, já existisse como Forma no mundo das ideias. Deus criou o homem à sua imagem e semelhança, o Verbo se fez carne e habita o homem interior. As ideias na alma humana são essências na medida em que foram criadas à semelhança dos pensamentos de Deus, constituem regras do conhecimento, critérios do Bem e do Mal, do verdadeiro e do falso, na medida em que se ligam à vontade humana de co-

---

116. Idem, 11, 36.

nhecer. Esta, no fundo, é nossa vontade divina de nos conhecer a nós mesmos e de conhecer a Deus.

> Quando, porém, se trata de coisas que vemos por meio da mente, isto é, por meio do intelecto e da razão (*intellectus, ratio*), falamos realmente de coisas que contemplamos presentes nessa luz interior da Verdade, de que é iluminado e goza aquele que se denomina "homem interior". Mas ainda então o nosso ouvinte, se também ele as vê por meio dessa visão íntima e pura, reconhece pela sua contemplação o que eu digo e não pelas minhas palavras.[117]

A luz da verdade se encontra na alma, a qual, no entanto, não carrega palavras como se fossem figurinhas depositadas num cofre. Criados à imagem da Verdade, podemos formar conceitos e juízos, desde que estes sejam aspirantes à verdade e se banhem na luz do verbo interior.

Tudo estaria no melhor dos mundos possíveis se essa iluminação interior, que nos conduz do verdadeiro à verdade e, desta, à Verdade, não estivesse marcada pelo pecado original do homem. Depois de cometido esse pecado, o caminhar para a Verdade vai depender da graça divina, isto é, da vontade de Deus e da nossa vontade; de outro lado, do próprio esforço de cada um em reconhecer o pecado, *cuidando* de sua própria interioridade.

4.

Na tradição hebraica, o pecado é mais do que transgressão da norma, mais do que desobediência, é ofensa a Deus, um querer contra a vontade divina. Estamos muito longe do pensamento

---

117. Idem, 12, 40.

grego. Para os poetas trágicos o erro moral é aberração, o mal é insolência, desmedida, destempero (*hybris*), de sorte que o castigo está na ordem das coisas, equivale ao restabelecimento do equilíbrio natural. Por certo no mito da caverna de Platão os homens abandonam o fascínio da imagem e se voltam para a luz porque assim o querem. Mas essa vontade é um agir de acordo consigo mesmo, um atuar de bom grado. Dessa ótica, a transgressão moral nasce, antes de tudo, da falta de conhecimento. O sábio, em particular o sábio estoico, está isento desse perigo.

A criação, porém, altera por completo esse cenário. Principalmente porque cada coisa existe por Deus e existe em Deus na medida em que sua existência é sua verdade, porquanto sua essência foi criada por ele. Ao pecar, o homem, sendo criado livre, confronta-se com Deus, mas põe em risco sua própria vida criada para existir na eternidade. O pecado conduziria à morte eterna se Cristo não se encarnasse para a remissão dos pecados. De um lado, o mal se origina do livre assentimento a ele, cuja possibilidade já está inscrita no livre-arbítrio. É instrutivo que Jesus condena "aquele que olha para uma mulher com desejo libidinoso [porque] já cometeu adultério com ela em seu coração" mesmo se esse pensamento não se manifestar em atos.[118] De outro, o pecador, enfraquecido em sua própria essência, não pode salvar-se, chegar à vida eterna, se não contar com a graça divina. Ele é chamado por Deus e resolve no seu íntimo se atende ou não a essa vocação. Mas a distância entre o homem interior e Deus não pode mais ser coberta pelos esforços intelectuais e práticos visando à contemplação das Formas e na esperança da felicidade, requer sobretudo vigilância e cuidado de si que se resolve numa conversão, isto é, reformulação completa da pessoa, de sorte que a narração dos pecados se torna um processo capital para depurar o próprio arbítrio. O

118. Cf. Mateus 5,27-28; Lucas 6,43-45.

mal reside na capacidade de julgar, de assentir; não tem por isso substância, como queriam os maniqueístas para os quais ele somente poderia advir dele próprio.

A fórmula tradicional do diálogo filosófico há de ser então completamente subvertida. Em vez de interlocutores se revezando na busca de definições, orientados por um sábio tradicional, aparece um orientador que almeja se retirar do diálogo para que impere o Mestre absoluto residente no homem interior. O discípulo, no fundo, discípulo de si mesmo, somente dialoga com Deus na medida em que confessa seus pecados, a cada passo detecta nas mínimas ações a presença da transgressão original. Agostinho se confessa a Deus, escreve a história de sua vida alternando narração e louvação penitente, tentando mostrar que a divindade *é* antes de tudo o louvável, e assim espera conquistar a essência do que ele vem a ser. Daí a extrema novidade das *Confissões*.

5.

Na tenra infância Agostinho já distingue o pecado, até mesmo no ato de se entregar aos seios de sua mãe. Embora o corpo seja inocente, a alma, marcada pelo pecado original, empurra a criança para a gula.[119] Na adolescência, conhece o roubo. Acompanhando amigos, invade a propriedade de um vizinho para colher peras, mais pelo prazer de roubar junto com os outros do que propriamente para aproveitar o fruto de sua transgressão. As peras, à primeira vista, nem eram belas nem tinham sabor. Mas, conforme avança a narrativa confessional, até mesmo essas frutas vão mais tarde aparecer maravilhosas, já que são criaturas de Deus e ocasião para que o pecado possa ser redimido: "Belos eram esses

---

119. *Confissões*, I, vii, 11.

frutos, mas não eram eles que cobiçava meu coração miserável. Eu os tinha melhores e em maior número, apenas os colhi para roubar".[120] O valor da ação não é julgado pelo que ela visa: a fruta, a vontade de roubar, de estar junto com os companheiros, mas pelo que revela residir no interior do homem, o pecado a ser estrangulado como um câncer, e o amor de Deus, o peso que salva e move a vontade individual: "Meu peso é meu amor, para onde sou levado é ele que me leva".[121] Assim como o peso do fogo o leva para cima e aquele da água, para baixo, o peso do homem, o amor, o leva naturalmente para Deus. Visto que ele foi criado à imagem e à semelhança de Deus, inclusive no seu amor, o empuxo para o Bem e para a Verdade está inscrito em sua essência, nela encontra a matriz que pode redimir seus pecados, a norma encarnada em si porque o Verbo se fez homem. Por causa do pecado se perdeu a humana essência divina, mas Deus misericordioso faz com que o Verbo criador se encarne e revele seu amor, e assim permita que a essência de cada um, enfraquecida porque imagem, além do mais manchada pelo pecado, se ponha ela própria como amor, antes de tudo como amor de Deus. Assim como as coisas são levadas por seus pesos a ocupar seus lugares naturais, cada um de nós é levado pelo amor residente em nós mesmos. Nesse mesmo reside um outro capaz de repudiar pecados e se entregar à busca do Senhor. As *Confissões* alternam então dois momentos; de um lado, a recordação, a lembrança, o esforço para chegar ao núcleo de si mesmo como vontade para o mal ou para o bem; de outro, a oração, a conversa com a divindade.

---

120. Idem, XI, vi, 12.
121. "*Pondus meum amor meus; eo feror quocumque feror*"; idem, XIII, x, 10.

6.

Se a vida pessoal e coletiva é percurso, visto entretanto como signo da eternidade, era inevitável uma profunda reflexão sobre o tempo. Essa investigação se faz no célebre livro XI das *Confissões*, que marcou toda a filosofia posterior, principalmente a moderna fenomenologia. Examinemos, como de costume de modo muito breve, alguns de seus pontos. Lembremos a primeira frase do Gênesis: "No princípio, Deus criou o céu e a terra". O que fazia, então, Deus antes de ter criado o mundo? Na medida em que Deus também é criador do tempo, a pergunta herética deixa de ter sentido. Hoje estamos acostumados a essa resposta, pois uma breve referência à teoria do Big Bang nos mostra o tempo sendo criado junto com o mundo. O tempo é pensado como linguagem do movimento, dimensão espaçotemporal para que se possa falar dos acontecimentos, e só existe tempo depois que as partículas elementares começaram a se mover. Considerando ainda que a luz se desenvolve numa velocidade constante, é possível marcar o tempo a partir dessa velocidade.

Na Antiguidade grega o tempo é uma das determinações do ser incriado. Acreditar na criação do mundo *ex nihilo* obriga judeus e cristãos a refletir sobre o tempo da criação. Agostinho faz dele uma determinação do ser criado, resultado da força geradora do Verbo, princípio ele próprio do céu e da terra. Como entender, porém, a *ação* de Deus? Ele faz *dizendo*, no exercício do puro pensar, mas essa locução não pode então se desdobrar no tempo, nem se misturar com a multiplicidade das criaturas. O verbo permite à alma, ao espírito, separar o verdadeiro do falso, atravessar os sons cadenciados do dito para chegar à verdade. A partir dele como se pode entender o Verbo divino? Como entender a seguinte passagem do Gênesis? Depois de Deus ter criado o céu e a terra é que o percurso do tempo se inicia. "Ora, a terra estava vazia e vaga, as trevas cobriam o abismo e um vento de Deus pairava sobre as águas. Deus disse: 'Haja luz' e houve luz." Como entender esse *dizer* a partir do dizer humano, único que nos está disponível? Como esse "ato" opera na eternidade? Impossível, pois, separar o problema do tempo do problema da eternidade.

Uma passagem do livro sobre a Trindade nos chama a atenção. Depois de lembrar que as três pessoas da Trindade só podem agir conjuntamente, Agostinho comenta: "[O Pai, o Filho e o Espírito Santo] não podem se mostrar inseparavelmente mediante criatura muito díspar e principalmente corpórea, assim como mediante nossas vozes, que soam corporalmente; o Pai, o Filho e o Espírito Santo não podem ser nomeados, senão como distintos, por uma separação certa nos intervalos próprios de tempo que ocupam as sílabas dos respectivos vocábulos".[122] As três pessoas divinas são *nomeadas* por um ato do espírito humano que se desdobra num tempo sucessivo. Mas também não é o que acontece quando nomeio minhas três faculdades?

> E assim como, quando nomeio minha memória, meu entendimento e minha vontade, relaciono cada nome singular com uma vontade singular, *embora cada uma seja feita de todos os três*, pois nenhum desses nomes existe sem que nele operem simultaneamente *minha* memória, *meu* entendimento e *minha* vontade. Do mesmo modo, a Trindade simultaneamente operou a palavra do Pai, a carne do Filho e a pomba do Espírito Santo, embora elas singularmente se refiram às pessoas individuais. Por essa semelhança de algum modo se conhece que a Trindade inseparável em si mesma se mostra separadamente pela espécie/forma [aparência específica] da criatura visível, e também que a operação inseparável da Trindade existe nas coisas singulares, às quais se diz que pertence mostrar propriamente o Pai, o Filho ou o Espírito Santo.[123]

---

122. *De Trinitate*, IV, 21, 30.
123. Idem, IV, 21, 31, p. 388.

Mas esse ato de nomear as três faculdades descobre a unidade de seu conteúdo anímico, porquanto cada ato diz respeito ao *mesmo* processo de conhecimento visto do ponto de vista de seu objeto. No caso da Trindade, essa diversidade de operar pela voz, pela carne, pela pomba espiritual — esta reduzindo a diversidade das línguas a um único meio de expressão — funde-se na eternidade apresentando-se como unidade substancial na qual descobrimos o "movimento" das pessoas, o Pai gerando o Filho e, em virtude de sua misericórdia, fazendo com que ele se encarne e retorne aos céus revelando a potência do Espírito Santo. A análise filosófica descobre na linguagem e no movimento da alma falante os símiles que nos permitem pensar a Trindade. Nas pegadas que o Deus criador deixou no mundo criado, o homem encontra sinais, augúrios que podem levar ao conhecimento de Deus. Mas, para que esse caminho seja percorrido, todas as palavras são vistas da ótica do nome, ou melhor, do nome de Deus, que é aquilo que é, antes de ser o Deus dos patriarcas.

É nesse contexto que se processa a análise agostiniana do tempo. O tempo marca uma das dimensões da miséria humana, mas, quanto mais compreendemos seus limites, mais nos aproximamos do caminho que nos libera dela. Como dizem os comentadores, o tempo da finitude é também o tempo da economia da salvação, mas não é por isso que se devem perder de vista os percalços inerentes à temporalidade. Por sua vez, a análise teórica vale sobretudo porque induz a procura da paz interior e a busca da felicidade terrena. Por isso ela se faz em dois níveis; no primeiro procura na temporalidade os traços, os sinais, da eternidade, pergunta pelo *ser* do tempo; no segundo considera a maneira pela qual o tempo é medido em termos do presente, do passado e do futuro, isto é, enquanto ele passa.

Se partirmos desse segundo aspecto do problema, precisamos investigar como o movimento, em particular o movimento dos astros, serve de medida do tempo. Ora, existe uma circularidade nesse procedimento, a medida do movimento do Sol depende da definição da medida do dia — este significa o intervalo que vai desta aurora até a próxima aurora, ou metade dele, se a noite é separada do dia? No entanto, se imaginássemos que os astros parassem, outro movimento, por exemplo, aquele da roda de um moleiro, não serviria para marcar o tempo? Note-se um ponto essencial no argumento: Agostinho não separa a temporalidade do padrão, da regra, da temporalidade medida do caso. Do mesmo modo que é possível perguntar se o metro — aquela barra de platina conservada em situações muito especiais no Museu de Artes e Ofícios de Paris — tem *um* metro, também é possível perguntar se o padrão temporal — seja a revolução do Sol em torno da Terra, seja a roda do moleiro — possui a medida responsável pela mensuração. Dada a definição do dia, seria impossível perguntar: a medida dia mede um dia? A resposta depende de como o padrão pode ser multiplicado. Outro exemplar do metro de Paris, suponhamos, depositado em São Paulo, poderia medir variações de comprimento naquela barra de platina conservada em Paris se ela estivesse sob condições não previstas no momento de sua instalação. A dificuldade foi apenas transferida para outro lugar. Do ponto de vista lógico, importa mostrar como se diferenciam o padrão mensurante e o caso mensurado. Mas já sabemos que no absoluto, na Verdade, a regra e o caso se confundem; a diferença lógica desaparece no plano ontológico.

Agostinho passa, então, a investigar o ser do tempo. O ponto de partida é a diferença entre sílabas breves e longas de que se compõem as palavras faladas. Uma sílaba não é breve nem longa em si mesma, mas na diferença de modulação. A mesma palavra pode ser pronunciada duas vezes de tal maneira que, na primeira, uma sílaba longa seja mais curta do que aquela breve na segunda locução. Para não voltar às aporias da medida, Agostinho se volta, pois, para a distensão da alma enquanto as palavras são pronunciadas. Em que sentido, porém, toma "distensão", termo inegavelmente equívoco? Importa-lhe como a alma, *distendendo-se*, aprende o curso do presente indo para o passado e se faz expectativa do futuro. É nesse ponto que a fenomenologia do século XX se demorará: Edmund Husserl e Maurice Merleau-Ponty tratarão de examinar as condições da *consciência* do tempo. Mas Agostinho pretende ir além do jogo entre o passado, o presente e o futuro, pois lhe importa descobrir nele os sintomas na *distensão*, isto é, na dispersão dos pontos temporais, de uma *intenção* identificadora que vai além da própria alma. Os modernos se reportarão a um eu cuja unidade é condição de qualquer pensamento se desdobrando num tempo, isto é, a um eu transcendental. Agostinho, obviamente, pretende ir mais longe: a tensão entre a distensão de como tomamos ciência do curso temporal e a intenção de unificá-lo vai além da própria alma, o que tanto mostra a necessidade de sua conversão, o que já indica nela a presença inefável, indizível, da eternidade.

7.

A busca do conhecimento da natureza do tempo deságua, pois, na procura do "conhecimento" de Deus. A ciência se encaminha para a teologia, sem contudo se negar inteiramente, pois nas entranhas desse conhecimento, principalmente daquelas da alma racional, se encontram os indícios do ser de Deus. Estamos longe do Deus de Platão, a Forma do Bem, responsável pela comunicação das Formas e das sínteses que fabricamos com nossos signos; ainda mais longe do Deus aristotélico, do motor imóvel que se pensa a si mesmo e se move graças à sua existência paradigmática. Embora Agostinho se aproxime de Platão, o fato da encarnação transforma seu platonismo, mesmo na versão de Plotino, num modo de pensar em que o Verbo encarnado é, ao mesmo tempo, norma e caso: o Cristo visível, corporal e falante, é também invisível e eterno. Aquele ideal que postula a identidade do inteligir com o inteligível se converte numa Ideia, num princípio do conhecimento e da prática humana que, a cada passo, se coloca como parâmetro e, simultaneamente, como motor de cada criatura. O critério é o caso e vice-versa.

Agostinho encontra essa dualidade de Deus nos textos do Antigo Testamento. Moisés, depois de ter sido encarregado de liberar o povo de Israel escravizado no Egito, pergunta a Deus o seu nome; somente assim, pensa ele, poderia legitimar a mensagem que havia recebido. A resposta é um eterno desafio para os intérpretes.[124] Convém enunciá-la nos termos de Agostinho. Num sermão, de acordo com seu costume, interpela o próprio Deus a respeito de seu sentido: "O que é isto, ó Deus nosso senhor? meu senhor? Como tu te chamas? — Eu me chamo *É*, responde ele. — Mais ainda, o que querem dizer essas palavras: Eu me chamo *É*? — Que permaneço na eternidade, porque não posso mudar". Com efeito, acrescenta Agostinho: "o que muda não é porque não permanece. Pois o que é permanece. No que respeita àquilo que muda, ele foi algo e será algo, mas não é, porque mutável. Eis por que a imutabilidade de Deus se faz conhecer pela palavra: '*Ego sum qui sum*'".[125]

Deus é o "é" por excelência, como o Bem é o Bem de todos os bens. Jeová, antes de ser nomeado, *é* Deus, vem a ser o próprio *ser*. Mas para o cristão esse seu ser é trino, apresenta-se como três pessoas, sendo que uma delas, o Filho, *é*, ao mesmo tempo, filho de Deus e de Maria, essência e essência encarnada, que passa pelo

---

124. Êxodo 3,13-5.
125. Sermão VI, 3, 4, em Étienne Gilson, *Saint Augustin, philosophie et Incarnation*, Genebra: Ad Solem, 1999, p. 13.

tempo a despeito de ser eterno. Para um grego o devir se solda à presença da matéria incriada, eterna, junto das Formas, de sorte que um não-ser rói o ser, seja ele já posto pela multiplicidade das Formas platônicas se combinando para fazer reluzir a presença do Bem, seja nos múltiplos sentidos do ser, segundo Aristóteles, que, depois de colocar essa diversidade, ainda indaga pelo ser enquanto ser. Agostinho projeta na divindade, na sua eternidade, os problemas colocados por uma teoria do ser. Deus é imóvel, sua eternidade não se reduz à monocórdia repetição do tempo, mas num ser que se revelou para nós numa unidade trina. Os paradoxos a que o pensamento chega ao se ocupar da relação do ser com o devir servem de ponte para que se pense a divindade.

O próprio Deus, na sua misericórdia, entende as dificuldades do pensamento humano e, depois de se anunciar como ser, ainda acrescenta: "Eu sou o Deus de Abraão, o Deus de Isaac e o Deus de Jacó que me enviou até vós, este é meu nome na eternidade e esta minha memória de geração em geração". De um lado, Deus se chama o próprio ser, identifica-se com ele; de outro, se mostra, se revela como o Deus dos patriarcas hebreus, cuja lembrança é aquela que perdurará para sempre. Deus se dá assim para nós sob dois aspectos, tal como é por si mesmo, enigma a ser compreendido, e tal como, graças à sua misericórdia, se dá para os homens, na sua palavra encarnada e nos vestígios que dele se encontram na criação.

De maneira mais candente esses vestígios se encontram na alma daquela criatura criada à imagem e à semelhança de Deus. A *mente (mens)* é matriz do *conhecer (notitia)* que, por sua vez, é ponderada pelo *amor (amor)* de si e pelo amor de Deus. Três aspectos de um mesmo que, bem interpretados, anunciam as três pessoas da Trindade identificando-se numa mesma substância. Mas a mente só pode funcionar porque tem memória (*memoria*), que permite ao intelecto (*intelligentia*) inteligir e se mostrar *esco-*

lhendo e *decidindo* seu próprio caminho (*voluntas*). Por fim, a lembrança é no fundo memória de Deus (*memoria Dei*) que intelecciona (*intelligentia*) o papel *ponderante* do amor (*amor*), princípio de si e de todos. Três formas da mesma substância que se mostra em três formulações dos três termos fundamentais.

Revela-se o sentido profundo das *Confissões*: o conhecimento das coisas depende do conhecimento de si, que, por sua vez, depende do reconhecimento de Deus, na sua glória e na sua misericórdia. Essa história segue os mesmos passos, seja como história pessoal, seja como história universal. Em 24 de agosto de 410 Alarico invade e saqueia Roma. Todo o antigo império treme ao ver cair o signo de sua inexpugnabilidade. Não seria porque abandonou os antigos deuses do paganismo? Outra vez Agostinho sai em defesa de seu Deus e de sua Igreja, escrevendo *A cidade de Deus*. Aquela cidade que era, para os primeiros filósofos gregos, o foco da vida individual, ou que se apresentava, para os pensadores helenistas, como a cidadela interior, o império que cada um carregaria consigo se fosse sábio, se converte na comunidade de todos aqueles seres humanos que, renunciando aos pecados, se integram na comunidade, na comunhão de Deus. E assim se distingue a cidade humana da cidade divina, onde, pela primeira vez no Mediterrâneo todos os seres humanos, convertidos ou ainda pagãos, possuem o mesmo título de cidadania.

PARTE II
O TERRENO MINADO

1. Uma lógica da vida: Nietzsche

1.

Se Agostinho é o maior dos primeiros filósofos cristãos, Friedrich Nietzsche é o primeiro dos filósofos radicalmente anticristãos. Mas não é somente por isso que recomeçamos nossos exercícios nos debruçando sobre ele. É que Nietzsche alicerça seu rico pensamento pondo em xeque um dos princípios básicos da filosofia ocidental: a simples busca pela verdade. Antes que se possa afirmar que isto seja verdadeiro ou falso, é preciso fazer uma avaliação determinando o valor do estado de coisa considerado. Ora, essa avaliação há de ser feita de boa-fé, o que transpõe o problema da verdade para o campo da moral. Esse vínculo do problema da verdade com questões morais nos interessa particularmente, visto que confere um sentido muito peculiar aos primeiros passos do conhecer. Nos autores já estudados vimos esse conhecer dependendo previamente de uma articulação das coisas desenhada por uma tábua das categorias. Na medida em que Nietzsche vê os princípios lógicos e as estruturas linguísticas nascendo de um longo processo histórico desenhado pela luta entre pulsões fortes e fracas, que, no nível dos humanos, resulta numa práxis que vai muito além daquela apresentada pelas representações dos entes, retira das categorias — das várias formas de dizer o ser — qualquer validade normativa:

> Essas categorias foram reunidas, apresentadas à consciência como formando um todo — e foram feitas mandamentos, quer dizer, elas agiram ao modo de mandamento [...]. A partir de então, elas tiveram o valor do *a priori*, ficando além da experiência: indemonstráveis. E no entanto elas talvez nada mais exprimissem além de uma finalidade racial e genérica determinada. A sua "verdade" consiste simplesmente em sua utilidade.[126]

As questões a respeito das categorias nos têm servido de fio condutor para atravessar os sistemas filosóficos que andamos a estudar. Nietzsche vem retirar o tapete por onde temos andado, afirmando que a transformação de certos conceitos em *a priori*, a conversão do que é em o que deve ser implica uma torção indevida do pensar, aliás, já inscrita nele na medida em que lida com conceitos, isto é, universais, cuja construção depende de uma avaliação e de uma generalização que esquece a potência do que é dado. A verdade desses conceitos não residiria, pois, apenas na sua utilidade? Não seriam as categorias nada mais do que imperativos disfarçados? Se assim o for, é todo o trabalho do filósofo e o estatuto de seu texto que está sendo posto em xeque. O filósofo e o pesquisador da verdade, assim como a dimensão científica da própria filosofia não estariam lidando antes de tudo com imperativos encapuzados? Qual-

---

126. (*Kritische Studienausgabe*) KSA, VIII, 14 [105]. Cf. Gérard Lebrun, *O avesso da dialética*, São Paulo: Companhia das Letras, 1988, livro com o qual também vamos dialogar neste texto.

quer estruturação do pensar e do dizer há de se mostrar insuficiente quando procura tão só dizer o que as coisas são além de suas aparências. Mas não é essa dicotomia entre essência (ser) e aparência que precisa ser eliminada? Não é isso que nos ensina o acontecimento mais extraordinário do mundo moderno, a morte de Deus? A morte de qualquer transcendência? O que vige é o vir-a-ser na sua constante transformação, sem deixar nenhum ponto fixo definitivo que abrisse espaço para uma ontologia ou uma teologia.

Deixando de lado a evolução do pensamento nietzschiano, pinçaremos tão só alguns de seus temas para mostrar como elabora um discurso filosófico que pretende se mover além dos constrangimentos da lógica formal, em particular da teoria da predicação. Antes da oposição entre verdadeiro e falso, que depende por sua vez da oposição entre bem e mal, operam valorações que demarcam o solo do discurso e tais valorizações serão entendidas como pulsões de vida. Antes dessas oposições opera a valoração do bom como ato de afirmação do viver. Mas esse ataque à lógica não se faz de uma ótica muito particular? Quer traçar uma explicação do juízo que não dependa da noção de substância, tal como tinha ensinado a tradição aristotélica. Depois de Arthur Schopenhauer ter escrito *O mundo como vontade e representação*, seus leitores deram ênfase a esta ou àquela face do mundo. Nietzsche parece apostar todo o peso de seu pensamento na noção de vontade, mas, como veremos, o jogo da vontade depende de um processo de nomear onde a palavra-nome funciona essencialmente como representação. A despeito de dar toda a ênfase à noção de vontade, sua teoria do nome é representativa, pois nome é imagem. Para se livrar da noção de substância, não termina reatando com uma teoria do juízo que se aproxima do psicologismo da escola de Port-Royal, legítima herdeira da teoria das ideias, tal como foi formulada por Descartes? Mas, evitando o psicologismo, o que seria responsável pela síntese predicativa?

2.

Para Nietzsche o conhecimento é determinado por um impulso (*Erkentnistriebe*), que encontra na vida sua fonte e sua medida. Para viver, os seres precisam aceitar certos ajustes, situações mais ou menos equilibradas — as chamaremos de "equilibrações" —, que resultam do jogo dos indivíduos mais fortes com os mais fracos. Mas, a partir do momento em que esses pontos foram transformados no real por excelência, tomados como medida e fonte da mudança, apresentando critérios para o que vem ao caso, o efetivo, o vir-a-ser, foi transformado em imagens de uma realidade transcendente. Não foi isso que ensinaram Platão e Aristóteles? O europeu se encantou com a forma esvaziada de vida, chafurdou-se no nada, entregou-se assim ao niilismo, aspirando compensar o fluxo da vida — das "aparências" — pela exaltação da *vita beata*, plena entrega à contemplação do eterno. O cristianismo, platonismo dos pobres, veio reforçar essa tendência, que terminou na crise da modernidade. Hoje ela se mostra sobretudo no romantismo pessimista e no positivismo contemporâneo, que se contenta com fatos sem aquele vigor que lhes permitem ir além de si próprios.

No lugar de um fundamento cognoscível do real, de um logos articulado e articulante, cabe afirmar, então, o valor fundamental da vida, que não por isso se tornaria fundamento como pensam os metafísicos. Em vez do princípio da razão suficiente, temos o princípio do fluxo vital, que não flui sem percalços que o fortifiquem, que não existe se não estiver superando-se a si mesmo. A verdade tem sentido porque corresponde a uma vontade, a uma afirmação de um ponto de vista. Desde que não se entenda por "vontade" o empuxo finalista de fazer valer uma representação, desde que não se transforme o "querer" num caminhar que vise alguma meta exterior a ele próprio. O querer vale pelo simples querer, caracteriza-se, como veremos logo mais, como vontade de potência configurando a existência de qualquer ente, vontade que não busca a potência, mas que se resolve em si mesma como potencialização, vale dizer, com impulso de ir além de si própria, de ser mais do que sua mera igualdade. É sempre *autossuperação*. Mas o que Nietzsche entende por igualdade para que ela possa ser diferente de si mesma? Como ser igualando-se além de si mesmo, como valor. Aqui, entretanto, não sentimos o perfume da metafísica, contra a qual Nietzsche lançou todas as suas armas?

No entanto, se a verdade, antes de ser sinônimo de autenticidade (a verdadeira maçã), ou dizer respeito a um valor da proposição, se enraíza numa vontade do verdadeiro, por que não querer simplesmente o falso? Essa é a primeira pergunta de Nietzsche ao iniciar seu livro *Além do bem e do mal* (1885-86). Quando se analisam os preconceitos que animam o trabalho dos filósofos, percebe-se que eles metafisicamente acreditam no papel constituinte da oposição dos valores, justamente eles que, por profissão, deveriam prezar a dúvida radical. Daí a importância para nós de nos livrar das oposições entre verdadeiro e falso, bom e mau, que emparelham os dois valores como se estivessem num mesmo nível, encruzilhadas onde os viajantes deveriam escolher o caminho a ser seguido.

Antes de perguntar pela verdade ou pelo ser verdadeiro, cabe então investigar o que está por trás da vontade pela verdade (*Der Wille zur Wahrheit*). No final das contas, quem (*Wer*) é este que nos coloca questões? O que (*Was*) em nós quer propriamente chegar à verdade? Ora, levantadas essas questões, torna-se legítimo questionar a precedência do verdadeiro sobre o falso, visto que este pode ser muito mais vital do que aquele.[127]

Note-se que essa questão interpreta torcendo a primeira frase

---

127. *Além do bem e do mal*, KSA, 5, 3, 1.

pela qual Aristóteles inicia seu livro sobre a metafísica. Todo homem, diz ele, por natureza (*physei*), tem o desejo (*oreontai*) de conhecer, como indica o amor que temos por nossos sentidos, mesmo quando vão além de seu uso prático, principalmente na medida em que nos dizem quão diferentes as coisas são.[128] Mas, se Aristóteles justifica o desejo da verdade pelo simples prazer que ela dá, Nietzsche vai enquadrar esse prazer numa vontade que só goza enquanto se supera. Em resumo, para Aristóteles, o desejo de verdade apenas movimenta a busca da verdade, de modo algum interfere no seu sentido, não intervém no desdobrar das categorias. Para ele o quadro das categorias não reflete este ou aquele episódio da história humana, a "história" do ser não se confunde com a história do vir-a-ser. O desejo de conhecer, incrustado na alma humana, Nietzsche o substitui pelo valor que o verdadeiro ou o falso tem para que o homem venha a se afirmar enquanto tal superando-se a si mesmo.

O exame das principais proposições da lógica, afirma Nietzsche, mostra que a maior parte delas provém de atividades instintivas (*Instink-Tätigkeinten*): "Por trás de toda lógica e de sua aparente liberdade de movimento, se erguem avaliações [*Wertschätzungen*] ou, para falar mais claramente, exigências fisiológicas que visam conservar certo modo de vida".[129] Ora, essas avaliações, tendo como princípio a afirmação da vida, isto é, a vontade de potência, nem sempre descartam o falso como prejudicial. Pelo contrário, o falso pode promover e enriquecer a vida, assim como as intempéries fortalecem a árvore frondosa.

O próprio Nietzsche se considera exemplo disso. Sua filosofia nasce de sua doença, de sua *décadence*, vale dizer, da falta de confiança na vida. É o que reafirma na sua autobiografia de 1888, já à

---

128. *Metafísica*, A, 980 a, 21.
129. *Além do bem e do mal*, KSA, 5, 1, 3.

beira da crise final, que, logo no início do ano seguinte, o levaria definitivamente para a loucura. *Ecce homo*, seu cartão de visita, tem como subtítulo *Como tornar-se o que se é*, em suma, como vir a ser vivo dominando a doença que o corrompe como corrompe a todos nós: "Pois sem contar que sou um *décadent*, sou também seu oposto. Minha prova disso é, entre outras, que instintivamente, contra os estados ruins, escolhi sempre os remédios certos, enquanto o *décadent* em si escolhe sempre os remédios que lhe são prejudiciais. Como *summa summarum* eu era sadio; como ângulo, como especialidade, eu era *décadent*".[130] Estar forçado a lutar contra as pulsões é a fórmula da decadência, desprezá-las em vez de encontrar nelas o êmbolo da superação. O *décadent* — não confundir com o decadente — é quem internalizou padrões de conduta que simplesmente o impedem de trabalhar suas pulsões. Já nesse nível das pulsões, entretanto, temos a capacidade de romper a crosta teórica e categorial que coíbe as paixões e nos confina numa especialidade. É possível, então, quebrar esse casulo e aceitar a vida e seu valor. Vida que lida com suas oposições, firma-se como vontade de ir além, capaz de transformar até mesmo a morte num momento de autoafirmação: "Todas as grandes coisas vão no fundo por si mesmas, por um ato de autossupressão; assim quer toda a lei da vida, a lei da necessária supressão que está na essência da vida".[131] A morte é movimento de superação, o niilismo a converte num limite definitivo ou simplesmente a nega quando a transforma na passagem para a vida eterna. Mas a *décadence* somente se exerce porque os mais fracos conseguem impor razões sociais que impedem os mais fortes de ir além. Note-se que o além-do-homem (*Übermensch*) não é um desregrado, um tirano desvairado. Sendo

---

130. *Ecce homo*, 1, 2, KSA, 6, p. 266; *Obras incompletas*, Coleção Os Pensadores, São Paulo: Abril Cultural, 1974, p. 378.
131. *Genealogia da moral*, KSA, 5, 3, 26; *Obras incompletas*, cit., p. 332.

capaz de operar além da bipolaridade do verdadeiro e do falso, assim como daquela do bem e do mal, fará dessa potência um querer novos valores, tratará de transvalorar os já existentes, conseguindo, desse modo, estruturar sua vida combinando vários pontos de vista para agir e pensar da forma mais efetiva.

Para curar-se, é preciso ser sadio no fundamento, e todos nós o somos: "Tomei-me em mãos, curei a mim próprio: a condição para isso — todo fisiólogo o admitirá — é que se é sadio no fundamento [*dass man im Grunde gesund ist*]".[132] E logo abaixo: "Assim de fato, me aparece agora aquele longo tempo de doença: descobri a vida como que de novo, inclusive a mim próprio, saboreei todas as boas mesmo as pequenas coisas, como não seria fácil a outros saboreá-las — fiz de minha vontade de saúde, de vida, minha filosofia...".[133] Não será muito interessante, vital diria o filósofo, estudar como alguns dos problemas mais fundos da filosofia, em particular a bipolaridade do conhecimento e da moral, são retomados desse ponto de vista fisiológico? Como essas dualidades se inscrevem no metabolismo (*Stoffwechsel*) entre a natureza e a humanidade?

3.

Tomemos seu primeiro livro, *O nascimento da tragédia no espírito da música*, de 1871 — o autor é ainda muito jovem, pois nascera em 1844. Mostra que, por trás da tranquilidade do saber grego, patrocinado pelo deus Apolo, encontra-se a efervescência do espírito de Dioniso, aquele deus que reiteradamente morre despedaçado e sempre renasce numa celebração da vida. Nietzsche

---

132. *Ecce homo*, KSA, 6, 1, 2, p. 266; *Obras incompletas*, cit., p. 378.
133. *Ecce homo*, KSA, 6, 1, 2, p. 267; *Obras incompletas*, cit., p. 378.

sublinha na tragédia grega o papel do coro, eco da exaltação dos sátiros, a celebração das bacantes, dessas adoradoras de Baco:

> O consolo metafísico — que nos deixa, como já indico aqui, toda verdadeira tragédia — de que a vida no fundo das coisas, a despeito de toda mudança dos fenômenos, é indestrutivamente poderosa e alegre, esse consolo aparece com nitidez corporal no coro dos sátiros, como coro de seres naturais que vivem inextinguivelmente como por trás de toda civilização e que, a despeito da mudança de gerações e da história dos povos, permanecem eternamente os mesmos.[134]

Por mais que a tragédia encene o terror e a destruição, por mais que faça o elogio da embriaguez, do Eros, do amor renascente, tudo isso se vê configurado no espaço de um palco, alinhavado no que mais tarde Nietzsche chamará de grande estilo. O conflito entre o apolíneo e o dionisíaco pela primeira vez se configura na edificação da obra artística. Daí a importância da arte no pensamento nietzschiano, dessa primeira unidade estabelecendo uma justa proporção no interior de uma multiplicidade que por si só é caótica.

Ao longo desse pensamento a oposição dionisíaco/apolíneo passará por várias interpretações.[135] Elas foram marcadas pela polêmica que ele desencadeia, primeiro a favor do projeto da obra de arte total posto em curso por Richard Wagner, depois contra esse projeto. Em particular nota-se como a embriaguez dionisíaca vai cedendo o passo para a composição apolínea, que por fim é absorvida pelo próprio dionisíaco quando este se transforma na busca do grande estilo. A respeito dessa oposição,

---

134. *O nascimento da tragédia no espírito da música*, KSA, 1, 7; *Obras incompletas*, cit., p. 16.
135. Gérard Lebrun, "Quem era Dioniso", em *A filosofia e sua história*, São Paulo: Cosac Naify, 2006.

quando já está no seu último estágio, vejamos um fragmento publicado postumamente:[136]

> Com a palavra *dionisíaco* é expresso: um ímpeto à unidade, um remanejamento radical sobre pessoa, cotidiano, sociedade, realidade, sobre o abismo do perecer: o passionalmente doloroso transporte para estados mais escuros, mais plenos, mas oscilantes, [...] a grande participação panteísta em alegria e sofrimento, que aprova e santifica até mesmo as mais terríveis e problemáticas propriedades da vida; a eterna vontade de geração, de fecundidade, de retorno; sentido da unidade necessária do criar e do aniquilar.

E logo adiante: "Com a palavra *apolíneo* é expresso: o ímpeto ao perfeito ser-para-si, ao típico indivíduo, a tudo o que simplifica, destaca, torna forte, claro, inequívoco: a liberdade sob a lei".[137] De um lado, um ímpeto à unidade vibrante, de outro, o ímpeto sob a lei. Mas que legalidade? Como veremos, somente aquela do jogo da dominação equilibrada.

4.

Qual é, porém, o sentido dessas equilibrações, desses trampolins a partir dos quais os entes, em particular os homens, se lançam além de si próprios? Antes de tudo é preciso examinar a subordinação do critério da verdade à valoração moral. Num de

---

136. Sempre que possível, é melhor apoiar a interpretação de um filósofo nos textos que ele mesmo publicou. Isso não vale para o caso de Nietzsche, pois seus livros, em geral um conjunto de aforismos, têm invariavelmente na margem pensamentos que não foram incorporados ao texto.
137. KSA, 13, 14 [14]; *Obras incompletas*, cit., p. 401.

seus primeiros textos, de 1873, *Sobre verdade e mentira no sentido extramoral*, encontramos a tentativa de mostrar como a verdade, princípio do conhecimento, nada mais é do que expediente dos seres mais fracos procurando apaziguar, conter, a vontade de potência dos mais fortes, por conseguinte ela mesma uma potência. No curso da natureza, o intelecto humano, uma regulação do que é, aparece gratuitamente, sem finalidade orgânica; adquire, todavia, função na medida em que os mais fracos dele se apropriam para enfrentar as pressões dos mais fortes.

Nem todos os seres contêm o mesmo *quantum* de impulso vital, mas todos precisam da mesma resistência de outros para crescer. Na qualidade de meio para a conservação do indivíduo, em particular do mais fraco, o intelecto desdobra suas forças no disfarce (*Verstellung*), no deslocar de uma posição, na finta que desorienta o mais forte e faz com que aceite a paz social:

> porque o homem, por necessidade e tédio, quer existir socialmente e em rebanho, ele precisa de um acordo de paz e se esforça para que pelo menos a máxima *bellum omnium contra omnes*[138] desapareça de seu mundo. Esse tratado de paz traz consigo algo que parece ser o primeiro passo para alcançar aquele enigmático impulso à verdade. Agora, com efeito, é fixado aquilo que doravante deve ser "verdade", isto é, a descoberta de uma designação uniformemente válida e obrigatória das coisas, e a legislação da linguagem dá também as primeiras leis da verdade, pois surge aqui pela primeira vez o contraste entre verdade e mentira.[139]

E o mentiroso se aproveitará dessa estabilidade enganosa da verdade, dessa designação uniformemente válida e obrigatória das

---

138. "guerra de todos contra todos".
139. *Sobre verdade e mentira*, KSA, 1, 1; *Obras incompletas*, cit., p. 54.

coisas instituintes da linguagem para conservar seu lugar ao sol. A falsidade se resolve numa codificação da mentira, numa lógica falsificadora.

A linguagem nasce da designação de sensações, de nossas estimulações. O nome, como veremos, graças a um jogo entre os mais fortes e os mais fracos, desenha no fluxo sensível pontos fixos configurando-os como se fossem substâncias primordiais. A palavra se resolve, num primeiro momento, na configuração de estímulos nervosos em sons. No entanto, uma ilegítima aplicação do princípio de razão suficiente leva à conclusão de que existe uma causa além desse estímulo. Graças a essa metáfora inicial transformamos o estímulo nervoso numa imagem, conferindo-lhe uma substância que ele não possui. Em seguida, fazemos dessa imagem construída a imagem de uma coisa em si. Do mesmo modo formamos conceitos embaralhando as vivências primitivas e únicas com outras vivências, tudo sendo enquadrado numa mesma matriz. O conceito nasce, pois, dessa compactação do diverso num igual metafórico. Mas lembremos, como Nietzsche o dirá mais tarde: "Toda unidade só é unidade como oposição e concerto [*Zusammenspiel*] não diferente de como uma unidade humana é unidade".[140] Note-se que qualquer unidade é concertação, isto é, jogo resultante de relações desiguais entre forças desiguais, excluindo assim qualquer costura feita por uma categoria que venha dizer o que a coisa é.

A gênese da verdade se faz, portanto, antes do jogo do verdadeiro e do falso a operar no contexto do juízo; constitui-se como valor de conciliação que passa pelo deslize do engano. Antes da proposição verdadeira se encontra o valor verdadeiro entendido como falsificação. A maçã verdadeira, por exemplo, não é aquela que realiza a forma da maçã — pensar assim é cair no platonismo

---

140. Fragmento póstumo 1888, KSA, 8, 15 [118].

niilista —, mas aquela unificação de estímulos nomeada para que fortes e fracos possam viver em comum, no caso, comê-la sem tragédia.

> O que é a verdade, portanto? Um batalhão móvel de metáforas, metonímias, antropomorfismos, enfim, uma soma de relações humanas, que foram enfatizadas poética e retoricamente, transpostas, enfeitadas, e que, após longo uso, parecem a um povo sólidas, canônicas e obrigatórias: as verdades são ilusões, das quais se esqueceu o que são, metáforas que se tornaram gastas e sem força sensível, moedas que perderam sua efígie e agora só entram em consideração como metal, não mais como moedas.[141]

A estabilidade das coisas e das palavras provém de um acúmulo de erros que se mostraram benéficos para os homens; estabilidade que os fortes e os fracos aceitam para cada um exercer a potência que lhe cabe, sem que um anule o outro. Não se trata, de modo algum, de um acordo em que o mais forte, reconhecendo que o ardil do fraco poderia matá-lo, termina aceitando um contrato social igualitário, pelo qual todos seriam reconhecidos como agentes de direito e iguais perante a lei. O mais forte aceita a existência do mais fraco na medida em que dele precisa para continuar a exercer sua potência.

Graças a esses níveis de equilibração das imagens, as coisas ganham unidade, mas somente os mais fortes é que têm o direito de nomeá-las. Num texto bem posterior (1887), *Genealogia da moral*, depois de indicar como a síntese do juízo do conhecimento se resolve, por fim, numa enganosa síntese moral, depois de ter indicado que qualquer síntese depende de uma vontade de potência, Nietzsche, num simples parêntese, indica a força primordial

---

141. *Sobre verdade e mentira*, KSA, 1, 1; *Obras incompletas*, cit., p. 56.

que rege qualquer nomeação: "O direito dos senhores, de dar nomes, vai tão longe, que se poderia permitir-se captar a origem da linguagem mesma como a exteriorização de potência dos dominantes: eles dizem 'isto é isto e isto' [*das* ist *das und das*], eles selam cada coisa e acontecimento com um som e, com isso, é como tomam posse dele". O nomear afirma o "é" da existência como isto, como algo, e permite a repetição e a posse. Mas cabe suspeitar do conceito de coisa sendo: "As coisas não se comportam com regularidade nem segundo uma regra: não há coisas (elas são nossa ficção), seu comportamento não está submetido à coação de uma Necessidade. Aqui, ninguém obedece. O fato de uma coisa ser tal como é — forte, fraca, do jeito em que se encontra — não é, absolutamente, consequência de uma regra ou coação".[142]

Note-se que nunca a coisa se configura então como caso de uma regra, antes de tudo porque a regra é interpretada como nome de nomes. É o que já fica claro numas notas de 1873, publicadas postumamente. Vale a pena citá-las por inteiro:

> A essência da definição: o lápis é um corpo alongado e assim por diante. A é B. O que é alongado é igualmente colorido. As propriedades contêm apenas relações. Um corpo determinado é igual assim e assim a muitas relações. Relações não podem ser a essência, mas apenas sequências da essência. O juízo sintético descreve uma coisa segundo suas sequências, isto é, essências e sequências se identificam, isto é, uma metonímia. Também uma metonímia reside na essência de um juízo sintético, isto é, uma igualdade falsa. Isto é, as conclusões lógicas são ilógicas. Quando as presenciamos, excluímos a metafísica popular, isto é, aquela que considera os efeitos como causas. O conceito "lápis" é trocado com a "coisa" lápis. O "é" do juízo é falso, contém uma transferência, duas esferas

142. KSA, 8, 14 [79].

diferentes são justapostas entre as quais não pode se encontrar uma igualdade.[143]

Metonímia é um tropo pelo qual uma palavra passa a designar um objeto por uma de suas partes. É o que acontece quando se diz "copo" para uma bebida. Desde Platão e Aristóteles a forma de proposição é dita "algo como algo". Nietzsche vê nela uma metonímia pela qual algo é dito falsamente como algo, na medida em que um nome — que no fundo já é uma falsidade porque reúne uma multiplicidade numa unidade — se liga a outro num jogo de palavras. Por isso o juízo também pode ser dito uma crença de crenças, desde que cada crença não possua outra síntese a não ser a nominação. Mas o nomear, antes de ser ato de conhecimento, é manifestação de um querer. Por isso, em 1885 Nietzsche, levando em conta precisamente o desenvolvimento da aritmética, pôde dar uma nova formulação à forma geral do juízo: "O juízo não é mais originariamente como a crença em 'isto e isto *é* verdadeiro', mas 'justamente assim e assim é o que quero que isto seja verdadeiro!'".[144] A função predicativa da cópula apenas enuncia um ato de vontade de potência.

Note-se que essa crítica da lógica depende daquele pressuposto metafísico segundo o qual a unidade coisa é uma equilibração, uma forma de vontade de potência, ligada falsamente por uma imagem que se fixa então quando nomeada. A predicação, sendo um tropo, simplesmente enuncia um modo pelo qual se quer que o lápis seja colorido, uma totalidade posta como aparente pelo jogo de potência é querida como colorida, a fim de constituir uma crença de crenças que confere uma equilibração ao mundo. A crítica do conceito de substância, na base de uma no-

---

143. KSA, 7, 19 [426]. Os vários parágrafos foram integrados num só.
144. KSA, 11, 40 [7].

meação originária falsificadora, termina reduzindo qualquer legalidade, lógica ou natural, a um jogo querido de tropos. Leia-se uma passagem de *Além do bem e do mal*, quando Nietzsche, se apresentando como filólogo, nega às leis da natureza qualquer conteúdo real. Já que lhes falta um substrato substancial, nada mais são do que interpretações, não formam um texto articulado. Outro pensador poderia identificar outros sentidos nos mesmos fenômenos naturais regidos pelas leis da física, antes de tudo manifestações de uma vontade de potência. Mas isso também não seria outra interpretação? Por certo, mas assim a vida continua e mais efetiva já que qualquer ponto de vista fixo foi abolido.[145]

Um filósofo clássico arguiria contra Nietzsche que qualquer nome somente funciona numa linguagem, por conseguinte no contexto da proposição. Nietzsche, por sua vez, responderia que a linguagem, composta exclusivamente para fins de comunicação, é apenas uma parte e das mais pequenas da "razão" e da consciência, visto que também nos comunicamos por gestos e por olhares.[146] Além do mais, cada nome é uma espécie de *flash* de um fluxo, uma parada em vista do processo do conhecer. Mas essa imagem já falseia, porque apresenta um múltiplo como unidade, traz nela a marca da metonímia. Por isso todo conhecer é perspectivado, visto que suas imagens (suas palavras) iniciais já funcionam como tropos. O nome procura fixar um fluxo do vir-a-ser na coisa nomeada, o juízo procura fixar nesse fluxo um fato. Note-se que essa fixação é sempre nomear apoiando-se noutros atos de nomear. A conveniência de viver em rebanho transforma essas equilibrações no tecido do mundo. No entanto, no fundamento sem fundo do mundo se encontra apenas a vontade de potência e *nada mais*.

---

145. KSA, 5, 1, 22.
146. *A gaia ciência*, KSA, 3, 3, 354; *Obras incompletas*, cit., p. 224.

5.

O fluxo do vir-a-ser se nos apresenta como um *pathos* primitivo que vem a ser posto em imagens graças ao jogo dos mais fortes com os mais fracos. Nietzsche, esclarece Gérard Lebrun, está sustentando que

> a imagem pôde ser investida de um sentido, foi porque pertencia ao *pathos* "expansão-resistência" — o único a sugerir algo antes mesmo de se compreender o que quer dizer a imagem. O decodificar não pretende falar uma linguagem mais profunda ou mais "verdadeira". Contenta-se em remontar até o estoque metafórico mínimo, sem o qual jamais teria havido conteúdos alusivos do devir ou de determinado aspecto do devir, que pudessem depois ser constituídos como signos. Assim compreendida, a vontade de potência responde à pergunta: o que fez funcionar uma imagem?, de onde surgiram os "dados imediatos"? Mais do que uma *archê*, ela é uma indispensável *hylê*.[147]

Matéria, porém, que não se resolve num receptáculo, mas que, ao ser nomeada, junta-se a um fluxo de variações que lhe circunscreve seu sentido.

No que consiste então esse conceito de vontade de potência? A vontade não é pensada como faculdade capaz de fazer com que suas representações se transformem em regras criando seus casos, empuxo configurando coisas. Nem mesmo é "conceito", um universal. Consiste apenas num fundo sem fundo, num *quantum* de potência se relacionando com outro *quantum*, vontade de usar da violência e de se precaver contra ela, que se apresenta para nós como *pathos*, cujas unificações, seguindo os moldes da criação

---

147. Gérard Lebrun, *O avesso da dialética*, cit., p. 130.

artística e do estilo, vão permitir a aparente ordem do mundo e da linguagem. Não se confunde com a obsessão de sobreviver, sendo mera vontade na vida = X.[148] Portanto um indefinido que se faz conceito, teoria e prática. A vontade de potência

> é, antes de mais nada, o mais sóbrio dos léxicos, o mais econômico, no qual as figuras de sentido (imagens, conceitos) sempre podem ser retranscritas, de modo que temos a certeza de nunca dizer demais ao utilizá-las. Ela não permite "compreender" melhor os significados, menos ainda "explicar" melhor: apenas permite tornar a apreendê-los na medida em que foram produzidos por e para nossos afetos, na medida somente em que são criações da força de interpretar.[149]

Mas essas transcrições, graças ao jogo de espelho nos nomes nos juízos, se articulam em sistemas, em perspectivas, que passam então a falar de estados de coisa.

Por mais sóbrio que seja este léxico, "vontade de potência" é um nome que, como tal, desenha *uma* imagem de um fluxo movente. Por certo não nasce do exercício de uma faculdade da alma, mas se ajusta no *jogo* entre os mais fortes e os mais fracos. Apresentada, porém, como um nome, não deixa de funcionar como um tropo. Um mesmo nome se reporta a um estado de coisa que é uno enquanto estado e múltiplo enquanto fluxo. O nome designa *uma* vontade de potência que é oposição (*Gegenspiel*) e concerto (*Zusammenspiel*) de muitas vontades de potência. Müller-Lauter, no seu clássico livro *A doutrina da vontade de poder em Nietzsche*,[150]

---

148. Idem, ibidem, p. 134.
149. Idem, p. 132.
150. Wolfgang Müller-Lauter, *A doutrina da vontade de poder em Nietzsche*, São Paulo: Annablume, 1997.

examina as várias concepções do conceito de *Wille zur Macht*: como um e múltiplo, no singular, como o mundo e nada mais, como muitos mundos e o único mundo, e assim por diante. Cada um desses tópicos indica uma perspectiva pela qual *Wille zur Macht* deve ser considerada, formando o léxico que Lebrun aponta, mas igualmente formando um horizonte interpretativo do mundo.

Essa possibilidade de variar o sentido de *Wille zur Macht* está inscrita na própria função designativa do nome. Se é retrato fixo de um fluxo, funciona como um facho de luz iluminando um conjunto de um a vários elementos, conforme a perspectiva assumida. Num fragmento de 1888, esse nome aparece associado ao de "morfologia", que então apresenta as várias faces pelas quais a unidade é apresentada: vontade de poder como natureza, como vida, como sociedade, como vontade de verdade, como religião, como arte, como moral, como humanidade.[151] Outros fragmentos do mesmo período apresentam outras compilações.

No contexto da morfologia o nome "*Wille zur Macht*" designa um fluxo de coisas de um determinado ponto de vista, cada um deles ressaltando um aspecto importante do que essa potência é sendo. Esse jogo da unidade e da multiplicidade está inscrito no processo de dominação, por isso Nietzsche pode rejeitar qualquer legalidade, lógica ou natural, fora dele, já que o múltiplo revela como a linguagem juntou perspectivas do real, assumidas sob uma ótica mais ampla. Daí ser possível usar indiscriminadamente "potência" ou "poder" como tradução de *Wille zur Macht*, visto que cada uma das palavras portuguesas, se apanha um aspecto "real" do mundo, ou melhor, aquele aspecto que se firmou numa determinada cultura, sempre pode dizer mais ou menos do que está sendo efetivamente designado.

Num momento de sua exposição Müller-Lauter escreve: "To-

---

151. KSA, 14, 72.

dos os entes são concebidos por Nietzsche como estruturas de domínio, como *quanta* de poder hierarquicamente organizados".[152] Ora, tomar todos os entes como estruturas de domínio não é considerar o ente em sua totalidade (*im Ganzen*) como quer Heidegger, que daí conclui ser Nietzsche o último dos metafísicos? Costuma-se dizer que Müller-Lauter destrói definitivamente essa tese heideggeriana, uma vez que esmiúça os vários sentidos de "vontade de potência" sem que estes possam se reportar ao ser. Mas essa sucessão de imagens, ao serem coladas pela crença nas crenças, enfim, num juízo, não termina apontando para um fio, o nome "ente" (*Seiend*), que alinha todos os outros entes, os quais, embora não sendo, terminam costurando uma imagem de mundo? Não estamos próximos da tese de Heidegger, que faz de Nietzsche o último dos metafísicos?

Também Lebrun nega essa tese. Para tanto sublinha na vontade de potência antes de tudo o léxico, formas de nomear desenhando do fluxo do vir-a-ser determinadas imagens, unidades que podem ser transcritas sem que essa identidade seja posta como substância. Mas a nomeação da nomeação, por trazer em si um tropo, não traz consigo a síntese que os lógicos atribuíam ao "é" da predicação? Se essa sucessão de *flashes* abole a gramática, a linguagem assim construída termina afirmando valores, a despeito de todas as falsidades inscritas neles. E nesses valores residem potências, pulsões, que precisam ser mais do que já são. Para Nietzsche, a lógica somente funciona tendo como pressuposto a existência de casos iguais de uma regra, o que já é uma falsidade,[153] e isso é falso, mas não deixa de ser necessário para a vida em comum. Nega qualquer legalidade da razão, sem que possamos,

---

152. Wolfgang Müller-Lauter, *A doutrina da vontade de poder em Nietzsche*, p. 105.
153. Fragmento póstumo 1885, KSA, 11, 40 [15].

contudo, nos livrar dela: "O pensamento racional [*vernünftige Denken*] é um interpretar segundo um esquema que não poderíamos abandonar".[154] De onde nasce essa impossibilidade? Da necessidade do outro para que a potência possa ir além de si mesma, sendo que a partir dessa carência se constrói todo o arcabouço da linguagem, da ciência e da lógica. Cabe então ao genealogista fazer a história dessa impossibilidade que cobre o mundo de verdades questionáveis, mas cabe aos mais fortes, os prenúncios do além-do-homem, levar em conta esses limites para ultrapassá-los transvalorando todos os valores tradicionais. Sem nenhuma regulação de si e dos outros?

6.

Na luta para ir além de si mesmo cada um reconhece o devir se aglutinando em objetos, viventes, pessoas, deuses. Esse reconhecimento não é mero ato do entendimento, mas se enraíza num impulso afirmativo daqueles que podem e, por isso, têm o direito de agarrar pontos de equilíbrio para nomeá-los como existente. A partir da nomeação cada ponto de equilíbrio se socializa como existente. Cada ente é um feixe de impulsos vitais numa constante procura de equilibrações, ora predominando uma tendência, ora outra. As coisas físicas são basicamente compostas de atrações e repulsões. Os viventes são muito mais complexos, mas somente os humanos articulam suas vivências de modo a estabilizar um mundo e uma linguagem que fala dele. Mundo, como percebemos, que se resolve na vontade de potência se exercendo: "Este mundo é a vontade de potência — e nada mais".[155] Nesse contexto, nomear é

---

154. Fragmento póstumo 1888, KSA, 12, 5 [22].
155. Fragmento póstumo 1885, KSA, 11, 38 [12].

tomar posse de uma multiplicidade graças a uma síntese que constitui uma igualdade enganosa, aquilo a que somente os mais fortes têm direito, vale dizer, o poder superior de instituir para conviver com os outros e deixar que os outros sobrevivam.

Nós, seres orgânicos, iniciamos nosso relacionamento com cada coisa tendo em vista o prazer e a dor. Conforme essas diferentes emoções se nos tornam perceptíveis, vão sendo distinguidas substâncias diferentes,

> mas cada uma com um atributo, isto é, uma única referência a um tal organismo. — O primeiro grau do [pensamento] lógico é o juízo: cuja essência consiste, segundo a afirmação dos melhores lógicos, na crença. Na base de toda crença está a sensação do agradável ou doloroso, em referência ao sujeito da sensação. Uma nova e terceira sensação, como resultante das duas sensações singulares precedentes, é o juízo em sua forma inferior.[156]

Nietzsche reduz o juízo originalmente a duas crenças ligadas por uma crença superior, mas de tal forma que cada crença tenha sido gerada pela compactação de alguns estímulos agradáveis ou dolorosos em função da afirmação da vida. No lugar do eu transcendental operando a síntese entre as representações do sujeito e do predicado, como Kant pretendia, aparece uma superposição de crenças garantida pela economia da força vital. Qualquer relação sintática é anulada, sobrando apenas o jogo das crenças equilibradas na medida em que vão sendo nomeadas.

Note-se que mesmo prazer e dor deixam de ser radicalmente contrários diante da necessidade da vida de incorporar a ambos em seu processo de afirmação. Mas para tanto o organismo precisa se

---

156. *Humano, demasiado humano*, KSA, 2, 18; *Obras incompletas*, cit., p. 103.

desvencilhar da crença na causalidade assim como da vontade livre entendida como puro arbítrio: "Portanto: a crença na liberdade da vontade é um erro originário comum a todo ser orgânico, tão antigo que existe desde que existem nele as emoções lógicas [*die Regungen des Logischen*]; a crença em substâncias incondicionadas e em coisas iguais é, do mesmo modo, um erro originário, igualmente antigo, de todo ser orgânico".[157] A construção do engano do juízo, por conseguinte do intelecto, ilusão necessária para que os mais fracos possam sobreviver à afirmação dos mais fortes, se faz por sucessivas negações do perspectivismo radical posto pela vontade de potência: primeiro, construindo a ilusão da substância — a que corresponde a falsa crença na coisa em si —, em seguida, transformando as "emoções lógicas" em estruturas linguísticas.

Essa transformação enrijece as forças vitais no pensamento: "Os pensamentos são forças. A natureza se dá como um conjunto de relações de forças: são os pensamentos, processos lógicos absolutamente seguros, onde falta qualquer possibilidade para o erro. Nossa ciência tomou esse caminho: descobrir em geral as formas lógicas e nada mais".[158] Essa genealogia do intelecto e do conhecimento, assim como dos princípios lógicos, é constantemente reafirmada ao longo da carreira de Nietzsche, mas também tem seu avesso. N'*A gaia ciência*, de 1881-82, esse procedimento se mostra ligado a um projeto de ler a própria ciência do ponto de vista da vontade de potência. O conhecimento passa a valer como afirmação de um fato que se resolve numa sucessiva sequência de erros, alguns dos quais se revelaram favoráveis à humanidade:

> Tais errôneos artigos de crença, que eram sempre legados mais adiante e afinal se tornaram quase o espólio e o fundo comum da

---

157. Idem.
158. Fragmento póstumo 1884, KSA, 11, 26 [38].

humanidade, são, por exemplo, estes: que há coisas que duram, que há coisas iguais, que há coisas, matéria, corpos, que uma coisa é como aparece, que nosso querer é livre, que o que é bom para mim também é bom em e para si. Só muito mais tarde vieram os que negavam e punham em dúvida tais proposições — só muito mais tarde veio a verdade, como a forma menos forte do conhecimento [...]. Mais ainda: aquelas proposições se tornavam, mesmo no interior do conhecimento, as normas segundo as quais se mediam "verdade" e "inverdade" — até nas regiões mais remotas da lógica pura. Portanto, a força do conhecimento não está em seu grau de verdade, mas em sua idade, sua incorporação, seu caráter de condição de vida.[159]

O texto continua lembrando que sempre houve pensadores de exceção, como os eleatas, que contrariaram os erros naturais, acreditando ser possível "viver esse contrário". Em resumo, além da bipolaridade do verdadeiro e do falso e, de um ponto de vista mais amplo, além da bipolaridade do bem e do mal se colocam os pensadores de exceção, aqueles que se vacinaram contra o niilismo, e percebem que antes dessas bipolaridades operam valorações que como tais vivem seus contrários, afirmam-se na disputa, no *agon* da vida, quando até mesmo o mais forte necessita da resistência do mais fraco para ir além de si próprio.

As proposições lógicas são, pois, imperativos biológicos cristalizados, a rigidez delas somente pode ser conquistada por causa da enormidade dos erros acumulados. Em particular, aqueles indivíduos, incapazes de subsumir o particular no falso universal posto como medida, tinham menor condição de sobreviver num mundo dominado pelo niilismo.

---

159. *A gaia ciência*, III, KSA, 3, 3, 110; *Obras incompletas*, cit., p. 208.

A tendência preponderante, porém, a tratar o semelhante como igual [*das Ähnliche als Gleich zu betrachten*], uma tendência ilógica — pois não há em si nada igual — foi a primeira a criar todos os fundamentos em que se assenta a lógica. Do mesmo modo, para que surgisse o conceito de substância, que é imprescindível para a lógica, mesmo se, no sentido mais rigoroso, nada de efetivo lhe corresponde — foi preciso que por longo tempo o mutável das coisas não fosse visto, não fosse sentido; os seres que não viam com precisão tinham uma vantagem diante daqueles que viam tudo "em fluxo".[160]

Notem-se aqui dois pontos capitais. A lógica, assim como toda linguagem, teria nascido da nomeação, que não se resume no processo de colocar etiquetas sobre as coisas, porquanto as coisas como tais não existem previamente identificáveis. O efetivo é o fluxo. Mas a sobrevivência da luta dos fracos contra os fortes — estes não dispensando essa luta que os reafirma como fortes — depende da aglutinação das semelhanças em igualdades. Sabemos que a semelhança é vista como uma relação que junta coisas já existentes, enquanto a igualdade indica uma coisa posta, em geral, mediante dois nomes diferentes. Nietzsche interpreta essas diferenças lógico-semânticas como se proviessem do engano, vantajoso para todos, que trata o semelhante como um igual, transformando uma relação, em que os termos se movem no mesmo plano, na posição de algo existente, no encobrimento das coisas sendo em fluxo para que se mostrem identitárias. Elas recebem um nome, que já é, no fundo, uma falsificação, um fixar de um fluxo que nunca para. Como sempre, as diferenças estruturais são reduzidas ao jogo de tropos, de figurações verbais. Como veremos, Wittgenstein seguirá o caminho inverso: são as relações estruturais que serão interpretadas como jogos. Daí a necessidade de supor objetos relativamente

---

160. *A gaia ciência*, III, KSA, 3, 3, 111; *Obras incompletas*, cit., p. 209.

simples necessários aos exercícios de cada jogo. Quando comparamos esses dois filósofos, é como se um lesse, no espelho, a explicação do outro. Mas, para ambos, a referência é conquistada e não depende da unidade da substância.

No entanto, os mais fortes, aqueles capazes de reformular valores, estão livres para sacudir qualquer tradição. Essa ideia já aparece nos primeiros textos:

> Aquele descomunal arcabouço e travejamento dos conceitos, ao qual o homem indigente se agarra, salvando-se assim ao longo da vida, é para o intelecto que se tornou livre somente um andaime e um joguete para os seus mais audazes artifícios: e quando ele o desmantela, entrecruza, recompõe ironicamente, emparelhando o mais alheio e separando o mais próximo, ele revela que não precisa daquela tábua de salvação da inteligência e que agora não é guiado por conceitos, mas por intuições.[161]

Não é que os mais fortes desprezariam o arcabouço do intelecto, pelo contrário, apropriam-se da arma dos mais fracos para fazer valerem, ou melhor, trabalharem as intuições que os guiam. Procuram um novo território para sua atuação e um outro leito do rio, e o encontram no mito e, em geral, na arte.[162] A genealogia dos conceitos não implica passo atrás, não deve desaguar no intuicionismo cego, na mera afirmação do imediato ou do puro acontecimento, violência da potência, mas abre espaço para que se compreenda que além dos valores da verdade e da moral se coloca, já num primeiro momento, o edifício da obra de arte.

Não se trata da mera afirmação do intuitivo e do individual, muito menos da apologia do erro. Já no *Nascimento da tragédia*,

---

161. *Sobre verdade e mentira*, KSA, 1, 2; *Obras incompletas*, cit., p. 59.
162. *Sobre verdade e mentira*, KSA, 1, 2; *Obras incompletas*, cit., p. 58.

Nietzsche não se contenta em opor dionisíaco e apolíneo, tenta ainda mostrar como os dois opostos se fundem na constituição de uma estrutura artística. Convém, entretanto, salientar desde logo que a obra é vista da perspectiva do artista, do ato criador, de sorte que, se há estrutura, ela é estilo como abertura para a ultrapassagem. Numa passagem publicada em 1888, portanto um dos seus últimos escritos, Nietzsche indica as condições da invenção artística: "Para que haja arte, para que haja de alguma maneira uma atividade e uma visão estética, uma condição fisiológica é imprescindível: a embriaguez [*Rauch*]. Primeiro a embriaguez deve ter intensificado a excitabilidade de toda máquina: não há arte sem isso".[163] Nessa época pode ainda escrever: "A arte nos lembra a condição do vigor animal; ela é, de um lado, o excesso e a difusão da corporeidade florescente no mundo das imagens e dos desejos, de outro, o estímulo da função animal mediante imagens e desejos da vida petrificada; — uma elevação do sentimento de vida, um estímulo para ele".[164] Nessas condições, "*a arte nada mais pode ser do que a afirmação do mundo [Welt-bejahung]*".[165]

Em suma, sempre se procura chegar a um estado de espírito corporificado que faz com que o criador vá além de si mesmo. Mas para isso não pode se diluir, e sim confirmar-se como potência criadora, impulso dionisíaco em busca de uma forma que, em vez de esvaziar o objeto criado, faz com que ele próprio provoque no observador um empuxo de ascensão, juntando criação e percepção estética: "A beleza para o artista é algo fora de qualquer hierarquia, simplesmente porque na beleza os contrários são domados, signo supremo da potência, do triunfo efetivado contra a realidade oposta; isto sem qualquer tensão: — que ne-

---

163. *Crepúsculo dos ídolos*, KSA, 6, p. 116.
164. Fragmento póstumo 1888, KSA, 12, 9 [102].
165. Fragmento póstumo 1885, KSA, 40 [60].

nhuma violência seja necessária, que tudo *siga, obedeça* com facilidade, prestando-se a obedecer de modo mais amável — eis o que lisonjeia, no artista, a vontade de potência".[166] A obra de arte vale, pois, como robusta afirmação do concreto ir além de si mesmo de modo harmônico. Nada tem a ver, portanto, com as idealizações platônicas, as negações da realidade visível para validar uma falsa visibilidade abstrata. Muito menos, com a descoberta da verdade. Mais ainda, tende a contradizer o niilismo predominante na cultura contemporânea. Niilismo, mancha da vontade de potência, que herdamos dos ensinamentos de Sócrates e de seus discípulos *décadents*.

7.

Voltemos às questões lógicas tendo agora no horizonte esse momento estável constituinte da obra de arte, vale dizer, do impulso dionisíaco domado pelo estilo. Poderemos passar então da ilusão da lógica para a ilusão da ontologia — ousando usar uma linguagem não nietzschiana — e examinar como todo ente se reduz à vontade de potência se estilizando.

Se a vontade do verdadeiro nasce de um arranjo dos mais fortes, que se apropriam de uma arma dos mais fracos para reafirmarem sua vontade de potência; se genealogicamente, ou ainda, fisiologicamente, nasce de um impulso que se resolve no reforço de seu próprio bem, a verdade e o conhecimento somente se fazem compreender completamente no nível das avaliações morais. Antes da síntese predicativa, ou de qualquer outra síntese que possa substituí-la, se esconde a constituição, a gênese "fisiológica" do valor verdade, cujas raízes se encontram na afirmação da vida que

---

166. KSA, 8, 15, 91.

vai além de si mesma, por conseguinte progredindo além do bem ou do mal moral. Por isso essa constituição pode integrar os momentos da mentira e da falsidade. As "emoções lógicas" tão só se explicam pelo jogo do bem e do mal, que somente permanece como jogo se for abertura dessa oposição. Cabe então perguntar: como se forma o valor "bom", vale dizer, a falácia de seu conceito e a primeira forma falsificadora de sua medida, de seu juízo?

Nietzsche inicia sua *Genealogia da moral* criticando os empiristas ingleses que reduzem a estimativa do valor a uma questão de utilidade. Mas o ser útil é diferente para os fortes e para os fracos, não é o mesmo para os vencedores e para os vencidos, cuja sobrevivência depende de um jogo para controlar os mais fortes. Para aqueles, contudo, que precisam tomar distância para ter "o direito de criar valores, de cunhar nomes dos valores: que lhes importava a utilidade!". E Nietzsche continua logo em seguida: "O *pathos* da nobreza e da distância, como foi dito, o duradouro e dominante sentimento global e fundamental de uma espécie superior de senhores, posta em proporção com uma espécie inferior, com um 'abaixo' — essa é a origem da oposição 'bom' e 'mau'".[167]

Vale a pena nos deter nessa passagem. Para que um valor seja criado, uma unidade significativa, mensurante e existencial seja estabelecida, é preciso, antes de tudo, tomar distância da situação imediata e concentrar forças suficientes para impor a primeira metáfora do diverso que é o nome. Somente os sobranceiros são capazes desse esforço e, por isso mesmo, são os primeiros a ter o direito de nomear. E, antes de tudo, afirmam-se a si próprios como "bons", medindo-se com uma espécie inferior, com os de baixo. A medida de si, genealogicamente, é anterior à mensuração com o outro, medida que se resume num dizer-sim a si mesmo:

---

167. *Genealogia da moral*, KSA, 5, 1, 2; *Obras incompletas*, cit., pp. 307-8.

> Enquanto toda moral nobre brota de um dizer-sim a si próprio, a moral de escravos diz não, logo de início, a um "fora", a um outro, a um não mesmo, e esse "não" é seu ato criador. Essa inversão do olhar que põe valores — essa direção necessária para fora, em vez de voltar-se para si próprio — pertence, justamente, ao ressentimento: a moral de escravos precisa sempre, para surgir, de um mundo oposto e exterior, precisa, dito fisiologicamente, de estímulos externos para em geral agir — sua ação é, desde o fundamento, por reação.[168]

Note-se que esse dizer-sim não se resume no ato de falar, apresenta-se sobretudo como confirmação de si próprio e, como veremos logo em seguida, aceitação maravilhada do eterno retorno.

Compreende-se que o primeiro ato para ir além da polaridade entre o bem e o mal, o início da transvaloração de todos os valores, seja uma autoafirmação concomitante com um dizer-sim a si próprio. Dizer, lembremos, que só pode nascer da nomeação de si mesmo, isso independentemente de ser verdadeira ou falsa. Os fracos, sempre ressentidos, começam dizendo não às coisas e aos outros, enquanto os fortes desde logo se afirmam validando a facticidade da vida. Essa facticidade, porém, é um destinar-se, um ir além de si mesma que não se dissolve numa meta transcendente, mas é ela própria necessidade de firmar-se como potência de si. O mais forte se instala então como o além do homem amando esse destino (*Fatum*). Não mais se subordina ao imperativo moral, "tu deves", mas se afirma como potência, "eu posso", todavia de tal forma que a necessidade do destino seja amada e querida; no final, ele simplesmente afirma "eu sou". Daí o conceito básico do *amor facti*.

O niilismo coloca, em oposição ao mundo aparente, o "mundo verdadeiro" — na história isso aconteceu pela primeira vez

---

168. *Genealogia da moral*, KSA, 5, 1, 10; *Obras incompletas*, cit., p. 309.

quando foi identificado ao mundo das ideias platônicas. Mas, se este é suprimido, aquele também o é. Por isso a vontade de verdade já é sinal de decadência. Se antes dela se quer a potência, cuja primeira instalação é a obra de arte, então esse querer é um querer que toca e integra um mundo que é ele próprio vontade de potência, assim como todos nós somos essa potência. O que significa essa redução de tudo e de todos à vontade? Antes de tudo, como já vimos, não se trata de vontade que almeja, tem como fim a potência. A vontade é ela própria na medida em que se determina como potência, e, se determinando, se confirma como este ou aquele fim. Como explicita um comentador: "Não se trata mais de atribuir diferentes fins à vontade, mas de se perguntar por que, em geral, se quer, por que fins determinados da vontade precisam ser postos, e por que a totalidade da vida só pode ser explicitada quando o seu processo é compreendido como um percurso de permanentes posições de vontade, que são diferentes configurações de um querer fundamental — a vontade de potência".[169]

Nesse mesmo livro encontramos citado um fragmento póstumo ainda mais explícito: a vontade de potência

> deveria ser algo, não um sujeito, não um objeto, não uma força, não uma matéria, não um espírito, não uma alma; mas, dir-me-ão, poder-se-ia confundir algo desse gênero com uma quimera. Eu mesmo o creio. E seria ruim se não fosse assim: é preciso mesmo que ela possa confundir-se com tudo o que existe e pudesse existir, e não somente com a quimera. Ela deve ser o grande traço de família com o qual todas as coisas *se reconhecem* como aparentadas com ela.[170]

---

169. Carlos A. R. de Moura, *Nietzsche: civilização e cultura*, São Paulo: Martins Fontes, 2005, p. 189.
170. Fragmento póstumo, KSA, 11, 40 [31].

Descartando-se todas as formas substantivas dessa vontade, mas não esquecendo que continua sendo algo, ela é posta como "semelhança de família", como dirá mais tarde Wittgenstein, pela qual as coisas se reconhecem como aparentadas com ela. No entanto, para Wittgenstein, como veremos, o conceito "semelhança de família" pertence a um jogo de linguagem disposto numa gramática, que precisa ser dito para que a semelhança se mostre; enquanto, para Nietzsche, as coisas se reconhecem aparentadas entre si porque dependem de pulsões vitais que se afirmam como potências. É no nível de um "mesmo" que esse parentesco se entrelaça, e não graças ao jogo do discurso. Para Wittgenstein, sem uma gramática o léxico não encontraria essa mesmidade; para Nietzsche é a mesmidade diferenciando-se e se afirmando a si própria para ir além de si mesma, em confronto com a originária afirmação do outro operada pelo mais fraco, que dá origem ao ilusório travejamento da língua e do real articulado. Mas no fundo desses dois planos reside a vontade de potência constituinte do mundo.

Cada mesmidade é uma quantidade dinâmica se articulando, por sua própria natureza, com outras quantidades dinâmicas. Examinemos esse ponto no pormenor: "A vontade de potência não é um ser, não é um vir-a-ser, mas um *pathos*, ela é o fato elementar pelo qual resulta precisamente um vir-a-ser e um atuar".[171] E Carlos Alberto, fiel a Lebrun, comenta:

> Assim a vontade de potência designa, antes de tudo, o conceito de uma relação, decodificada no horizonte da tensão. Através da noção de vontade de potência, a natureza é determinada como unidade que, ao mesmo tempo, é o princípio de sua multiplicidade, ela é a forma pela qual o processo natural realiza-se como processo de diferenciação, com um vir-a-ser. Por isso Nietzsche dirá que a vontade

---

171. KSA, 13, 14 [80].

de potência só pode manifestar-se quando encontra resistência, e assim ela procura o que resiste.[172]

Sendo *pathos*, a vontade de potência é aquilo que se sofre em oposição ao que se faz, ou melhor, sofrer para poder reagir. Melhor ainda seria dizer: sofrer para atuar, mera força que se configura elementarmente, antes da oposição entre sujeito e objeto, ou representação e representado, mas que se faz fato desencadeando um processo diferenciador, afirmação de si em oposição a outro. Nessa relação de semelhança e de reconhecimento, instala-se uma igualdade, uma mesmidade que, no fundo, é a vontade de potência e nada mais. Não há dúvida de que não é ser, no sentido tradicional, quer como gênero supremo, quer como entidade suprema, isto é, Deus. Mas é mesmidade que se diferencia. Ora, como veremos mais tarde, essa é a forma da diferença ontológica tal como Heidegger a formulará, aquela diferença responsável pela oposição e identidade entre o ser e o ente.

Um dos grandes intérpretes da obra de Nietzsche é Wolfgang Müller-Lauter. Também ele se coloca contra situar Nietzsche entre os metafísicos,[173] esmiuçando os múltiplos sentidos que o termo "vontade de potência" assume na obra do autor. Lembremos apenas que tanto o mundo pode vir a ser a vontade de potência e nada mais, como essa vontade está associada a uma morfologia, cujos títulos seriam "Vontade de potência como natureza, assim como vida, sociedade, vontade de verdade, religião, arte, moral, humanidade". Outras listas são possíveis. Importa-nos tão só salientar que vontade de potência pode significar tanto uma unidade como uma multiplicidade, ou melhor, uma unidade que sempre está se

---

172. Carlos A. R. de Moura, *Nietzsche: civilização e cultura*, cit., p. 197.
173. Wolfgang Müller-Lauter, *A doutrina da vontade de poder em Nietzsche*, cit.

multiplicando, sem que por isso adquira qualquer dimensão substancial, de ser. Daí a conclusão desse livro de Müller-Lauter: "Há decerto, para Nietzsche, complexos de acontecimentos, mas não há acontecimento fundamental. Não há o um, há apenas multiplicidades se reunindo, se separando".

Num fragmento de 1885 o próprio Nietzsche não marca suas diferenças com os metafísicos? Não aceita, como estes, que é o "eu" que pensa, pois o "eu" é construído pelo pensamento, assim como "matéria", "coisa", "substância", "indivíduo" etc. Todas as unidades são ficções reguladoras que permitem conhecer o mundo e nele agir. "A crença na gramática, no sujeito e nos objetos linguísticos, nas palavras-factuais dominou os metafísicos."[174] E o texto continua assinalando as vantagens dessas ficções a despeito de serem falsas. Nietzsche não está negando a importância da gramática para a vida cotidiana, apenas vê nela uma carapaça instituída pelo intelecto e pela linguagem, que esconde as pulsões da vontade de potência. Paga, contudo, o alto preço de reduzir as articulações gramaticais a tropos que se reportam a um fluxo, aquele do vir-a--ser, sempre entendido como vontade de potência. Nossa primeira dificuldade está em compreender como é possível pensamento sem gramática, sem articulação de palavras seguindo regras interativas. Compreendemos que a própria regra, por ser um "dever", implica valoração, não como ponderação em busca do melhor, mas tão só como afirmação de si enquanto vontade de potência. Tudo se concentra, porém, no entendimento do que venha a ser uma regra na sua relação com seus casos, e o próprio sentido da palavra *regra* implica essa relação. E, por fim, lembrar que o nome "vontade de potência" (*Wille zur Macht*), já no quadro da filosofia nietzschiana, sempre designa algo introduzindo nesse algo um contingente de indeterminações.

174. Fragmento póstumo 1885, KSA, 11, 35 [35].

Não nos é relevante decidir se Nietzsche é ou não o último metafísico. Importa-nos, em primeiro lugar, sublinhar como ele destrói a problemática das categorias que nos serviu de fio condutor para ler alguns filósofos da Antiguidade. Em segundo, como essa destruição da metafísica tradicional é paralela a uma crítica da filosofia da lógica. Notável que, deixando de lado os problemas formais da lógica contemporânea, Nietzsche, pelas portas dos fundos, antecipa quase em um século importantes questões com as quais ainda nos debatemos: a referência dos nomes há de ser constituída de contexto de várias perspectivas; a noção de verdade escapa da certeza; o nome cria um sentido (*Bedeutung*) independentemente de uma substância (*ousia*) que lhe sirva de ponto de apoio, por isso mesmo somente vale num campo de variações. Em particular, abandona um venerando pressuposto aristotélico: "Se um nome não tem um único sentido, não tem sentido algum".[175]

No entanto, as soluções que aventa dependem da transformação de qualquer legalidade numa construção em que o falso desempenha papel mais importante do que o jogo contraditório dos valores, quer lógicos, quer morais. Notável é que o princípio da vontade de potência, mais *hylê* do que *archê*, como pretende Lebrun, termina conferindo às identidades ficcionais, a essas mesmidades úteis e provisórias, um lugar num ab-soluto que é o mundo, a despeito de este *sempre* estar sendo visado de uma perspectiva. De seu ponto de vista, a existência se resolve em fluidos momentos de fixação: fixações práticas necessárias, mas apenas momentâneas, visadas diferentes sobre um real instável e perspectivado; fixações que se armam conforme os seres, em particular aqueles dotados de linguagem, tenham maior ou menor valor, isto é, potência de nomeação e de avaliação.

---

175. *Metafísica*, IV, 4, 1006 b, 1.

Meus escritos afirmam constantemente que o valor do mundo se encontra em nossa interpretação (que, talvez, em qualquer outro lugar, são possíveis outras interpretações, distintas das simplesmente humanas); que as interpretações até agora admitidas são avaliações perspectivas, em virtude das quais nos conservamos na vida, ou seja, na vontade de potência, no aumento da potência; que toda elevação do homem traz consigo a superação de interpretações mais restritas; que cada consecução de nova força e de extensão da potência abre novas perspectivas e significações em nossos horizontes. O mundo que nos interessa é falso, isto é, não é um fato, mas uma fantasia e um ajuntamento de uma escassa soma de observações; ele é fluido, como coisa que devém, como uma falsidade que continuamente se desvia, que não se aproxima nunca da verdade, porque não há "verdade" alguma.[176]

O juízo, antes de dizer "algo como algo", é um dizer sim ao mundo tal como ele é, feixe de perspectivas se apresentando como um filme em terceira dimensão. Esse afirmar-se de si é sua própria potência, vale dizer, empuxo de ir além de si mesmo. Não há, pois, distância entre o ser e o fim, seja ele qual for. Sob qualquer fim, qualquer meta, Nietzsche vê apenas o sinal de que uma vontade de potência se tornou senhora de algo menos poderoso, conferindo-lhe uma função. A fórmula do imperativo moral "Tu deves" simplesmente expõe um valor moral que, esquecendo-se de sua origem, pede uma obediência que, em última instância, cerceia a vontade de potência do obediente, faz com que ela se transforme para se encontrar numa meta superior. Graças a essa cisão Nietzsche pode desenhar a genealogia de todos os sentimentos e dos princípios éticos, revelar a dimensão coercitiva de todos os sistemas morais. Torna-se um dos maiores críticos da cultura ocidental

---

176. Fragmento póstumo, KSA, 12, 2 [108].

e de seus mitos. Em particular, o maior deles, que dominou a Europa até agora, cuja decadência, contudo, já se antevê. Zaratustra anuncia que Deus está morto.

No entanto, como qualquer história, essa genealogia deve sempre ter em mente que

> a causa do surgimento de uma coisa e sua utilidade final, seu emprego e ordenação de fato em um sistema de fins, estão *todo coelo* um fora do outro [isto é, o nascimento de algo e como é utilizado são inteiramente diferentes]; que algo de existente, que de algum modo se instituiu, é sempre interpretado outra vez por uma potência que lhe é superior para novos propósitos, requisitado de novo modo, transformado e transposto para uma nova utilidade; que todo acontecer no mundo é um sobrepujar, um tornar-se senhor, e que, por sua vez, todo sobrepujar e tornar-se senhor é um interpretar de modo novo, um ajustamento, no qual o "sentido" e o "fim" de até agora deve ser necessariamente obscurecido ou inteiramente extinto.[177]

8.

Por fim cabe notar que esse constante sobrepujar não é infinitamente linear, em virtude de uma desmedida entre o tempo infinito e a finitude da força:

> A medida da força total é *determinada*, não "infinita": demoremo-nos no entalhamento desse conceito. Por conseguinte, o número das situações, mudanças, combinações e desenvolvimentos dessa força, a despeito de ser extraordinariamente grande e praticamente "incomensurável", é, todavia, também determinado e não infinito.

---

177. *Genealogia da moral*, KSA, 5, 2, 12; *Obras incompletas*, cit., p. 315.

No entanto, o em que o todo dessa força se exercita é infinito; isto é, a força é eterna assim como eternamente ativa — até esse momento já decorreu uma infinidade, isto é, todos os possíveis desenvolvimentos já devem *ter acontecido*. Segue-se que o desenvolvimento presente deve ser uma repetição, o mesmo valendo para o desenvolvimento que o gerou e aquele que se origina dela e assim para diante e para trás. Tudo ocorreu inúmeras vezes, enquanto a situação geral de todas as forças sempre se repete.[178]

Mas o conteúdo desse texto de 1881 somente será anunciado um ano depois na primeira edição d'*A gaia ciência*, no aforismo 341, cujo título não deixa de surpreender: "O mais pesado dos pesos" (*Das gröste Schwergewicht*). Trata-se de uma hipótese científica, no sentido tradicional de ciência? Desde logo consiste numa comunicação feita por um demônio que se infiltraria no mais íntimo de nossa solidão para anunciar que a eterna ampulheta da existência nunca para de ser revirada. Aqueles que recebem a notícia podem ter duas reações, ou se jogar no chão no maior desespero, ou simplesmente dizer ao mensageiro que ele é um deus, capaz de anunciar as mais divinas palavras.

Há inúmeras interpretações dessa tese nietzschiana do eterno retorno do mesmo. Está longe de nossos propósitos examiná-las. Até agora tratamos apenas de indicar algumas teses que sustentam sua crítica à lógica, tentando avaliar sua pertinência e, sobretudo, como dependem de certos impensados metafísicos. Ao contrário do que parece à primeira vista, as reflexões lógicas de Nietzsche têm sentido, sua preocupação de ultrapassar as bipolaridades do verdadeiro e do falso, assim como aquela do bem e do mal para chegar a um nível pré-lógico do discurso, será retomada por outros autores do século XX. No entanto, sua crítica tem como pres-

---

178. Fragmento póstumo 1881, KSA, 9, 11 [202].

suposto que a lógica se ancora na noção de substância, que originariamente precisa ser nomeada para que a linguagem se conforme. Da "falsidade" da substancialização decorre a "falsidade" da lógica, em particular dos juízos apofânticos, reduzidos a meros expedientes necessários à afirmação da vida. No fundo, o apofântico também é carapaça da vontade. Mas ironicamente, ao mesmo tempo que Nietzsche escrevia seus livros espantosos, os filósofos da lógica lógicos foram, como veremos a seguir, surpreendidos por uma crise na noção dos fundamentos da aritmética, que os obrigou a montar uma nova lógica, em que a noção de substância pode ser dispensada como ponto de apoio da nomeação. Por certo, também eles vão caminhar do nome significante para a coisa significada, mas esta pretenderá ser metafisicamente neutra, dispensando a Forma ou a *ousia*, e assim por diante. Como veremos, porém, não há lógica formal sem o pressuposto da permanência dos signos, de sorte que, de um modo ou de outro, ela sempre acolherá um impensado transcendental. Sob a forma de uma certeza? Seja como for, toda essa problemática escapa dos quadros da reflexão nietzschiana.

Cabe-nos, por fim, enunciar a pergunta intempestiva: como é possível que sob um maravilhoso "sistema filosófico", e de tantas outras construções do espírito, se encontrem fissuras, muitas vezes impensadas, mas que põem em risco todo o edifício? Por que, entretanto, somos incapazes de deixar de amar cada uma dessas divinas edificações?

Surpreende Nietzsche pensar que o fundo, antes do fundo lógico falsificante, consiste numa unidade dinâmica que segue o círculo do eterno retorno do mesmo. Já antevia essa unidade nas primeiras exaltações de Dioniso, desse deus reiteradamente morrendo estilhaçado e ressuscitando por inteiro, e assim potencializando o eros vital. Desde sempre afrontou o pensamento platônico-cristão da estabilidade do mesmo a ser encontrada mediante a ascese pessoal ou graças ao caminhar da história. No entanto, somente em agosto de 1881, numa de suas caminhadas pelos bosques da Suíça, é que a ideia lhe veio como um raio. Baseia-se na junção do tempo infinito com a força finita, do curso temporal sem fim com a finitude da vontade de potência. Como cruzar esses dois dados a não ser considerando a existência como eterno retorno do mesmo? Mas essa perspectiva será também a repetição de um ciclo sempre perspectivado? Às vezes, Nietzsche pretende que sua grande tese tenha valor científico, imagina recorrer à física de seu tempo, topando até mesmo voltar a seus estudos iniciais de física e matemática para reforçar sua grande intuição. Outras vezes, a toma exclusivamente de uma perspectiva ultramoral, como um pressuposto que nos garantisse a possibilidade de agir reafirmando a ação de tal modo que tudo o que cada um fizesse fosse considerado ato merecendo ser feito reiteradamente. Cada ação haveria de se integrar num dos anéis do grande anel do eterno retorno do mesmo.

Seja como for, o mesmo do pensamento de Nietzsche, seu "sistema", somente poderia ser apresentado como caminhos sempre retomados, como tentativas e questionamentos, em suma, como experimentações. Nasce daí a estrutura de seus textos: encadeamento de aforismos, verdades provisórias sempre tentando chegar ao fundo, que não é a verdade, nem uma crença, mas um querer. Aforismos que imitam os fragmentos que herdamos dos poemas didáticos dos primeiros pensadores e que são enaltecidos porque se opõem ao niilismo instalado por Sócrates, niilismo que chega a seu cúmulo no século XIX com a instalação do positivismo, com a idealização dos fatos, associado ao predomínio da técnica. Sob esse aspecto Nietzsche prepara Heidegger.

O grande fato novo é a morte de Deus. Não é por isso que a religião desapareceu, pelo contrário, os europeus continuam buscando divindades. Contra essa ilusão, Nietzsche transforma o profeta Zaratustra no mensageiro do eterno retorno do mesmo: "Pois teus animais bem sabem, ó Zaratustra, quem tu és e tem de se tornar: vê, tu és o mestre do eterno retorno — e esse é o teu destino!".[179] Zaratustra fala do ponto de vista de Nietzsche, da sua verdade, vale dizer, do Anticristo. Por isso esse poema deixa de lado o aforismo para apresentar uma lista de parábolas. O Anticristo, porém, não foge da fonte do Cristo, porquanto o niilismo ainda não foi superado e o mestre do eterno retorno do mesmo até então é apenas um destino. Nem mesmo Nietzsche deixa de sentir a presença do Deus morto. Abatido pela loucura, assina suas cartas como "o Crucificado".

---

179. *Assim falou Zaratustra*, III, "O convalescente", 2; *Obras incompletas*, cit., p. 262.

11. A reforma da aritmética

1.

Os filósofos, quando tratam dos objetos matemáticos, quase sempre são surpreendidos por suas fintas. Lembremos dois exemplos. Os pitagóricos identificaram número a elemento natural, mas foram surpreendidos pela descoberta dos números irracionais que puseram em xeque o princípio de que todo número se forma pela adição de outros números. Por sua vez o teorema de Pitágoras, segundo o qual, nos triângulos retângulos, o quadrado da hipotenusa é igual à soma dos quadrados dos catetos, faz com que a hipotenusa de um triângulo retângulo de catetos medindo uma unidade tenha o valor de $\sqrt{2}$: a construção por régua e compasso constrói um segmento de reta que não pode ser medido por uma régua.

Platão foi sem dúvida o primeiro filósofo grego a explorar as consequências filosóficas do pensamento matemático. Para que os objetos físicos possam participar das Formas, é preciso que eles se combinem conforme as Formas se tramam entre si. De outro modo se resvala para o conhecido argumento do terceiro homem:

para que o homem sensível participe da Forma-homem, uma outra Forma-homem seria necessária, e assim sucessivamente. Noutras palavras, a passagem da percepção da coisa para o inteligir do inteligível somente pode ser feita se na variação da coisa percebida a razão projeta sua própria forma de síntese.

Em que medida, porém, a Forma se identifica com um objeto matemático? Tudo indica que Platão considera esse objeto como um intermediário entre as coisas sensíveis e as ideias, pois, exemplificando, há triângulos matemáticos de várias formas enquanto a Forma do triângulo seria a mesma. Mas no diálogo *Filebo* e no ensino oral de Platão, tal como Aristóteles nos apresenta, o problema do um e do múltiplo, da Forma e da multiplicidade a ele ligado, se extravasa da enumeração finita, para se resolver no diálogo entre o finito e o infinito. Para estabelecer a grandeza de uma coisa, é preciso lidar com as ideias do grande e do pequeno; por sua vez, o grande vem da variação do grande e do pequeno, do um e do múltiplo, do finito e do infinito, do uno e da díada infinita. Em que medida se pode então continuar falando na unicidade de objetos como o triângulo, o número, e assim por diante?

2.

No século XIX, porém, os filósofos foram surpreendidos pela possibilidade de traduzir as regras lógicas em termos matemáticos. Nessa época as ciências em geral estão passando por uma enorme revolução, novas áreas do conhecimento são abertas e o número dos cientistas cresce exponencialmente. As matemáticas lideram esse movimento. Um dos novos conceitos foi inventado por um matemático genial, Evariste Galois (1811-32), que, diz a lenda, uma noite antes de morrer num duelo, escreveu os principais resultados de sua investigação. Inventava o conceito de grupo.

Vamos enunciá-lo em termos axiomáticos contemporâneos: dado um conjunto C, a operação "$_o$" sobre ele é determinada pelos seguintes axiomas: 1) se *a* e *b* são elementos quaisquer de C, então a $_o$ b é elemento de C; 2) para quaisquer *a*, *b* e *c*, então (a $_o$ b) $_o$ c = a $_o$ (b $_o$ c); 3) existe um elemento neutro tal que para qualquer elemento de *a* de C e existe *i* tal que a $_o$ i = i $_o$ a = a; 4) existe um elemento inverso: dado um elemento *a* qualquer de C, existe a/1, tal que a $_o$ a/1 = a/1 $_o$ a = i. Note-se que o primeiro axioma encerra a operação "$_o$" no conjunto C e o segundo permite qualquer associação entre eles. E essa definição de grupo não o transforma numa coisa, mas delimita uma operação que demarca uma estrutura, um espaço cujas propriedades determinam o perfil da operação.

Na Antiguidade somente a definição do tempo, elaborada por Aristóteles, possuía um distanciamento parecido em relação à coisa. O tempo é o número do movimento em relação ao antes e ao depois. Como é pensado o número? Não como o resultado dos atos de enumerar, mas como propriedade do próprio movimento ligado à sucessão das unidades de tempo. Essa definição aristotélica já não mais vê o número como um corpo, mas diz o modo de uma sucessão existente. O grupo, tal como Galois o define, consiste numa operação no interior de um conjunto de elementos quaisquer, simplesmente determinados por uma propriedade qualquer, sem que se leve em conta a natureza física, psíquica ou intelectual dos elementos vinculados. O pressuposto ontológico é muito peculiar, diz unicamente respeito à multiplicidade de tais elementos, cada um se distinguindo do outro simplesmente por seu outro, no interior de um conjunto, de uma classe determinada. Daí a importância dos axiomas iniciais: o primeiro fecha a operação no interior de C; o segundo indica que a associação entre eles resulta em compostos que ainda pertencem a C. A operação "$_o$" estabelece uma relação de C consigo mesmo, como se um eixo de coordenadas o cruzasse. Prepara assim um entendimento melhor da noção de função, isto é, de uma relação que liga um elemento de C a um ou mais elementos do mesmo C. E a noção de função é uma das chaves da álgebra e da aritmética modernas.

Para que se compreenda melhor a noção de estrutura, vejamos a clássica definição dos números naturais elaborada, na passagem do século XIX para o XX, pelo lógico e matemático italiano Giuseppe Peano. São três os conceitos primitivos dessa aritmética: zero, número e sucessor. Não se estranhe que na definição de número natural apareça o conceito primitivo de número, porquanto esse conceito somente adquirirá sentido no seu contexto relacional. Por "sucessor" entende tão somente outro elemento obtido por essa operação. Seguem-se os axiomas: 1) Zero é um número; 2) O sucessor de um número é um número; 3) Dois números nunca têm o mesmo sucessor; 4) Zero não é sucessor de nenhum número; 5) Toda propriedade que pertença a zero e ao sucessor de um número que tenha a mesma propriedade pertencerá a todos os números.

Note-se que "zero", por exemplo, se define por estar em primeiro lugar na sequência da sucessão que, como asseguram os axiomas 2 e 3, não incorpora outro objeto além dos números. A sucessão segue de um número para outro, não havendo a possibilidade de que se bifurque em duas linhas sucessórias. O axioma 4 aponta um processo de indução das propriedades garantindo como elas cobrem toda a classe dos números.

Dada essa estrutura, é possível construir um modelo dela. O mais simples é aquela sequência que parte de 0 seguido de 1, 2... Nada impede, no entanto, de começar por outro número qualquer, 1, ou 2, ou 10, ou 1000, já que o axioma da indução assegura que as propriedades que ligam os três conceitos primitivos valerão para toda a classe de objetos que está servindo de modelo. E, sempre que exponho essa definição de número, não posso resistir a tomar como modelo uma lata de aveia, que mostrava no rótulo um quaker segurando uma lata de aveia que por sua vez continha o mesmo quaker e assim ao infinito. A lata e suas figuras embutidas umas nas outras constituem um modelo da sequência dos números naturais, tão válido como aquele com o qual tratamos no cotidiano. A estrutura se liga a objetos que são, porém, objetos quaisquer, mas vinculados a um determinado campo de variação. Se uma lata que reproduz a própria lata e assim ao infinito serve de modelo para a definição axiomática dos números naturais, não é por isso que a aplicação dos mesmos números noutros domínios do saber, na física, por exemplo, dispensa a circunscrição de um determinado e específico campo de variação. Mas igualmente os objetos físicos deixam se ser tomados como objetos para se definirem pelos campos onde se movem. A reformulação moderna da lei de Newton não mais fala de corpos se atraindo, mas num campo de gravidade dotado de certas propriedades.

Percebe-se que a lógica, tratando de objetos na sua máxima generalidade, passa a lidar com objetos quaisquer. Mas que sentido deveria então atribuir a essa generalização? Ocupando-se de objetos, de meros entes enquanto entes, não passa a cruzar com a ontologia? Ela própria não haverá, assim, de se pensar como ciência de tais objetos? Não mais se coloca como instrumento (órganon) do conhecimento científico, muito menos como arte de raciocinar, como a consideraram os filósofos e os gramáticos herdeiros do pensamento cartesiano. Ela passa a ser ciência, no moderno sentido da palavra, pois ganha um domínio próprio a ser focalizado.

3.

Em 1879 Gottlob Frege (1848-1925) publica um pequeno livro, intitulado *Begriffsschrift*,[180] visando fundar os conceitos mate-

---

180. "Conceitografia" — na tradução literal de Luiz Henrique Lopes dos Santos; cf. Luiz Henrique Lopes dos Santos, *O olho e o microscópio*, Rio de Janeiro: Nau Editora, 2008.

máticos, isto é, encontrar as bases que lhes dão solidez, que permitem que eles sejam desenvolvidos sem esbarrar em contradições. Esperando dissipar a confusão reinante nas matemáticas e na lógica, trata de inventar uma nova linguagem formal onde cada conceito, em particular aquele de número, pudesse ser claramente transcrito e compreendido. Obviamente não parte do nada, já que em 1854, por exemplo, George Boole publicara *Laws of Thougth*, ampliando a linguagem algébrica para que pudesse exprimir relações entre conceitos do ponto de vista de suas extensões, que são pensadas então como classes. O silogismo é traduzido pelo encaixe ou separação de círculos representando seus conceitos. Mais importante, porém, é ter mostrado serem possíveis formas de dedução que não se enquadravam na silogística tradicional.

É pena não termos condições de seguir passo a passo o desenvolvimento do projeto fregiano; devemos nos contentar em apresentar apenas alguns de seus tópicos. Comecemos perguntando pelo sentido das leis das ciências: até que ponto vale nelas a diferença entre o que acontece e o que deve acontecer? Até mesmo as leis do acontecer, exprimindo relações entre fatos que poderiam ser diferentes, prescrevem leis para os atos de pensamento em busca da verdade:

> Quando falamos de leis morais e políticas, entendemos prescrições que devem ser acatadas e com as quais o acontecer nem sempre se põe de acordo. As leis naturais são o que há de geral no acontecer natural, às quais este sempre se conforma. É mais nesse sentido que falo de leis de ser verdadeiro. Não se trata aqui certamente de um acontecer, e sim de um ser. Das leis do ser verdadeiro extraem-se então prescrições para tomar como verdadeiro [*Fürwahrhalten*] o pensar, o julgar, o raciocinar.[181]

---

181. Gottlob Frege, *Kleine Schriften*, Hildesheim: Olms, 1977, p. 342.

Embora as leis naturais nasçam de uma generalização das regularidades percebidas e pensadas do real, elas se colocam para o pensamento como normas que ele deve seguir enquanto pretende ser verdadeiro. Visto que esses pensamentos são expressos por proposições assertivas (*Behauptungssätze*), importa então considerar nessas proposições o que faz com que venham a ser verdadeiras. Desse modo, a lógica passa a estudar as leis do ser verdadeiro (*Wahrsein*), aquele ser visado por todas as ciências, que devem tomar como verdadeiras (*Fürwahrhalten*) as proposições por elas enunciadas. A lógica se converte numa ciência daquele vetor que perpassa os sistemas científicos levados pela intenção de verdade. É de notar que, à mobilidade do acontecer e do dever, Frege contrapõe a verdade como um ser, algo que se diz das proposições que pretendem ser verdadeiras.

Para defender essa posição realista, platônica de certa maneira, no que concerne aos objetos da lógica, Frege necessita investir contra a filosofia da lógica dominante, que reduzia as leis do ser verdadeiro a meros processos mentais. Desse ponto de vista, valeriam apenas os atos em vez dos objetos visados por esses atos. Lembremos que já Aristóteles, no início do *Órganon*, confessa que a análise dessa forma de pensar depende de uma análise dos movimentos da alma, mas ato e objeto se confundem no ideal quando o inteligir se funde no inteligível. A interpretação meramente psicologista, dominante a partir do empirismo inglês, tem suas raízes na *Lógica de Port-Royal*, escrita no século XVII pelos cartesianos e jansenistas Antoine Arnauld e Pierre Nicole. No século XIX, o filósofo inglês John Stuart Mill vem a ser um de seus maiores representantes.

Para um filósofo empirista como Mill, o princípio da contradição, por exemplo, resulta da sedimentação de experiências muito familiares que mostram que uma coisa não pode ter ao mesmo tempo um predicado e sua negação. Mas a expressão desse fato, contra-argumentará Frege, não aparece como norma a que o pensamento obedecerá para vir a ser verdadeiro? Além do mais, os princípios e as leis, estudadas pela psicologia, uma ciência empírica, tanto cuidam de expor, digamos assim, o que acontece na alma humana, quanto esboçam uma legalidade vigente num domínio de fenômenos, a maneira pela qual eles devem ser pensados. Manter-se no nível meramente empírico é pensar uma impossibilidade lógica como se ela fosse meramente subjetiva, deixando de lado sua impossibilidade objetiva. O princípio da contradição, por exemplo, impede de afirmar ao mesmo tempo e sob o mesmo aspecto que "Todos os homens são racionais" e "Nenhum homem não é racional". Frege estabelece uma diferença radical entre "ser verdadeiro" e "tomar por verdadeiro", entre um fenômeno objetivo e outro subjetivo. Se uma proposição fosse verdadeira apenas para aqueles que a tomam como verdadeira, nada impediria que fosse falsa para outros. A oposição entre verdade e falsidade se converteria, assim, numa questão de gosto.

Como se percebe, essa análise depende da radical separação entre ser e dever-ser. O "ser verdadeiro" é o ser de um dever-ser. Como Aristóteles, por exemplo, não faz essa distinção, como o ser da coisa, a *ousia*, entendida como substância ou como quididade, traz em si mesmo a forma normatizando o que a coisa é, não tem sentido pensar o verdadeiro como um ser. No máximo Aristóteles vai pensar uma verdadeira maçã, como aquela maçã autêntica, cuja forma corresponde aproximadamente à sua essência.

Voltemos a Frege. A lógica trata, assim, da expressão "ser verdadeiro" como atributo aplicado a todas as proposições assertivas, àquelas que são verdadeiras, basicamente a todas as proposições científicas. Vale a pena observar ainda outra diferença em vista da lógica tradicional, agora em relação à silogística aristotélica. Se a forma geral do silogismo é: "Se P é posto de todo M e M é posto de todo S, então P é posto de todo S", nele importa apenas a asserção ontopsicológica de cada posição: postas as duas premissas segue-se natural e necessariamente a posição da conclusão. O silogismo não precisa partir de premissas verdadeiras, tanto é assim que o silogismo dialético não o faz, porquanto parte daquelas admitidas durante a discussão. Para Aristóteles, a lógica é instrumento das ciências, mas para Frege, que procura circunscrever uma área de objetos verdadeiros, os pensamentos, ela é a ciência das ciências.

Para Frege toda proposição científica carrega consigo uma pretensão de objetividade, desde que assentida como verdadeira. Não enquanto formada de sílabas e de palavras, mas segundo seu sentido. Tanto é assim que o sentido permanece quando a proposição é traduzida em outras línguas. As proposições lógicas possuem sentido na medida em que estão visando ser verdadeiras em oposição a proposições falsas. Esse sentido expresso pela proposição que visa ser verdadeira Frege chama de pensamento (*Gedanke*): "Sem querer dar uma definição, chamo de pensamento algo com respeito ao qual convém a questão da verdade".[182] Cabe então distinguir o pensamento, como sentido da proposição, de sua asserção, o ato pelo qual ele é posto como verdadeiro. Isso se torna evidente quando uma proposição assertiva se transforma numa interrogação. É possível perguntar sem assentir "São todos os corpos pesados?". Ao se afirmar "Todos os corpos são pesados", o mesmo sentido expresso anteriormente fica posto, confirmado. Percebe-se então que, ao formular uma interrogação, já realizamos o ato de apreender o pensamento, o mero pensar. E somente quando reconhecemos sua verdade é que o julgamos. Por fim exteriorizamos esse juízo por meio de um ato de asserção. Toda proposição verdadeira é, pois, composta de dois atos, apreensão do seu sentido e sua asserção, seu julgamento. Por isso, expresso o sentido da proposição por "— S", a proposição verdadeira será

---

182. Idem, ibidem, p. 344.

expressa por "⊢ S". São totalmente diferentes as condições de sentido e as condições de verdade.

Frequentemente se encontram nos textos matemáticos expressões contendo variáveis, como "$2x$". Estabelecido o campo da variável, suponhamos os números naturais, cada substituição de x por um argumento resulta numa igualdade, por exemplo, $2.1 = 2$; $2.2 = 4$, e assim por diante. É de notar que a expressão "$2x$" é pensada como a operação de multiplicar 2 por um número natural qualquer. Diz-se que $2x$, ou melhor, $2x = y$ exprime uma função, isto é, uma relação que, neste caso, faz corresponder a cada argumento um único valor. Mas a relação funcional é, como se costuma dizer, *many-one*. Dada a variável $x2$, x representando um número real, a função $x2 = 4$ é válida para os argumentos $+2$ ou -2.

Frege teve a ideia genial de pensar uma proposição como uma função. Seja "O homem é mortal". Comecemos por retirar o nome "homem" da sentença: obtém-se um lugar vazio que pode ser preenchido por outros nomes, representados então por x: "x é mortal". Conforme substituímos uma variável por um nome do argumento, obteremos uma relação funcional entre o argumento e o valor de verdade da proposição correspondente, verdadeiro para a proposição verdadeira, falso para a proposição falsa.

Cria-se assim uma relação funcional entre cada argumento de x e um valor de verdade. A letra x está no lugar de um nome e f no lugar de um predicado dizendo o que é o nome do ponto de vista da verdade ou da falsidade. Nesse contexto, f representa um conceito, algo que é dito de um dos objetos do argumento para que a proposição venha a ser verdadeira ou falsa. O conceito "... é mortal" significa então todos os objetos mortais, tem como sentido (*Sinn*) esses objetos, mas denota (*bedeuten*) um valor de verdade. Mais tarde Bertrand Russell designará o conceito como uma função proposicional "$f(x)$", e hoje continuamos aceitando essa denominação.

Notável passo adiante foi criar uma linguagem artificial em que as proposições desde logo passam a exprimir diretamente sua forma lógica, o que nem sempre acontece com as línguas naturais. Além disso, a nova linguagem naturalmente exprime uma relação quando a função proposicional passa a ter dois argumentos. Por exemplo, "f(xy)" formaliza a sentença "São Paulo está ao sul do Rio de Janeiro", desde que o campo das variáveis seja uma cidade brasileira e *f* signifique "x está ao sul de y". A noção básica da lógica, tal como fora posta por Aristóteles, a predicação, começa a fazer água.

No entanto, nos termos em que foi exposto, o conceito de função proposicional encontra uma dificuldade. Os argumentos válidos de "x é mortal" são todos os objetos mortais, por isso o conceito serve de regra para identificar esses objetos separando-os dos outros. Uma função deve assumir o mesmo valor para cada argumento dado. Tomemos a função "x é a estrela da tarde". Já que "estrela da tarde" e "estrela da manhã" são nomes do mesmo planeta, Vênus, os dois nomes significariam o mesmo objeto. Mas "A estrela da manhã é a estrela da tarde" teria, então, o mesmo sentido de "A estrela da tarde é a estrela da tarde". Mas isso é impossível, pois a primeira proposição exprime um fato contingente, aquele de dois nomes diferentes reportarem-se ao mesmo objeto, enquanto a segunda exprime um caso particular do princípio de identidade, princípio lógico nada empírico. Não significa a mesma coisa dizer que algo é idêntico a si mesmo e que algo no céu ao cair da tarde é o mesmo que algo no céu ao amanhecer.

Para resolver essa questão, Frege invoca o conhecido princípio de identidade, dos indiscerníveis, tal como fora formulado por Leibniz. Na sua versão ontológica afirma simplesmente que uma coisa é idêntica a outra se e somente se as duas coisas possuem as mesmas propriedades. Cabe então dizer que, dada uma proposição verdadeira qualquer, se um de seus nomes for substituído por outro de tal forma que a proposição continue verdadeira, vale dizer, *salva veritate*, então as coisas nomeadas são idênticas. Dada a identidade de Vênus, como entender que esse planeta pode ser dito seja pelo nome "estrela da tarde" seja por "estrela da manhã"? Cabe então distinguir o objeto Vênus, denotado por esse nome, dos dois sentidos pelos quais esse objeto é significado. Desse modo, as sentenças "A estrela da tarde é a estrela da tarde" e "A estrela da manhã é a estrela da tarde" não possuem o mesmo sentido. A primeira exprime a identidade do objeto dito como estrela da tarde, a segunda, que os dois nomes são equivalentes, sinônimos como diria Aristóteles. O importante, porém, é que Frege ressuscita o conceito estoico de dizível (*lekton*), que já conhecemos, ao distinguir sentido de objeto dado.

Resumindo, cabe distinguir no nome o seu sentido e sua denotação; por sua vez a proposição é um nome de um valor de verdade que, ao ser assentido, exprime um fato.

No entanto, já que a asserção é um ato, no sistema de Frege o psicologismo não entra pelas portas do fundo? Vejamos. Dada uma proposição "S é P", a função "... é P" diz uma propriedade do objeto nomeado por a, se a for o argumento que substitui a variável S. Exemplificando: "x é apóstolo de Cristo" é uma função proposicional que diz uma propriedade válida para os argumentos de x que nomeiam um elemento do conjunto dos mais próximos seguidores de Jesus. Do mesmo modo "x é cavaleiro da Távola Redonda" é uma função proposicional que diz uma propriedade válida para os argumentos de x os quais nomeiam um elemento do conjunto daqueles cavaleiros ligados ao rei Artur. É possível estabelecer uma relação que seleciona um elemento do primeiro conjunto fazendo com que corresponda a outro elemento do segundo conjunto, melhor dizendo, existe uma correspondência biunívoca entre os dois conjuntos. Ora, essa abstração forma uma classe cuja extensão define o número natural 12. Cada número natural pode, então, ser definido como a extensão da propriedade daqueles conjuntos que possuem a mesma propriedade, isto é, podem ser postos em correspondência biunívoca. Desse modo, o número 1 é a propriedade dos conjuntos de ter um único elemento, 2, de dois elementos, e assim por diante.

Tudo estaria no melhor dos mundos possíveis se, no dia 16 de junho de 1902, Frege não recebesse uma carta do jovem Bertrand Russell informando-lhe que nem todo conceito pode corresponder a uma classe, pois esse axioma resulta num paradoxo. Seja w a classe de todas as classes que não sejam membros de si mesmas, de modo que, para todo x, podemos dizer que x pertence a w é equivalente a x não pertence a x; ora, x é uma variável que pode ser inclusive substituída por w, de sorte que obteremos a proposição contraditória "x pertence a w" idêntica a "w não pertence a w". Vejamos uma formulação mais concreta do paradoxo. Examinemos todos os catálogos das obras escritas sobre Bach, uns se referem a si mesmos como um escrito sobre Bach, outros não o fazem. Nesse universo de catálogos podemos distinguir então todos aqueles que são catálogos de si mesmos daqueles que não são catálogos de si mesmos. Perguntemos: existe o catálogo de todos os catálogos que não são catálogos de si mesmos? A resposta é contraditória.

Dias depois Frege responde reconhecendo a dificuldade. Diz a lenda que ele abandona então as investigações lógicas; isso, contudo, não parece ser verdade. Mas é Bertrand Russell quem, em 1903, nos *Principles of Mathematics*, formula uma primeira solução, a famosa teoria dos tipos, hierarquizando os conceitos lógicos de tal forma que seria impossível dizer de uma classe que ela se contém a si mesma. Hoje, quando se trabalha com a teoria dos conjuntos, a solução mais simples é adotar C como um conjunto existente e operar exclusivamente sobre ele.

Antes de dizer adeus à teoria dos conjuntos e à aritmética, vale a pena mencionar outra estranheza no que concerne às classes. É sabido que o número de combinações dos elementos de uma classe de n elementos é 2^n. Por exemplo, o número de subclasses de um conjunto de dois elementos é quatro, sendo elas {1},{2},{1,2} e a classe vazia. Esta pode ser definida como aquela determinada pela intersecção de duas classes que não possuem elemento comum. Esta garante a operação de soma dos conjuntos mesmo que nenhum elemento exista em comum entre eles. Note-se ainda que, na nova lógica, um elemento a pertence à classe C, enquanto o conjunto de um elemento {a} está incluso na classe C. Dadas duas proposições, "Pedro é mortal" e "Os animais são mortais", essa predicação se traduz na lógica de classes por dois conceitos: Pedro sendo elemento da classe dos mortais e a classe dos animais estando inclusa na classe dos mortais. É possível demonstrar que nessa fórmula 2^N vale quando N é infinito como no caso dos números naturais. O matemático alemão Georg Cantor, que trabalhou sobretudo no final do século XIX, provou que 2^N é sempre maior do que N. Resulta que não há o maior número cardinal. Ora, é de supor que a classe que contém todas as coisas teria o maior número de elementos possíveis. Mas o número das classes das coisas excede o número das coisas, desse modo as classes das coisas não são coisas. Bertrand Russell retira daí mais um argumento para distinguir a classe das coisas da classe das classes das coisas, isto é, uma teoria dos tipos.[183] Em 1910 Bertrand Russell publica, com a ajuda de Alfred Whitehead, o primeiro volume dos *Principia Mathematica*, que, além da teoria completa dos tipos, apresenta a primeira tentativa de expor, de modo abrangente, a nova lógica.

Última observação de interesse dos filósofos para que eles tenham cuidado quando falam do infinito. Tomemos N, o conjunto (infinito) dos números naturais. O conjunto infinito das subclasses de N será 2^N, o conjunto infinito das subclasses de 2^N

---

183. Cf. *Principles*, xiii.

será $(2^N)^N$, e assim por diante. Cria-se então uma sequência enumerável de números transfinitos começando por aqueles que entram em correspondência biunívoca com o conjunto dos números naturais N, em seguida, o conjunto do conjunto formado por todas as partes N, depois o conjunto do conjunto de todas as partes do conjunto anterior, e assim por diante. Essa sequência costumeiramente designada pela letra Aleph do alfabeto hebraico indexadas. Surge um problema: sabemos que o conjunto dos números naturais tem potência menor do que o conjunto dos números reais, formado pela soma lógica dos números racionais e dos números irracionais. Aleph$_2$, formado pelo conjunto das partes dos números naturais, tem a mesma potência do conjunto dos números reais? A hipótese do contínuo diz que sim.

O que pretendemos mostrar com esses exemplos? Que a invenção de novos simbolismos, de novas estruturas matemáticas, abre horizontes de investigação nunca suspeitados pelas matemáticas antigas. De um lado, as matemáticas abrem novos horizontes até então desconhecidos, criando objetos totalmente desvinculados da intuição. Como pensar intuitivamente uma sequência de números transfinitos? Além do mais, a própria lógica se constrói a partir de novos conceitos e novos objetos, ela própria se diversificando em diversos sistemas formais, muito mais amplos que a silogística aristotélica e a lógica estoica.

Por certo essa revolução tem sua história, mas, sendo eu obrigado a ser sucinto, vamos surpreendê-la apenas no momento em que os novos conceitos levaram os filósofos a repensar os fundamentos dos novos sistemas. Em que medida a nova linguagem lógica implica uma torção dos "objetos" pensados pelas lógicas anteriores? Se os novos "objetos" são construções muito distantes das intuições cotidianas, isso não obriga a estudá-los a partir das linguagens pelas quais se apresentam? Essa nova situação não nos permite, além do mais, repensar de uma ótica particular a própria história da filosofia? Como se ajustam entre si as diversas linguagens filosóficas? Montada a linguagem aristotélica, não aparece a linguagem estoica para explorar suas falhas e mostrar a viabilidade de outras perspectivas? Mas essa configuração de uma linguagem não está ligada apenas às linguagens anteriores. A linguagem é uma forma de experiência e, quando se altera uma forma de vida, uma nova linguagem precisa ser composta e experimentada. Não foi o que aconteceu quando o Ocidente se tornou cristão?

4.

A partir de Frege foi possível imaginar que a lógica formal pudesse cuidar de si mesma, como diria Ludwig Wittgenstein no seu livro publicado em 1921, *Tractatus logico-philosophicus*. A partir desse cuidado de si a lógica poderia ser tão abrangente que seria até mesmo capaz de separar todas as proposições logicamente verdadeiras daquelas de outra natureza. A lógica seria então uma ciência analítica da verdade.

O novo terreno frutificou. De sobrevoo podemos perceber dois momentos no desenvolvimento da nova lógica. O primeiro é marcado pelo esforço de analisar, de forma sistemática e científica, tanto as constantes que aparecem nos corpos das ciências quanto termos conectivos como "não", "e", "ou", "cada", "é" etc. entremeados à linguagem corrente. Desse modo, a lógica se apresenta como "a base de todas as demais ciências, que se ocupa de precisar o conteúdo de tais conceitos e de estabelecer leis mais gerais em que os ditos conceitos intervêm". É o que diz Alfred Tarski[184] num texto de 1940, isso depois, como indicaremos, que o projeto de encon-

---

184. Alfred Tarski, *Introducción a la lógica*, Buenos Aires: Espasa-Calpe, 1951.

trar a passagem formal da lógica para a aritmética se mostrara impossível. Mas, se Tarski não vê nessa base uma fundação do conhecimento, não é por isso que outros lógicos tinham perdido a esperança de unificar todo o saber científico numa única linguagem, agora, porém, como linguagem das linguagens. Foi no que se empenhou o empirismo lógico.

A problemática da metalinguagem marca o segundo momento, dominado pelos filósofos do Círculo de Viena. Em 1923, Rudolf Carnap publicou *Der logische Aufbau der Welt* (A construção lógica do mundo), uma obra monumental em que a influência do construtivismo de Kant está muito presente. Se o primeiro momento, dominado por Frege, beira o neoplatonismo, no segundo domina a ideia kantiana de reconstruir as ciências e a própria lógica a partir de conhecimentos sintéticos. Em 1936, Carnap escreve, na apresentação de seu novo livro, *The Logical Syntax of Language*,[185] que os filósofos e matemáticos tinham logrado enorme sucesso em analisar as fórmulas matemáticas, recorrendo, todavia, a uma linguagem natural; chegara o momento, porém, de estudar cientificamente as relações entre as duas linguagens. Ele se propõe, então, a expor de forma sistemática um método de construção das sentenças de tais sentenças, em resumo, elaborar o método de uma "sintaxe lógica". "O objetivo da sintaxe lógica é providenciar um sistema de conceitos, uma linguagem, com a ajuda da qual os resultados das análises lógicas serão exatamente formuláveis. A filosofia será substituída pela lógica da ciência — vale dizer, pela análise lógica dos conceitos e das sentenças das ciências, pois a lógica da ciência nada mais é do que a sintaxe lógica da linguagem das ciências."[186] Mais do que fazer da lógica uma

---

185. Rudolf Carnap, *The Logical Syntax of Language*, Nova York/Londres: The Humanities Press Inc./Routledge & Kegan Paul Ltd., 1951.
186. Idem, ibidem, p. XIII.

ciência formal exata, capaz de fundar as matemáticas, mantendo-se portanto no plano do pensamento formal, os neopositivistas a transformavam no substituto da filosofia, desde que ela fosse expurgada dos problemas metafísicos. A nova lógica mostraria que esses problemas se resolviam em contrassensos linguísticos. A influência do *Tractatus* de Ludwig Wittgenstein é evidente.

5.

No entanto, a aritmética ainda reservara uma enorme surpresa. Nos anos 30 do século passado, uma revolução interna à própria lógica formal vem sustar esse formalismo. Nos seus primeiros trabalhos Bertrand Russell invocava a influência de Leibniz, que, dizia ele, lhe parecia um autor contemporâneo. Era de esperar que os filósofos, depois de se porem de acordo criando uma linguagem formal apropriada, uma característica universal, pudessem simplesmente calcular os problemas filosóficos.

Mostrou-se possível axiomatizar uma teoria matemática: escolhem-se proposições básicas a partir das quais as conclusões, os teoremas, passam a ser descobertos como se se tratasse de um jogo simbólico. Diz-se que uma teoria T formalizada é consistente quando, a partir de seus axiomas e empregando suas regras de dedução, não se deduz tanto um teorema quanto sua negação; por sua vez, é dita inconsistente quando isso acontece. Além do mais, T é dita completa quando, formulada uma proposição de acordo com sua linguagem básica, digamos, de acordo com sua gramática, ela ou sua negação será um teorema de T; isto é, a proposição é verdadeira ou falsa. Cabia aos matemáticos, então, demonstrar a consistência e a completude das teorias, mediante teoremas que falassem delas, vale dizer, teoremas de consistência ou de completude. São, como se percebe, teoremas de metamatemática. Obviamente eles pretendiam salvar as matemáticas dos paradoxos que apareciam conforme elas se desenvolviam a partir dos novos simbolismos, visando sobretudo expurgá-las de contradições. Numa teoria inconsistente qualquer proposição composta numa dada linguagem não se tornaria um teorema? Por sua vez, a completude garante a hegemonia do princípio do terceiro excluído: qualquer proposição ou sua negação é verdadeira.

Cerca de 1930, Kurt Gödel mostra que qualquer teoria formalizada T pode ser expressa em termos da aritmética, de sorte que o jogo simbólico de T fica inteiramente traduzido pela aritmética elementar: os símbolos de T são substituídos por números naturais, de sorte que noções como teoria, demonstração passam a ser expressas por conceitos aritméticos. É como se todas as matemáticas se transformassem em aritmética. A consistência de uma teoria passa então a ser expressa numa fórmula aritmética.

Mas esse processo de tradução emperra. O primeiro teorema de incompletude diz que uma teoria matemática formalizada, contendo a aritmética elementar, se for consistente, não pode ser completa. Segue-se um segundo que diz que a fórmula aritmética usada para expressar a consistência de uma teoria, contendo a aritmética, não é demonstrável nessa teoria se ela for consistente. Em resumo, somente as teorias com poucos elementos, diríamos, fracas, se mostram consistentes e completas, as mais fortes precisam optar quer pela consistência quer pela completude. Em termos cotidianos, a teoria T axiomatiza uma teoria *t*, mas se mostra um cobertor mais curto ou mais comprido do que ela. Não há como evitar o recurso à linguagem natural.[187]

---

187. Cf. Newton da Costa, *Introdução aos fundamentos da matemática*, São Paulo: Hucitec, 2008; o autor é, sem dúvida, o mais importante lógico-matemático brasileiro, estudando em particular lógicas não-clássicas.

No entanto, a partir dos anos 30 a boiada estoura. Surgem novas lógicas, umas mais rentes à intuição, como as teorias das deduções naturais, outras escapando delas. São lógicas ditas não--clássicas. Todas são muito intrigantes, conservam enorme interesse filosófico, formal e têm repercussões na epistemologia, mas terminam dissolvendo o elo tradicional entre a lógica formal e a teoria da verdade. Se existem vários sistemas formais, se uns são mais convenientes do que outros na resolução de determinados problemas, com que critério se poderia afirmar que um deles é mais verdadeiro que os outros? Se não há esse critério, a lógica formal não se transforma num dos domínios mais interessantes das matemáticas, sem que dela possa derivar algum fundamento especial que venha contribuir para um melhor entendimento dos problemas metafísicos? E por metafísica estamos entendendo aquela disciplina que tenta responder a questão clássica formulada por Leibniz: por que há simplesmente o ser e não antes o nada? Pelo contrário, os lógicos-matemáticos sempre tentaram mostrar que os enunciados metafísicos são contraditórios, portanto fora do que pode ser pensado. E não basta simplesmente mostrar que certos sistemas formais podem aceitar contradições, desde que sejam bem-comportadas. Todos esquecem que desde Parmênides e Heráclito, evitando a contradição, ou assumindo-a de vez, o ponto nevrálgico da questão é perguntar como é possível, se possível, falar do ente em geral como um todo, *im Ganzen*, como dirão os fenomenólogos. Ou retomando a questão de um outro ponto de vista: os lógicos-matemáticos podem até se preocupar com a relação entre os sistemas formais e a realidade, mas deixam de lado uma questão essencial para a metafísica: como os entes se articulam num mundo?

Por exemplo, foi capaz de montar um sistema formal em que a contradição, obviamente com certas restrições, pode ser admitida.

iii. A nova fenomenologia: Husserl

1.

Em 1891, Edmund Husserl, antigo estudante e assistente do grande matemático Karl Weierstrass e amigo de Georg Cantor, publica *Filosofia da aritmética, investigações psicológicas e lógicas* (*Philosophie der Arithmetik, psychologische und logische Untersuchungen*). Tendo muitas vezes esbarrado no psicologismo, recebe uma dura crítica de seu colega Gottlob Frege. Husserl recua e, em 1900, publica *Investigações lógicas*, abandonando algumas de suas pretensões iniciais. Mas, em vez de sublinhar o lado objetivo do ser verdadeiro, como fizera Frege, passa a sustentar, podemos dizer assim, um psicologismo transcendental puro e radical. Isso porque o ser verdadeiro, o pensamento, somente poderá, então, ser pensado a partir de atos específicos de uma consciência pura. O que é isso?

Husserl, inspirando-se na psicologia de Franz Brentano, não separa o ato de pensar do objeto pensado, o perceber do percebido, o imaginar do imaginado, e assim por diante, sublinhando que toda consciência é consciência de algo. E cabe à filosofia explicar como nesse fluxo de duas faces se constituem, de um lado, as identidades dos objetos conscientes, de outro, a própria unidade da consciência. Cuida dos fenômenos, mas de modo algum isolando o que aparece dos atos pelos quais isso ocorre na consciência.

Note-se que esses atos da consciência não se processam como se fossem movimentos de uma substância, como se a consciência fosse entendida enquanto coisa contraposta às coisas naturais, mas antes de tudo como vetores que capturam algo transcendente sem que este lhe seja exterior. Ato e objeto, na nova linguagem: *noesis* e *noema*, conformam uma unidade indissolúvel, cabendo à filosofia, entendida como pura descrição de tais fenômenos, fenomenologia pura, examinar como se entremeiam. De um lado, a consciência se apresenta como feixe de vetores que dão sentido a objetos, de outro, esses objetos se apresentam, sobretudo, como objetos intencionais, significados conforme um modo de aparecer. O perceber visando o percebido, o imaginar, o imaginado, o pensar, o pensamento, e assim por diante, cada objeto buscando sua evidência peculiar que demarca a passagem do objeto intencional para o objeto real, verdadeiro. Por conseguinte, a filosofia analisa a possibilidade de tais objetos se darem para a consciência e serem conhecidos. Análise é, pois, transcendental, estudando as condições de possibilidade do que se dá como transcendente e assim vem a ser conhecido. Se a fenomenologia continua desenhando uma teoria do conhecimento, é porque deixa de ser análise empírica para se converter numa análise pura do modo pelo qual os fatos se apresentam para uma consciência pura, despojada de seus acidentes. O conhecimento se configura na dualidade dos atos doadores de sentido centrando-se em objetos intencionais que se mostram ou não verdadeiros. A geografia estuda como os acontecimentos da Terra seguem determinadas leis, a geometria, como eles devem seguir determinadas leis. A fenomenologia escaparia do psicologismo na medida em que trata dos acontecimentos da consciência de um ponto de vista em que esses acontecimentos se mostram necessários e independentes de uma certa experiência.

Seria de muito interesse examinar a evolução do pensamento de Husserl, desde os primeiros escritos, *Filosofia da aritmética* e *Investigações lógicas*, até seus últimos, em particular *A crise das ciências europeias e a fenomenologia transcendental*, de 1936, e *Experiência e juízo*. Este livro começa a ser editado por Ludwig Landgrebe antes da morte de Husserl em 1938, mas só vem a público posteriormente. Aliás, Husserl, trabalhador incansável e sistemático, deixou um arquivo gigantesco, ainda hoje conservado na biblioteca da universidade de Lovaina (Louvain), Bélgica. Nos meados do século passado os fenomenólogos precisavam ir em peregrinação até Louvain. Hoje em dia, publicada a coleção Husserliana e digitalizada a maioria desses documentos, é possível estudar a filosofia de Husserl em qualquer parte do mundo civilizado. Nós nos contentaremos, porém, em tocar apenas nas obras mais conhecidas.

Na conclusão dos *Prolegômenos a uma lógica pura*, de 1900, Husserl enumerara três metas para os estudos lógicos: 1) estabelecer os conceitos primitivos que assegurem as conexões de todo conhecimento, tais como "sujeito", "predicado", "disjunção", "implicação", "consequência" etc.; 2) estabelecer as teorias relativas aos conceitos precedentes, como a silogística, teoria do todo e das partes, e assim por diante; 3) examinar os tipos de teorias possíveis dos conceitos puros ligados à matemática formal, a uma teoria da multiplicidade, isto é, das várias maneiras de quantificar etc. Como se vê, a lógica, mais do que uma teoria dos objetos quaisquer, se transforma na teoria dos objetos puros, isto é, na descrição pura de tais objetos e dos atos que os configuram como tais. Como ela, então, se estrutura?

Se não é possível pensar os objetos lógicos sem os atos de

pensamento correspondentes, é preciso examinar previamente o campo intencional em que se inserem, a multiplicidade dos atos de consciência e dos correspondentes objetos. A lógica se configura, então, como parte da filosofia entendida como a descrição pura da consciência e do mundo, como fenomenologia pura. Não se renova assim o antigo projeto de uma filosofia primeira? Em 1913 Husserl publica a primeira parte desse projeto, *Ideias para uma fenomenologia pura e para uma filosofia fenomenológica*, uma introdução geral à fenomenologia pura, isto é, o estudo dos fenômenos tais como ocorrem na consciência, de um ponto de vista puro, vale dizer, esvaziados de todos os seus conteúdos concretos e particulares.

É sintomática a repetição da palavra *pura* nesses textos. Se, de uma parte, a fenomenologia pretende chegar às próprias coisas, deixando de lado tudo o que se disse a respeito dela, de outra, analisará elementos psíquicos, vivências[188] (atos e seus correlatos), nelas procurando suas determinações essenciais. Por exemplo, vejo uma casa. Os atos de ver se reportam à casa, que está ali, a despeito de fechar e abrir os olhos, sempre se apresentando por alguns de seus perfis. Como esses perfis se identificam num objeto? Esta sua apresentação por silhuetas não é traço essencial dos objetos percebidos? Por sua vez, como no fluxo de minhas vivências me identifico como eu mesmo? Retomando o vocabulário cartesiano, Husserl identifica nesse fluxo o eu, a representação vivida e o representado: *ego, cogito, cogitatum*.

Examinemos essa distinção entre o conhecimento do fato e o conhecimento da essência. Naturalmente estamos inseridos num mundo entendido como "o conjunto completo dos objetos da ex-

---

188. A palavra alemã é *Erlebniss*, traduzida geralmente por "vivido" ou "vivência"; prefiro a segunda para evitar a conotação emocional ligada à primeira.

periência possível e do conhecimento possível da experiência, dos objetos passíveis de ser conhecidos com base em experiências atuais do pensamento teórico correto".[189] Note-se que o conceito de mundo engloba tanto a totalidade dos objetos possíveis peneirados por um conhecimento teórico correto, como a totalidade dos conhecimentos possíveis da experiência: a dualidade entre ato e objeto está sempre sendo alimentada a partir dos objetos, do *noema*.

Estando no mundo, naturalmente acolhemos o que nele ocorre, os fatos, estudados pelas ciências experimentais e apreendidos por intuições que nos dão as próprias coisas em suas individualidades. A percepção é o ato mais simples da apresentação das coisas, que aparecem, então, por seus perfis, por alguns de seus lados, enquanto outros estão tacitamente presentes. Mas toda coisa percebida tem algo que lhe é o ser próprio; a sua individualidade além do estar aqui ou ali, agora ou depois tem o seu *quid*, em suma, sua essência, seu *eidos*. Por isso mesmo, toda intuição empírica ou individual pode ser convertida numa intuição de essência, que passa a captar na coisa aquilo que lhe é permanente e necessário: "A essência (*eidos*) é uma nova espécie de objeto. Assim como o que é dado na intuição individual ou empírica é um objeto individual, assim também o que é dado na intuição de essência é uma essência pura".[190] A coisa percebida está sendo dada pelos atos, pelas *noeseis* a ela dirigidas; do mesmo modo, a essência se apresenta pelas intuições que a apreendem, graças a um processo de variação que desgasta a multiplicidade para agarrar o ouro na ganga da bateia. Note-se que o invariável não se reduz a um conglomerado do variável,

---

189. *Ideen zu einer reinen Phänomenologie und Phänomenologischen Philosophie Husserliana*, 1950, vol. III, p. 11; *Ideias para uma fenomenologia pura e para uma filosofia fenomenológica*, trad. Márcio Suzuki, Aparecida: Ideias & Letras, 2006, p. 34.
190. *Ideen...* I, p. 14; trad., p. 36.

ao seu enrijecimento, mas depende de um ato específico da consciência que o captura segundo sua natureza.

Também a essência pode ser dada de perfis e de modo inadequado; a essência na mesa se apresenta na diversidade das mesas individuais segundo seus aspectos. Isso porque a intuição de essência se funda, se apoia, numa intuição perceptiva, embora não se confunda com ela, já que o ato de perceber também não se confunde com o ato de pensar. Os objetos são dados, então, por diversos atos que lhes conferem sentido, inclusive o objeto no seu significado mais geral, tal como é estudado pela lógica formal. "Todo objeto possível, logicamente falando, 'todo sujeito de predicações verdadeiras possíveis' tem precisamente suas maneiras, antes de qualquer pensar predicativo, de comparecer a uma visão representativa, intuitiva, que eventualmente o encontre em sua 'mesmidade em carne e osso' [*leibhaftigen Selbstheit*]."[191] É de notar essa primeira apresentação do objeto. Cotidianamente é o sujeito da predicação, mas essa sua articulação lógica pressupõe que ele se evidencie antes de qualquer predicação, simplesmente se apresente, mesmo quando não seja em pessoa, em carne e osso.

As coisas, ante-predicativamente dadas, se articulam em estados de coisa, que serão em seguida julgados verdadeiros ou falsos. Os fatos são estados de coisa julgados verdadeiros. Esses juízos são formulados em proposições: "A casa é amarela", "A casa ruiu". Quando dizemos "Esta folha de papel é branca", se a folha for branca temos um fato evidente. É possível variar a matéria da folha, que poderia ser de plástico ou de madeira, assim como a cor dela: vermelha, azul etc. Imaginando, porém, que a folha se reduzisse a um ponto-limite, intuímos que terminaria perdendo sua cor. Essa variação, chamada eidética, apresenta um estado eidético onde se "vê" que a superfície não existe sem a cor e vice-versa.

---

191. Idem, p. 15; trad., modificada, p. 37.

Trata-se de um *a priori* material, de uma síntese necessária que, indo além da experiência dos fatos, constitui um momento de unidade, uma verdadeira lei essencial, intuída por uma evidência específica.

Torna-se assim possível mapear os fatos segundo suas regulações essenciais, as coisas se organizando em espécies e estas em gêneros. As ciências empíricas lidam com essas articulações de fato, mas a filosofia as estuda de um ponto de vista puro, eidético, necessário, isto é, apodítico; mostra como se movem nos quadros de seu ser específico, encastoando-se então em ontologias regionais: aquela dos objetos naturais, aquela dos seres vivos, dos fenômenos psíquicos, das organizações sociais, das instituições culturais, e assim por diante. Note-se a situação muito peculiar da psicologia, que pode ser empírica ou pura. Mas, se trata da consciência, demarcada pelo paralelismo entre atos e objetos, *noesis* e *noema*, como se distinguirá da filosofia entendida como fenomenologia pura?

Dados todos esses objetos mapeados pelas ontologias regionais, cabe perguntar como, sendo apenas objetos, ainda se determinam ao serem determinados por propriedades, ao entrarem em relações, ao formarem estados de coisa, igualdades, conjuntos, e assim por diante? Os objetos, os seres, abstraídos de suas determinações acidentais e passageiras, se apresentam reunidos em ontologias regionais, mas enquanto objetos quaisquer, desprovidos de seus *a priori* materiais e sendo postos exclusivamente em suas formas, confluem numa ontologia formal.

O estudo dessas categorias formais cobre todas as ontologias regionais. A lógica formal se configura então como a teoria geral, formal, necessária, dos objetos quaisquer e de suas determinações essenciais; resolve-se numa *mathesis universalis*, expressão neoplatônica criada no Renascimento e que René Descartes universaliza, definindo-a como teoria de tudo aquilo que é simplesmente determinado pela quantidade e pela ordem.

2.

No seu livro *Lógica formal e lógica transcendental*, de 1929, Husserl organiza os pontos essenciais de sua lógica desenvolvidos anteriormente. É de notar seu subtítulo: *Ensaio de uma crítica da razão lógica*. A fenomenologia é tanto a descrição pura como crítica da razão. A razão opera em vários níveis, o mais abstrato e geral é o da lógica, ciência das ciências. A ciência nasce, lembra Husserl, da fundação platônica da lógica, esta entendida como o lugar onde se pesquisam as exigências do verdadeiro e do autêntico saber, onde ainda se evidenciam as normas capazes de encontrar uma legitimidade normativa universal, formando uma ciência capaz de se justificar plenamente a partir de seus princípios puros. Como era de esperar, privilegia *O sofista* de Platão, mas também ressalta a importância do *Discurso do método* de Descartes. A ciência é, antes de tudo, trama de conhecimentos fundados em princípios evidentes. Mas não é por isso, como pretendia Descartes, que ela deva partir de um princípio evidente, "Penso, logo existo", e dele derivar por via dedutiva todos os outros conhecimentos. Em vez da dedução, importa a intuição da essência de cada tipo de objeto, de cada ser tal como aparece. A trama vai se apresentando conforme cada um de nós consegue capturar a essência daquilo que se apresenta, do que aparece. Em contraposição às ciências da natureza, que trabalham com o método hipotético-dedutivo, a filosofia como ciência rigorosa é estritamente descritiva.

Obviamente as ciências contemporâneas não se conformam a esse paradigma desenhado na sua pureza. Transformaram-se em técnicas teóricas que, não encontrando um princípio comum, repousam na diversidade das experiências práticas. Abandonaram assim o ideal platônico de uma ciência autêntica, a exigência de não admitir nenhum saber que não fosse capaz de dar conta dos princípios primeiros em que se fundam. Essa ideia de fundação é nevrálgica, o fundamento, porém, não se encontra numa hipótese capaz de dar conta de outros conhecimentos, mas no travejamento das essências, das ideias, características das ontologias regionais e, no caso da ontologia formal, das essências determinando os relacionamentos dos objetos quaisquer.

Galileu Galilei é responsabilizado por esse tropeço no campo do saber. A crise atual das ciências europeias provém desse abandono do saber puro, do privilégio da técnica sobre a especulação teórica. Ao pretender matematizar a natureza, obrigou-se a deixar de lado a riqueza perceptiva dos fenômenos, inclusive as essências materiais, os *a priori* materiais que os regem. Deixando de lado as variações eidéticas que nos levam a esses *a priori* materiais, abriu um abismo entre sensibilidade e entendimento e assim se tornou incapaz de conquistar aquela "certeza de ser" peculiar a nosso "mundo da vida".[192] René Descartes consolidou essa separação entre o sensível e o inteligível, separando, de um lado, as determinações primárias de um objeto percebido, de outro, as determinações secundárias; as primeiras seriam os atributos inteligíveis da coisa extensa, as segundas, aquelas das coisas ricas de matizes. Na natureza existiriam, pois, tão só determinações primárias, as secundárias resultando das afecções da alma. Não chegou o momento de voltar às próprias coisas, de encarar o fenômeno na riqueza de suas determinações? Mas para isso não será preciso abandonar de vez a ideia de uma coisa em si, independente das formas pelas quais nosso entendimento e nossa razão a capturam?

Note-se o aparecimento de um novo diagnóstico da crise do mundo contemporâneo. Não viria, como pretendeu todo o movimento socialista, de uma contradição entre os interesses do capital, da riqueza que tende a crescer por si mesma, em oposição aos inte-

---

192. *Die Krises der europäischen Wissenschaft um die transcendentale Phänomenologie*, Husserliana, VI, Haia: Martinus Nijhoff, 1954, p. 421.

resses dos trabalhadores, mas de uma fenda no seio da própria razão que, perdendo seu empuxo de esclarecer seus próprios princípios, se transformaria em técnica predisposta a dominar o mundo.

3.

Já sabemos que um juízo qualquer tem como forma "S é p". Se as variáveis S e p são pensadas independentemente dos objetos reais a que se referem, a forma é pura dizendo respeito exclusivamente a objetos quaisquer. Neste nível é possível examinar como "S é p" se articula em "(S é p) é p", ou se "Se 'S é p', então 'S é q'", e assim por diante. Estamos tomando os juízos, objetos dos atos de julgar, simplesmente como unidades que se combinam, que se constroem, configurando um sentido possível na medida em que S se dá como substrato e p como sua determinação, isto é, como unidades postas num ato declarativo, vale dizer, como *apophansis*. Os juízos são então estudados no nível da morfologia pura das significações, da gramática universal, sem levar em conta se entram ou não em contradição, por conseguinte sendo examinados antes de se mostrarem verdadeiros ou falsos.

Essa gramática compreende tanto estruturas formais como estruturas sintéticas *a priori*. Um dos atos mais simples de pensar consiste em juntar uma determinação a um substrato. É o que acontece quando dizemos que um adjetivo está ligado a um substantivo, indicando um todo formado pela coisa e sua determinação. Obedientes a uma regra gramatical, constituem um sentido. Desse ponto de vista, a frase formada por um adjetivo aposto a um substantivo é correta, por exemplo, "rosa vermelha", já que obedece a uma regra da gramática universal.

Segue-se que "quadrado redondo" é igualmente uma expressão correta, pois obedece à regra acima enunciada. Isso não acontece com a frase "quadrado porém". No primeiro caso, os conteúdos materiais de quadrado e redondo se contrapõem, são incompatíveis, embora sigam corretamente a regra gramatical, o que não acontece no segundo caso. Cabe então distinguir o "contrassenso" (*Widersinn*) do "não-senso" (*Unsinn*); o primeiro forma uma significação, um objeto intencional sem contrapartida do objeto real, porque suas partes não se unificam; o segundo nem mesmo forma um significado. Husserl está lançando mão de uma diferença — feita por Brentano, mas que tem origem em Tomás de Aquino — entre objeto intencional, objeto significado e objeto real. Todos entendemos a expressão "A praça Brasil em Paris", um objeto mencionado, embora essa praça não exista. Note-se que a "significação" não é nada de real, é apenas o meio ideal mediante o qual se tem acesso à realidade. Corresponde ao conteúdo do ato, que se mostrará verdadeiro ou falso conforme vai ser preenchido por intuições complementares. O *lekton* estoico agora faz parte de uma gramática universal.

Não se confunde, entretanto, com uma simples representação, pois este conceito é ambíguo. De um lado, designa o ato de representar; por exemplo, uma filial representa, no Rio de Janeiro, a matriz situada em São Paulo. Trata-se da substituição de algo existente por outro algo existente. Essa dupla existência desaparece quando, de outro lado, representamos a praça Brasil em Paris: imaginamos e pensamos esse lugar, conformamos um objeto intencional, sem que venha a ser real. Esse tipo de representação apenas representa algo sem colocar a existência desse algo como pressuposta.

Graças a esse jogo meramente representativo compreendemos por que o não-senso, embora não obedeça a uma regra gramatical, não fica inteiramente fora do universo da significação. Husserl levará em conta que uma fala como "casa enquanto" continua ligando palavras que procuram, por certo sem encontrar, uma evidência legitimadora. Para ele toda expressão, todo significado, vive buscando uma evidência: o mero proferir da fala tem por trás uma subjetividade, em última instância, uma subjetividade transcendental, de sorte que se articula para exprimir algo que será "visto". Por isso considera a subjetividade transcendental como o universo dos sentidos possíveis: "Se esta é o universo do sentido possível, algo que lhe fosse exterior seria um não-senso. No entanto, todo não-senso nada mais é do que um modo do sentido e tem a não-significação [*Unsinnigkeit*] numa compreensibilidade [*Einsehbarkeit*]".[193] Só mais tarde vamos compreender como essa subjetividade abrange o sentido de todos os sentidos possíveis, inclusive a conexão de palavras fora do sentido.

Mas desde já convém notar uma diferença essencial entre a fenomenologia husserliana e os filósofos da linguagem contemporânea, por exemplo, Carnap. Para este o não-senso não passa de um rabisco desenhado no papel ou de uma aglutinação de palavras desconexas, porquanto como objeto nada o articula do ponto de vista linguístico. Os atos que visam a significação impossível dizem respeito à psicologia e estão fora da lógica.

Cabe, por fim, desde já evitar um erro fundamental: não existem o ato, o objeto intencional e o objeto real, como três algos instituídos. O ato é meramente vetor que doa sentido ao objeto intencional, algo que transcende ao atuar, que se mostra real ou irreal conforme vai sendo completado ou não por conteúdos intuitivos. Husserl pretende explicar como a imanência da consciência vem a ser para a sua transcendência, sem que essa transcendência esteja ligada a uma coisa em si, a uma coisa que se situasse além dos atos doadores de sentido. Nas *Investigações lógicas* Husserl ainda opera com uma dualidade exclusiva entre o psíquico e o

---

193. *Cartesianische Medditationen*, I, p. 117; Husserliana, I, Haia: Martinus Nijhoff, 1950.

físico (o natural), de sorte que a significação, não sendo coisa física, só poderia ser psíquica, embora pura. Mais tarde essa dualidade se torna característica da atitude natural, aquela atitude na qual operamos na vida cotidiana. Mas a superação dessa dualidade entre o físico e o psíquico somente poderá ser entendida depois de estudarmos como a fenomenologia husserliana põe em xeque essa crença natural.

Voltemos ao juízo. Qual é o sentido do "é", da cópula que liga o sujeito ao predicado? Se dissermos "Esta pedra é", estamos simplesmente querendo dizer que a pedra se apresenta para nós por seus aspectos, ela é percebida como existente, o significado está sendo cumprido e evidenciado. Ela nos é dada, por assim dizer, mediante uma intuição impletiva. Mas ao dizer, diante da pedra, "Esta pedra é vermelha", vemos a pedra se mostrando para nós como vermelha, contudo não presenciamos a síntese da pedra com sua vermelhidão, essa síntese não reside no sensível, ao contrário do núcleo "material" dado pela pedra e por sua cor. Ao ver a cor, não vejo o "ser colorido", de sorte que a palavra *ser* vai além dos conteúdos sensíveis, indica uma síntese exclusiva do entendimento. Se esta se funda nesses conteúdos, é para se mostrar como algo ideal, objeto de uma intuição idealizante. E, como já vimos, o mesmo vale para todas as outras expressões categoriais.

Como se conforma a identidade ligada ao conceito de conjunto? Do ponto de vista dos atos que se reportam a ele, isto é, do ponto de vista noético, o conjunto se dá como resultante de atos de abarcar, de pôr junto várias coisas. Mas o conjunto pensado não reside nessas coisas, configura algo ideal posto por atos peculiares, o inteligir visando o inteligível. Ambos, porém, inteligir e inteligível, constituem momentos de um mesmo processo, o inteligível não existe a não ser no inteligir, como objeto intencional, que todavia poderá se evidenciar ao reunirmos coisas num cesto, páginas num livro, móveis numa sala, e assim por diante. O inteligir é sobretudo um operar sobre conteúdos dados, um atuar que se distancia do atuado. O conceito de operação passa, então, a conduzir as análises lógicas. Nas matemáticas, uma definição qualquer somente ganha sentido se for provado que o objeto assim definido existe. Elas cuidam de que não se confunda o decaedro, sólido regular de dez lados, cuja existência é impossível, com o cubo ou uma pirâmide, sólidos existentes. As operações do entendimento não se confundem, além do mais, com atos da imaginação, visam objetos existentes. No nível mais simples o contrassenso existe, enquanto o não-senso não existe. Nunca a intuição sensível será capaz de apreender a categoria que determina a coisa. Vejo a superfície colorida, mas não vejo o momento de unidade em que a cor se funda na superfície e a superfície se funda na cor. O todo é mais do que as duas partes, constituindo, pois, um objeto novo, um *eidos*, que somente um ato do entendimento poderá capturar.

Do mesmo modo, se vejo a cor mas não vejo "o ser colorido", é porque sobre o "ser" se pode dizer, sobretudo, aquilo que ele não é: não é nada no objeto, nem em suas partes, nem é qualidade, intensidade, e assim por diante. A palavra *ser* nunca encontrará seu correlato objetivo na intuição sensível, constituindo, por conseguinte, algo inteiramente novo, um objeto ideal que, para ser dado, supõe a presença de um objeto sensível no qual se fundam correspondentes atos doadores de sentido. Em contrapartida, como o objeto ideal está fundado no objeto sensível, ele pode ser tomado inclusive como "modo de manifestação" desse objeto. A cadeira está ali se mostrando por seus perfis, mas basta considerarmos esses perfis como partes da cadeira, como se sua inteireza fosse composta de pernas, assento, encosto, esse mesmo objeto se apresentaria então como um conjunto, algo que vai além das partes, uma idealidade a escapar delas. Por isso Husserl pode afirmar que o pensar no sentido mais alto, sem uma sensibilidade fundante, é puro contrassenso. Um intelecto puro, tal como foi apresentado por Aristóteles, passa a ser um absurdo.[194] Não convém confundir o objeto sensível, no qual se apoiam os atos objetivantes do entendimento, com o objeto ideal posto por esses atos. A cada ato corresponde seu objeto, à *noesis* um *noema*. Daí se segue que o filósofo deve procurar, na captura de algo posto como significado, sentenças encadeadas concludentemente e proposições verdadeiras, a intuição intelectual correspondente.

Desde que as formas objetivantes dos juízos passam a ser organizadas numa sequência dedutiva, caem sob a égide do princípio formal da não-contradição, obedecem a uma lógica da consequência, anterior a uma lógica da verdade. Compreendemos facilmente essa diferença se lembrarmos que um silogismo pode ser verdadeiro a partir de premissas falsas. Por fim, num terceiro momento, os juízos se compõem em vista de suas verdades, da transformação dos objetos intencionais em objetos reais, na medida em que essas intenções vão sendo confirmadas ou desprezadas por intuições características.

A lógica opera assim em três níveis de evidência: a primeira, meramente morfológica, aquela das regras de uma gramática universal; a segunda, as evidências das distinções entre os juízos compatíveis entre si; finalmente, a terceira, com a evidência da verdade, do preenchimento dos atos visados enquanto buscando complementos.

4.

Convém não se deixar levar pelo chavão tantas vezes repetido: a consciência é sempre consciência de ... Cabe sempre levar em conta que a oposição entre subjetivo e objetivo não se resolve na oposição entre o que está em mim e o que está fora de mim. É na

---

194. *Logische Untersuchungen*, VI, Max Niemeyer, 1928, p. 183.

própria consciência que se constitui sua dimensão transcendente. Analisando a relação do signo com o significado, Husserl sublinha que um e outro não estão apenas justapostos, o signo não se reduz a um índice, a uma etiqueta assinalada na coisa, mas opera abrindo um espaço que o significado, a significação, passa a ocupar. Na medida em que os atos da consciência sejam doadores de sentido (*Sinngebende*), eles se apresentam visando um objeto cujas partes significam o todo. É o que já acontece no nível da percepção. Vejo o livro sobre a mesa por alguns de seus aspectos, por alguns de seus perfis, uns estão sensorialmente presentes, outros apenas referidos. Basta movê-lo para que alguns aspectos presentes se ocultem e outros se evidenciem. Mas também seu estar sobre a mesa significa que este livro se compõe com meus móveis, ele mesmo se conformando num aspecto concentrado de minha mobília, que por sua vez é mobília de meu escritório. O fenômeno no que respeita a seu ser algo, a seu ser ente — no sentido ôntico em contrapartida ao sentido ontológico, relativo ao seu ser —, "não é outra coisa a não ser a generalização da ideia de significação para o domínio completo dos atos".[195] Mas ele vem a ser antes de ser determinado pela categoria ente e pelos predicados que o envolvem, vem a ser dado em nossa vida ante-predicativa.

Para aprofundar essa análise, Husserl continua analisando essa dualidade entre os atos doadores de sentido e seus respectivos objetos, o paralelismo entre a *noesis* e o *noema*, sem fugir do quadro da própria consciência. Mas, se já no nível da percepção, se cada objeto se dá mediante seus perfis, se o próprio objeto se associa noematicamente a outros, a faca ao garfo, o *couvert* à mesa posta; em resumo, se cada coisa se dá num horizonte que, no limite, é o limite do mundo, então o ser humano não estaria sempre se apresentando num mundo?

---

195. *Ideen...* III; Husserliana, V, p. 89.

Não é porque se pretende ir à coisa mesma que esta coisa deva ser entendida como algo em si mesmo, independente dos modos que a visam. Não falamos do planeta Vênus como se o mero nome nos tornasse a coisa presente na sua integridade. Nem mesmo o nome próprio possui essa potência de pescar a coisa em si, pois sempre a vemos de um lado, sob um aspecto. O planeta Vênus nos é dado como a estrela da manhã, ou como a estrela da tarde, ou ainda como um corpo do sistema planetário. Do mesmo modo, Napoleão se nos dá como o vencedor de Iena e o vencido em Waterloo, mas igualmente como imperador que encerra a Revolução Francesa. O objeto intuído simplesmente se apresenta mediante várias significações, cruzamento de várias categorias, em geral anteriores àquelas que lhe confere a predicação. Não há, pois, objetos simples, estes estão sempre categorialmente determinados; ao mesmo tempo, os objetos significados, intencionais, para que possam ser postos como reais, têm suas intenções cumpridas, preenchidas segundo o nível em que cada um se coloca.

As coisas se situam, pois, em redes de sínteses passivas, ligando-se a isto ou àquilo, irradiando, situando-se no cruzamento de suas perspectivas, no contexto de um "mundo como o horizonte universal de todas as coisas efetivamente sendo, [horizonte] comum a todos os homens".[196] Esse tecido do mundo se apresenta para uma única consciência, mas a unidade constituinte e constituída também se dá inserida numa comunidade, ela depende da inter-relação das consciências.

> Mas, em vez de continuar investigando a esfera de nossas próprias intuições, notemos que na torrente contínua de nossas percepções

---

196. *Die Krisis der europäischen Wissenschaften und die transzendentale Phänomenologie*, p. 167.

mundanas não estamos isolados, mas ao mesmo tempo mantendo uma ligação com outros homens. Cada um tem suas percepções, suas presentificações, suas consonâncias, avaliações de certezas nas meras possibilidades, dúvidas, questões, aparências. Mas nessa convivência com o outro cada um partilha a vida junto de outros. Desse modo, em geral, o mundo não existe para os homens isolados, mas por certo mediante a conversão coletiva dos meros comedimentos das percepções.[197]

Vivemos assim naturalmente habitando o mundo existente em suas várias dimensões: natural, social, cultural, e assim por diante. Não seria, contudo, possível, suspender essa crença? O que acontece quando duvidamos? Percebemos um vulto lá longe, não sabemos se é um homem ou um animal. Não estamos suspendendo a crença nessa coisa tal como aparece? Ao duvidar de que este objeto aqui presente seja homem ou bicho, estamos duvidando de seu ser homem ou bicho, perguntamos por sua identidade. Essa descrença não chega a suspender a crença na existência daquilo que vemos, não deixamos de considerá-lo existente, pomos apenas em xeque a tese dessa existência.

Trata-se, antes, de algo inteiramente próprio. Não abrimos mão da tese que efetuamos, não modificamos em nada a nossa convicção, que permanece em si mesma o que ela é, enquanto não introduzimos novos motivos de juízo: o que justamente não fazemos. E no entanto, ela sofre uma modificação — enquanto permanece em si mesma o que ela é, nós a colocamos, por assim dizer, "fora de ação", nós "a tiramos de circuito", "a colocamos entre parênteses".[198]

---

197. Idem, p. 166.
198. *Ideen...* I, p. 54; trad., p. 79.

Suspendemos o juízo sobre sua existência, embora com isso não a neguemos. A coisa está ali, sem que possamos levar em conta sua existência para nossas análises. Ela apenas está disponível (*Vorhanden*), ali (*da*).

Não é porque duvidamos disso ou daquilo que estamos suspendendo a crença no mundo. Lembremo-nos, porém, da dúvida metódica de René Descartes: ele duvida dos dados da percepção porque eles nos enganam, em seguida duvida do que é dado pela memória e pela imaginação, e assim chega até mesmo a duvidar das certezas matemáticas. Se um gênio maligno interviesse todas as vezes que contamos dois objetos mais dois objetos, introduzindo um quinto objeto, não diríamos que $2 + 2 = 5$? Para Descartes a dúvida é procedimento metodológico para atingir uma certeza inarredável, aquela de que eu existo, pois, quando duvido, assim como quando imagino, sonho etc., existo enquanto pensar. De onde o famoso princípio "Penso, logo existo". Todos os conhecimentos sobre o mundo existente foram postos entre parênteses para revelar a impotência do eu de negar sua própria existência. Ao dizer "Eu não existo", estou me contradizendo, pois continuo a existir pensando.

Inspirado na dúvida cartesiana, Husserl parte da constatação de ser impossível duvidar de tudo. O ceticismo metodológico cartesiano não nega a equação $2 + 2 = 4$, simplesmente a coloca entre parênteses, afasta essa evidência de seu caminho, na procura de um princípio incapaz de ser afastado, por conseguinte assegurando-se a si mesmo, chegando à asserção indubitável do próprio eu como unidade de *cogitationes*, de representações. Não seria possível universalizar esse procedimento, duvidar de tudo sem que para isso sejamos obrigados a considerar que esse tudo não existe? Ele continuará existindo, mas tendo sua existência anestesiada, posta fora de campo. A tese da existência do mundo passa a ser colocada entre parênteses. A intencionalidade da consciência sofre um curto-circuito, fecha-se numa *epochê*.

Ao enunciar um juízo como "A rosa é vermelha", focamos nossa atenção na rosa vermelhando, esta vem a ser a tese do próprio juízo. O que aconteceria se suspendêssemos todos os juízos, colocássemos entre parênteses suas teses? "Colocamos fora de ação a tese geral inerente à essência da orientação natural, colocamos entre parênteses tudo o que é por ela abrangido no aspecto ôntico [no que diz respeito aos entes, não ao seu ser]: isto é, todo este mundo natural que está constantemente 'para nós', 'a nosso dispor', e que continuará sempre aí como 'efetividade' para a consciência, mesmo quando nos aprouver colocá-la entre parênteses."[199] A análise estoica da forma dos juízos permitia que deles fosse retirado o assentimento, revelando apenas seu lado representativo. A *epochê* husserliana é muito mais potente, porquanto põe em xeque a própria existência posta pelo "eu penso". Esta não é negada, tem apenas sua tese riscada. Não duvido de que existo, mas, feita a redução, eu, mônada, fecho-me em mim mesmo, de sorte que minha existência se me dá exclusivamente como fluxo de minhas vivências — atos e objetos visados. Descartes se engana, diz Husserl, quando faz da consciência uma coisa (*res cogitans*) oposta ao mundo como *res extensa*. Também se engana Kant quando faz do eu puro movimento de reflexão sobre si mesmo, a partir do qual pode fundar a legitimidade de todo conhecimento científico e moral. Ambos deixam de ver que a *epochê*, a suspensão da tese do mundo, suspende inclusive a tese da existência do eu, enquanto esse eu pertence a esse mundo.

Depois dessa operação, o que resta? Tudo, apenas mudando de sentido. A *epochê* é uma operação semântica radical, suspende a tendência natural de pensar o sinal indo para uma coisa exterior, a representação para um representado em si, para, em contrapartida, evidenciar que os dois lados do significar e do significado,

---

199. Idem, p. 67; trad., p. 81.

da *noesis* e do *noema* constituem uma unidade indissolúvel; são o que são do ponto de vista mais radical: fenômenos. Antes de tudo unidade minha:

> Eu mesmo e minha vida permanecemos intactos (quanto à posição de seu ser que permanece válida), seja qual for a existência ou a não--existência do mundo e o que possa ser o juízo que farei sobre esse assunto. Este Eu e minha vida psíquica, que guardo necessariamente a despeito da *epochê*, não são parte do mundo. E, se este eu diz: Eu sou, *Ego cogito*, isso não quer mais dizer: Eu, enquanto este homem, sou. O "eu" não é mais o homem que se apreende na intuição natural de si enquanto homem natural, nem ainda o homem que, limitado pela abstração aos dados puros da experiência "interna" e puramente psicológica, aprende seu próprio *mens sive animus sive intellectus*, nem mesmo a alma ela própria tomada separadamente.[200]

No que ele se resolve?

Para sublinhar a novidade desse recolhimento de si, basta indicar que, desde logo, levanta um problema inédito: a identidade do próprio Eu. Para os grandes racionalistas o Eu, reflexionando sobre si mesmo, se punha tanto como existente quanto como unidade constituída. Do ponto de vista fenomenológico, posta entre parênteses a existência do Eu, o que sobra? Não me cabe simplesmente dizer "Existo" e a partir dessa evidência deduzir outros conhecimentos a respeito de mim e do mundo tal como me está sendo dado como tudo o que transcende o fluxo de minha consciência. De um lado, eu mesmo procuro variar minhas vivências para que possa intuir eideticamente meu *eidos*, eu como ideia, isto é, polo regulador do fluxo de minha consciência. Sob esse aspecto me intuo como um eu qualquer, eu transcendental.

200. *Cartesianische Meditationen*, I, p. 64.

De outro lado, geneticamente vou compreendendo o mapa de mim mesmo, o plano de minha egoidade. Antes de tudo, preciso conferir a esse eu qualquer o caráter de ele ser meu, não se dissolvendo no fluxo da consciência. Daí a importância da consciência do tempo na constituição do eu, na consolidação de minhas vivências, de minhas *cogitationes*.

Volto-me agora sobre mim mesmo. Estou diante de meu computador. Acabei de digitar algumas letras, o agora se torna passado, estendendo-se para ele. Do mesmo modo, este agora espera meus dedos continuando a digitar. O agora não se reduz a um ponto-limite, mas se alarga de tal maneira que se junta ao que foi agora e ao que será agora. No entanto, ainda possui a potência de trazer para o presente os agoras passados e os agoras que serão futuros. Essa análise, obviamente ultrassucinta, tenta mostrar como passo a ter consciência de meu presente e de meu passado, mas ainda de mim mesmo perdurando na minha consciência do tempo. Porém, ao tomar consciência dessa forma do tempo como forma de meu eu, que se generalizando se torna meu eu universal, também não estou conhecendo uma forma que se reproduzira em toda a gênese de algo que se institui na consciência? O tempo é a primeira dimensão formal de todo ente.

Não sou um polo de identidade vazia. O eu é apresentado por Husserl como uma mônada, essa unidade que contém em si mesma a representação de todo o universo, tal como Leibniz a pensou, mas deixando agora de ser substância. Como ela vem a ser mobiliada? Se agora verifico que tenho atrás de mim os livros de minha biblioteca, não preciso voltar, a cada momento, meus olhos para eles, a fim de estar certo de que eles existem e continuam lá. Esse processo não se reduz a uma lembrança, pois, como estou pensando nos quadros que me foram dados pela *epochê*, é o juízo que foi retido. Verifiquei que os livros estão ali, e disso estou convencido. Depois da *epochê*, entretanto, essa convicção perdeu sua operacionalidade, foi posta entre parênteses, deixa de ser minha convicção, vivência meramente pessoal:

> Depois que ela foi riscada, ela não é mais minha convicção, mas ela o era até agora de uma maneira permanente. Enquanto ela é válida para mim, posso "retroceder" a ela muitas vezes e sempre a encontro como me pertencendo enquanto *habitus*. Encontro-me a mim mesmo como um eu que está convencido, como um eu permanente determinado por esse *habitus* persistente. E é isso que ocorre em todas as decisões que tomo. Eu me decido, o ato vivenciado corre, mas permanece a decisão [...], a decisão permanece continuadamente em vigor e, correlativamente, de agora em diante estou determinado de uma certa maneira, e isso enquanto não abandono minha decisão.[201]

A fenomenologia encontra no fluxo da consciência reduzida uma pura decisão.

O próprio Husserl nota que "na passagem do eu para o eu em geral, não se pressupõe nem a realidade nem a possibilidade de um mundo alheio. A extensão do *eidos* ego é determinada pela variação de meu ego. Eu me modifico na imaginação, eu mesmo me represento como diferente, eu me imagino um outro". Encontramo-nos diante de uma pura egoidade, que todavia continua mantendo os horizontes que captamos em nosso eu empírico, mas agora transformados em idealidades puras. Sob esse aspecto, continuo, entretanto, guiado pela ideia de filosofia entendida como ciência universal fundada de modo rigorosamente rigoroso, "a primeira efetivação de uma ciência filosófica, de uma 'filosofia primeira'".[202] A metafísica se converte numa ciência pura e absoluta.

201. Idem, p. 101.
202. Idem, p. 107.

Não é por isso que o eu está solitário. Tenho várias representações dos outros, são *noemata* que permanecem nos quadros de minha consciência mesmo quando a tese do mundo foi posta entre parênteses. Daí a necessidade de examinar como esse *noema*, mero objeto intencional, se completa, se implementa como objeto real, embora suspenso. O outro precisará ser constituído como algo presente à consciência. Essa tarefa, Husserl a enfrenta na quinta meditação cartesiana, um dos textos mais difíceis e dos mais fascinantes da história da filosofia. Somente podemos indicar de modo tosco a direção do caminho. Cabe de encontrar na significação de mundo e na significação de outro, tais como se encontram na consciência reduzida pela *epoché*, os procedimentos pelos quais essas significações sejam dadas como se fossem existentes. Será necessário mostrar, então, como o "outro" aparece enquanto "reflexo" de mim mesmo, vivendo no mundo comum da sociabilidade e da cultura. Como eu e ele formamos um par, como meu corpo serve de condutor para o corpo alheio e assim efetiva esse emparelhamento. Para ter uma ideia das dificuldades dessa análise genética, imaginemo-nos na seguinte situação. Vou entrar por uma porta e, de imediato, percebo um guarda bloqueando a entrada. De repente não vejo mais um guarda, mas um boneco perfeito. Que matizes de meu comportamento e do comportamento do próprio objeto conduziram a uma alteração tão grande dos tipos das evidências? À primeira vista, percebo um ser humano, espero que fale e tenha sentimentos, depois, um boneco sem interioridade alguma. Que diferentes preenchimentos (*Einfühlungen*) serão necessários para dar conta de uma experiência tão complexa? É de notar que essa mediação do corpo na constituição das relações intersubjetivas foi amplamente explorada pelo filósofo francês Maurice Merleau-Ponty.

Para finalizar, vale a pena tomar ainda um último exemplo a fim de dar continuidade a nossas preocupações iniciais. Vejamos como se trama a gênese categorial de um operador lógico: a negação. Percebo rodas, pneus, discos de vinil e DVDs, objetos percebidos se apresentando segundo seus perfis. Graças a essa variação intuo a circunferência como um objeto ideal tratado pela geometria. Mas, ao fazer a roda ou dançar nela, consertar pneus, ouvir música etc., vou criando as condições para intuir a essência da circunferência sendo instituída junto de tais atos. Aberto o campo das investigações genéticas, Husserl pode então examinar como os conceitos puros da geometria estão associados a práticas de mensuração, da agrimensura. Nunca afirmará que essas práticas geram aqueles conceitos graças a processos individuais ou sociais de abstração. Não apenas os atos de percepção precisam dar lugar a atos puros de pensamento, mas ainda é preciso que, graças à redução transcendental, se abandone a atitude natural, a vinculação cotidiana com o mundo. Suspensa a tese do mundo, as práticas se apresentam no interior ampliado de minha própria consciência, no jogo do paralelismo entre a *noesis* e o *noema*. Mas, agora, o *noema*, se apresentando desde logo como objeto intencional, vai se enriquecendo com as intuições adequadas ou inadequadas que mostram como vem a ser um objeto real de um determinado tipo.

A gênese da operação lógica da negação tem especial interesse para nós. Examinemo-la mais de perto. Tomo uma bola vermelha em minhas mãos e começo a girá-la. Eu a vejo girando; durante certo tempo, no curso da percepção, ela vai cumprindo minhas expectativas. Mas, de repente, percebo que um lado, até agora oculto, mostra uma mancha verde e que a superfície lisa está enrugada. Tomo consciência de uma alteridade contrária à expectativa: "não vermelho, mas verde", "não liso, mas enrugado". O processo intencional dirigido à bola se conserva, uma parte é preenchida; até mesmo uma unidade do sentido objetivo deve se manter durante o fluxo das aparições sucessivas. Somente assim, no curso das vivências, capturo nessas aparições a concordância de uma só consciência e uma e mesma intencionalidade presente em todas as fases, em resumo, a unidade da consciência perceptiva de tal objeto, e a unidade da orientação que tendencialmente caminha para a contemplação desse mesmo objeto. Mas de repente aparece uma defasagem entre o objeto sendo percebido e sua nova face, interrompe-se o curso de seus perfis passados, presentes e antecipados. A unidade do objeto continua posta, é a mesma bola que agora apresenta uma mancha verde e enrugada, o curso das silhuetas é bloqueado.

> Instala-se então um conflito [*Widerstreit*] entre as intenções ainda vivas e os conteúdos das significações que aparecem no dado original que acaba de ser instituído. Mas não apenas conflito, o sentido objetivo recém-constituído na sua corporeidade, por assim dizer, retira seu oponente do lugar que ocupa, pois ele recobre com sua plenitude corporal o que era apenas pressentido, e assim o sobrepuja. O novo sentido objetivo "verde" em sua força de cumprimento impressor tem a certeza de sua força originária, que sobrepuja a certeza da espera anterior de ser vermelha. Ela é ainda consciente como sobrepujada, mas com o caráter de "negativo" [*nichtig*]. Em contrapartida, o "verde" se junta ao quadro do sentido restante.[203]

O texto progride na mesma direção procurando mostrar como a consciência unificadora continua abarcando a unidade do sentido visado, a despeito da duplicação que destrói a unidade pressentida. E assim se descreve o fenômeno originário da negação, da "nadificação" (*Nichtigkeit*) ou da "superação" (*Aufhebung*), que então não se processa no ato do juízo predicativo, mas, em sua forma originária, já intervém na esfera ante-predicativa da expe-

---

203. *Erfahrung und Urteil*, Hamburgo: Claassen Verlag, 1954, p. 95.

riência receptiva. Antes da bipolaridade do verdadeiro e do falso, que desde Aristóteles marcava a essência do juízo e da proposição, surge um mundo da vida ante-predicativo, travado por experiências adequadas e inadequadas, mas que somente pode revelar seu lado fundante, estabelecer os alicerces de nossas significações empíricas ou eidéticas, depois de passar pela redução transcendental. Retirada a tese do mundo, o mundo da vida emerge como a fonte de nossas significações, isso porque agora ele mostrou categoricamente nada mais sendo do que consciência transcendental. E nessa consciência globalizante surgem experiências que bloqueiam o curso esperado e fazem com que a própria consciência se evidencie como capaz do nada. Note-se que o fenômeno não é nenhum "ser real", seja interior seja exterior, de sorte que a esfera dos fenômenos é anterior àquela do "ser" no sentido de ser "real", como vai pretender Heidegger.

iv. Da lógica à analítica da existência: Heidegger

1.

Martin Heidegger é um filósofo controvertido no pensar, na escrita, em suas posições políticas. Desde logo surpreende sua linguagem intrincada que explora até o limite as combinações de sentido que a língua alemã possibilita. Nesta, como se sabe, as palavras ostentam na superfície suas raízes etimológicas. Se durante toda a sua vida Heidegger se interessou pela problemática do ser, lembrando insistentemente que trabalhava com categorias anteriores à cisão entre razão e irrazão, não é por isso que deixou de inspirar toda sorte de exaltações irracionais. E, no final das contas, não podemos esquecer que ele se comprometeu com o nazismo, tendo piamente acreditado no *Führer*. É de notar que essa crença fazia parte do endeusamento de Hitler, a palavra *crença* desempenhando papel importante da mitologia pagã que o movimento renovava.[204]

---

204. Cf. Victor Klemperer, *LTI: a linguagem do Terceiro Reich*, Rio de Janeiro: Contraponto, 2009, cap. 19.

Engajou-se a fundo no movimento nacional-socialista até se decepcionar porque este não era tão radical como pensava. Também o nazismo teria se submetido ao domínio avassalador da técnica moderna e da repetição mecânica, mergulhado no estreito canal de pensar o ente exclusivamente do ponto de vista de sua calculabilidade. Por fim se compôs com as duas maiores ameaças à civilização ocidental, a União Soviética e a América. Nunca, porém, deixou de ser nacionalista. Quando, no fim da Segunda Guerra Mundial, as forças francesas invadiram o sul da Alemanha, conclamou todos os homens válidos a pegar em armas, pois nunca poderia admitir nenhuma intervenção estrangeira na solução dos problemas internos de seu país. Depois da guerra foi proibido de lecionar na universidade de Friburgo, mas não demorou a voltar a seu cargo.

Aproximou filosofia de poesia, abandonando a tradição grega, que sempre a vinculou à ciência. Para ele a ciência não pensa, no sentido original da palavra, não reflete no que é aquilo que é, apenas calcula e domina os entes, cuja essencialização como presença não é posta em xeque. Mas, querendo se aproximar do dizer do poeta, muitas vezes assume um tom oracular. Não é por isso, contudo, que descuida de sua tarefa de historiador. Seus cursos sobre *O sofista* de Platão, Kant, Hegel, Schelling e Nietzsche são obras-primas da reflexão filosófica, a despeito de todas as polêmicas que suas interpretações possam provocar.

A partir dos anos 70 do século passado, a publicação de suas obras completas veio matizar ainda mais esse perfil. Mostrou que os trabalhos de Heidegger — que, como ele mesmo recomenda, devem ser vistos como caminho em vez de ser vistos como uma obra —, marcados pela pergunta pelo ser, dialogam com os problemas lógicos mais importantes que preocupavam os filósofos do começo do século xx. O pensador que terminou medindo-se com os poetas iniciou sua carreira discutindo os enganos do psicologismo, estudando o conceito de número e refletindo sobretudo no conceito de logos. Para estabelecer o diálogo entre filosofia e poesia, precisou liberar-se dos entraves do pensamento racional clássico, daquela tradição que define o homem como ser dotado de linguagem, de logos (ou *ratio* na tradução latina), passando a vê-lo como um ente que cuida de seu próprio ser, colocando para si mesmo os problemas do sentido e da verdade do ser.

Infelizmente, como de costume, não teremos condições de estudar todo esse percurso, o que nos obriga a salientar apenas alguns de seus pontos nevrálgicos, sempre que possível aqueles que nos conduzem à questão da linguagem. Esse caminho vai nos permitir preparar um contraponto entre as teses de Heidegger e aquelas de Ludwig Wittgenstein. Muito se tem falado na virada linguística (*linguistic turn*) da filosofia ocidental, que deixa de ser filosofia da representação para ser filosofia do discurso. Nossa estratégia é tentar capturar esse movimento quase no final do percurso, a crise da fenomenologia, representada por Heidegger, e a crise da filosofia analítica de que Wittgenstein é o maior exemplo. Esperamos assim estudar as duas correntes que engrossaram e criticaram o campo de batalha onde se têm cruzado as grandes correntes filosóficas do século xx. E aquelas do século xxi ainda não começaram.

2.

Heidegger nasceu, em 1889, em Messkirch, numa região atrasada do sul da Alemanha. Cresceu numa família rigorosamente católica e foi orientado para o sacerdócio, projeto que logo abandonou por questões de saúde. Nunca, porém, deixou de se considerar tanto um camponês ligado à terra como um crente sempre em busca do divino. Quando assumiu a reitoria da universidade, compareceu vestido com trajes tradicionais, calções acima dos joelhos, em contraste com as becas de seus colegas. E, se já muito cedo rompeu com o "sistema do catolicismo" para se dedicar de corpo e alma à filosofia, nunca deixou de se benzer ao visitar uma igreja. Sempre se interessou pela teologia, entendida como ciência particular — o estudo do divino —, a ponto de ser visto, por alguns tempos, como um teólogo protestante.

Quando jovem, fez das *Investigações lógicas*, de Husserl, seu livro de cabeceira, estudou os trabalhos dos lógicos contemporâneos, embora sempre os considerasse a partir da lógica de Aristóteles, por quem se interessou desde cedo, em particular depois de ter lido os trabalhos de Franz Brentano. Interessa notar que, se Husserl abordou Brentano a partir de suas investigações no campo da psicologia, Heidegger o leu privilegiando a questão do ser e das categorias. A mesma questão da intencionalidade — o fato de os atos da consciência sempre estarem atravessados por um vetor que os leva ao real, de sorte que consciência é sempre consciência de ... — será desenvolvida de forma diferente se for considerada a partir da perspectiva da própria atividade intencional da consciência, ou quando essa intencionalidade precisa levar em conta que os conteúdos dos atos intencionais, os *noemata*, se constituem como mundo.

Já vimos o papel crucial que a *epochê* desempenha na fenomenologia husserliana. A suspensão dos juízos faz com que apareça o universo da consciência pura, de tal modo que os objetos percebidos, imaginados, pensados etc. se apresentam tendo seus sentidos constituídos pela diversidade dos atos intencionais, que são descritos por uma investigação de essência, baseada em intuições categoriais. A esse respeito Heidegger comenta:

Este colocar entre parênteses do ente nada retira do próprio ente, nem significa ainda que o ente não está sendo posto, mas essa permutação do olhar tem precisamente por sentido tornar presente o caráter de ser do ente. O colocar fora do circuito a tese transcendente tem por única função tornar o ente presente em face de seu ser. A expressão "fora de circuito" é sempre enganosa quando se acredita que ela, e por essa colocação fora do circuito da tese da existência [*Dasein*], a consideração fenomenológica nada mais tem a ver com o ente. Pelo contrário, de nada mais se trata a não ser da determinação do ser do ente.[205]

Não está correto, pois, afirmar que Heidegger simplesmente nega a redução husserliana; ele a radicaliza, entendendo por ela uma suspensão do juízo que tem, como consequência maior, colocar o ente visado na sua inteireza, na sua totalidade (*im Ganzen*), porquanto somente assim pode mostrar toda a sua potência de ente, de sendo pelo ser. Heidegger pretende antes de tudo radicalizar a fenomenologia, de sorte que, para ele, a busca pelas coisas mesmas desemboca na pergunta pelo sentido do ser, em particular do ente que para ser precisa estar no mundo.

Cabe aqui uma nota sobre essa noção de ente, "o mais problemático dos termos":[206] "Nós utilizamos este termo, esclarece ele, para designar antes de tudo o que não é simplesmente nada: a natureza, inanimada ou animada, a história e suas produções, seus fundadores e seus promotores, seus formadores e seus suportes, o Deus, os deuses e os semideuses".[207] Quanto à noção de ser, ela será

---

205. *Prolegomena zur Geschichte des Zeitbegriffs, Gesamtausgabe*, 20, Frankfurt: Vittorio Klostermann, 1994, p. 136; cf. Jean-François Courtine, *Heidegger et la phénoménologie*, Paris: Vrin, 1990.
206. *Nietzsche* I, Paris: Gallimard, 1971, p. 220.
207. Idem, p. 219.

estudada mais de perto quando examinarmos a diferença ontológica, aquela entre ser e ente.

Voltemos ao problema da intencionalidade. Ao ser considerada a partir da questão do ser, essa intencionalidade ganha um sentido muito peculiar, pois o ato intencional da consciência, tal como era estudado por Husserl, se converte no ato sendo de se jogar no mundo, o que lhe imputa uma dimensão temporal existente. Em Husserl, a consciência do tempo assegura a unidade da consciência pura doadora de sentido. Para Heidegger, uma vez que essa consciência existe se colocando a pergunta pelo sentido de seu ser, é a partir desse sentido que a questão se coloca. Desde logo, pois, é o próprio ser que se temporaliza e se historializa para o ente homem. Desse ponto de vista, o ser, sendo desde logo o ser do ente, já não se fecha no ser de Platão, a Forma do Bem alinhavando as Formas possíveis, nem no Ser enquanto Ser de Aristóteles, que tenta capturar o que é em cada categoria. E ainda está muito distante do ente sublime entendido como Deus fundador e criador. No final das contas, o que significa "ser", qual é o seu sentido?

Platão e Aristóteles teriam obliterado a investigação dos pré-socráticos, principalmente de Parmênides e Heráclito, transformando o ser num ente supremo, num Deus, que, como tal, haveria de servir de fundamento para a diversidade dos entes. Se o ser apresenta o é do ente, não é por isso que deve ser pensado como uma entidade sublime. Importa sublinhar a diferença fundamental entre ser e ente, a diferença entre o ontológico e o ôntico, mas sem perder de vista que o ser do ente é o ser deste ente aí como sendo, na sua individualidade entranhada. Nada a ver com uma diferença parecida com aquela do gênero e da espécie ou desta com o indivíduo.

Tentaremos configurar essa diferença ao longo de nossa exposição. Mas desde já cabe indicar outro ponto em que a problemática de Heidegger nasce "radicalizando" teses husserlianas. Em 1909 Husserl publicara o ensaio "Filosofia como ciência rigorosa".

O método fenomenológico permitiu-lhe pensar a fenomenologia como ciência suprema, no fundo como filosofia primeira. Isso porque a consciência pura, depois de reduzida, nada perde a não ser sua atitude natural e, graças a essa perda, mostra como cada ciência se agarra a entes circunscritos num campo específico. Em contrapartida, da ótica transcendental, a variedade dos campos científicos se alinhava num mundo a partir dos atos doadores de sentido. Mas, se a *epochê* tem a virtude de fazer ressaltar o desempenho do ser no ente, não é a própria consciência pura e transcendental que se abre para o questionamento de seu ser?

O homem é um ente muito peculiar na medida em que ele próprio se abre para seu ser. Tradicionalmente é visto promovendo a ciência. Nessa promoção ele próprio irrompe no meio dos entes como um ente promotor, para o qual os entes se abrem naquilo que eles são e como eles são. O próprio ente humano somente é como si mesmo, somente chega à identidade e à sua mesmidade, mediante essa erupção. Não existindo no meio dos entes tão só como um ente qualquer, existindo também tradicionalmente enquanto promotor de ciências, focalizando seus campos respectivos, o ente humano encontra seu ser nessa ampla promoção, nessa abertura para o mundo. Mas, para que isso aconteça, o ser do homem, um ser que é aí, necessita cuidar, de um lado, de não desprezar toda a gama de relação com o mundo que fuja do ponto de vista da teoria; de outro, deve tratar de não se perder na diversidade do mundo. Cabe-lhe tomar distância do tapete dos entes, colocar-se entre parênteses como ente jogado no mundo para que possa em si mesmo se colocar como ser-aí, *Da-sein*. A ciência como um todo acede a uma determinação do próprio *Dasein*, pois somente ele é capaz de totalizar seus campos.

Essa volta para si do ente humano a fim de que se abra para seu ser, essa negatividade enraizada nele, entremeia o ser do homem, o *Dasein*, com o tempo. Ser e tempo constituem uma unidade absoluta, sem que um se confunda com o outro. O ser temporaliza e o tempo se resolve em ser. Se Heidegger se interessa pelo decorrer histórico e pela história, se estuda as condições de possibilidade dessa ciência, é porque se interessa desde logo pelo papel ontológico do tempo. Desde jovem se ocupou de matemática e física, mas tinha especial predileção pelas ciências do espírito. Seus primeiros trabalhos acadêmicos foram orientados por Heinrich Rickert, um dos principais representantes do neokantismo alemão, que procurou fundamentar as ciências humanas na captação do sentido real das ações humanas. Não nasce daí um profundo compromisso com a singularidade dos fatos? Além disso, Heidegger desde logo manteve diálogo muito profícuo com Wilhelm Dilthey, um grande pensador da filosofia do espírito, cuja teoria das visões do mundo (*Weltanschaungen*) foi um dos pontos de partida de suas investigações sobre a temporalidade histórica e o sentido vital das vivências.

3.

Vale a pena lembrar alguns pontos cruciais da formação de Heidegger. Sua primeira tese (1913) trata da teoria do juízo no psicologismo, quando insiste na diferença entre o processo real do pensamento, decorrendo no tempo, e o sentido ideal idêntico a si mesmo, que se mantém atemporal. Pergunta, pois, pelo sentido do sentido, capturado por uma intuição categorial, tal como Husserl a pensara na VI Investigação Lógica. Os sentidos se ligam segundo regras gramaticais próprias — aquelas que distinguem, por exemplo, o contrassenso do não-senso —, regras logicamente anteriores às formas da proposição e da dedução estudadas pela lógica tradicional. Ao privilegiar a investigação gramatical, está interessado em examinar como a intuição intelectual é muito diferente daquela que concebe a forma resultando de uma depuração dos dados da percepção. Agora essa depuração não pode ser processada pela simples associação de ideias, de representações, como ensinam os psicologistas, nem por meio de uma síntese intelectual que permitisse a um conceito alinhavar dados sensíveis, como propunha a tradição kantiana. Para que a diversidade do sensível chegue a uma forma matemática, por exemplo, é preciso que sua dimensão pura e ideal seja capturada como presença no fluxo de sua variação. Mas, além do *a priori* formal, exemplificado pelas formas lógicas e pelas matemáticas, interessa aquele "formal" que se mostra, por exemplo, na relação de essência entre a cor e o espaço. Se o espaço desaparecer, também a cor não desaparece e vice-versa? E essa unidade não pode ser simplesmente percebida.

Na segunda tese aprofunda esses estudos, examinando *A teoria das categorias e da significação em Duns Scotus*, esperando encontrar nesse filósofo medieval antecedentes da gramática filosófica desenvolvida por Husserl. Mais tarde se descobriu que o texto não era de Scotus, e sim de Thomas de Erfurt. Isso, porém, não afeta sua interpretação e, para nós, importa mostrar desde cedo Heidegger mergulhado na filosofia da lógica. Ele não se interessa, contudo, pelo novo cálculo lógico, pela logística como o denomina, chegando a tomá-lo, particularmente em seus últimos escritos, como sintoma da decadência do Ocidente, exemplo de um modo de considerar o ente exclusivamente pelo viés da calculabilidade. Importa-lhe a questão do logos, da razão, cuidando do que, à primeira vista, lhe aparece como a natureza eidética do sentido. Nos primeiros momentos de suas investigações, sublinha esse "conteúdo ideal do juízo", que não remete a uma unidade substancial nem à simples representação. Não é como coisa, mas vale, possui uma validade distinta do ente de cada uma dessas coisas. Ao contrário de alguns de seus contemporâneos, não toma essa validade como nova dimensão somando-se ao ente, isto é, como valor cuja natureza é simplesmente valer. Que vem a ser este ser verdadeiro ligado tanto às coisas mais diversas como aos juízos? O nervo da questão não está no valer, e sim nos modos pelos quais os entes são, isto é, se relacionam com o ser. A questão gramatical do sentido se converte, passo a passo, na questão ontológica do sentido do ser. Aos poucos a questão do ser engole a questão do sentido.

Heidegger costuma iniciar seus cursos de lógica lembrando que o termo *lógico* abrevia a palavra grega *logikê*; seu conteúdo é estudado por uma "ciência", *episteme*, no seu sentido mais geral. Num curso do semestre de inverno de 1925-26[208] intitulado A Questão da Verdade, lembra que entre os gregos essa ciência da lógica se situava entre duas outras, a física e a ética, a ciência dos entes naturais e a ciência dos entes humanos, estes considerados a partir de suas ações sobre as coisas e sobre si mesmos. Desse modo, a ciência (no sentido mais amplo de reflexão objetiva) da lógica trata do logos, na medida em que toma os entes em geral sob o exclusivo aspecto de serem verdadeiros. "O tema fundamental da ciência do logos é a verdade, no sentido mais geral que possa ser questionado: o que é a verdade em geral; ou ainda, o que modela sua estrutura e constituição; ou ainda mais, quais são as possibilidades e formas de verdade que existem; por fim, onde se funda o que designamos propriamente como verdade?"[209] Dessa perspectiva, a questão do sentido do ser pouco a pouco se converte na questão da verdade do ser.

Cabe uma observação. Costumamos traduzir *Sein* e *Seiend* por "ser" e "ente", recorrendo à nossa tradição filosófica medieval, que nos legou essa última palavra, *Ens* sendo gerúndio de *esse*. Mas, para entendermos Heidegger, essa vantagem se converte numa armadilha, porque, ao separar os dois termos, somos levados a es-

---

208. *Gesamtausgabe*, 21.
209. Idem, p. 7.

quecer que, em alemão, eles de imediato evidenciam a mesma raiz, o que sublinha a unidade entre o ser e o ente. Em Heidegger o ser nunca é um gênero universal cobrindo todos os entes, não é tomado como fundamento, nem mesmo é sinônimo de Deus, isto é, ente realíssimo e sublime. O ser está no ente na medida em que este é como algo individualizando-se, desvenda ainda aquilo que ele é junto com todos os outros, é em sua totalidade (*im Ganzen*). Esta não é pensada como se opondo à particularidade, como um conjunto, mas, sobretudo, como um sendo de todos os entes se diversificando. Não se separa, contudo, o que é de seu como.

Como se antevê, Heidegger atribui ao ser, o ponto nevrálgico de seu pensamento, um sentido muito peculiar, travando a seu modo ser e linguagem. Se muitas vezes repete o lema de Aristóteles de que o ser é dito de várias maneiras, não é simplesmente para se opor ao platonismo, que identifica ser a verdade, assim como ao bem e ao belo. Na sua diversificação o ser se temporaliza e vem a ser historial. Deve-se evitar a todo custo imaginar que o curso da história iria propiciando novas formas de pensar o ser, novos sentidos do ser. Pelo contrário, o ser se resolve (*entcheidet*) de maneira temporal, se dando ora como *physis* ora como *eidos* ora como certeza, e assim por diante. Graças a essas diferenças, que serão acompanhadas pela ciência da história, o próprio ser se historializa.

Em termos muito sucintos é possível, pois, dizer que para os gregos o ser se dá como *physis* (vigor imperante, do que é e do que foi); para os cristãos, como ente criado, e assim por diante. Ao se dar como *physis* ou como *ens creatum*, é todo o ser que está sendo apresentado, mas nessa re-solução ele também se recolhe para não se desintegrar na dispersão que encobre o ser na sua totalidade. O ser *se dá e se recolhe*, abrindo o espaço para a diferença fundamental entre ser e ente. Nada, porém, alinhava a *physis* com o *ens creatum*, embora deles possamos falar na medida em que nosso discurso também é tomado pelo ser.

Mas o que significa esse "se dar" (*es gibt*)? O ser se dá primeiramente como presença (*Anwesen*), mas como tal essa presença se remete ao tempo, ao agora entre o passado e o futuro. A presença é um presentificar. Não cabe, porém, perguntar para quem a presença está se dando? Para o homem? Mas o homem não é um ente que é? Estamos nos enrolando em dificuldades. No entanto, não seria adensando tais dificuldades que encontraríamos um caminho para melhor entendê-las?

Na medida em que Heidegger começa a configurar a diferença (que não deixa de ser uma identidade) entre ser e ente, fica mais claro que outra oposição clássica, aquela entre essência (*Wesen*) e existência (*Existenz*), há de ser transformada. Ele não entende a essência da cadeira, por exemplo, como a matriz, o molde de todas as cadeiras. *Wesen* é o ser delas sendo, é a cadeira como presente e a presença da cadeira se medindo segundo seu próprio padrão. Mas como sendo ela perdura, temporaliza-se apresentando o ser como sendo. Por isso, sempre que possível seria conveniente traduzir *Wesen* por essencialização. Ao tentar conferir outro sentido ao entrelaçamento entre essência e existência, Heidegger não se reconhece no existencialismo, como aquele de Sartre, que apenas inverte o modo como elas se determinam reciprocamente, fazendo da existência o fulcro da análise da essência.[210]

4.

Retomemos nosso caminho. Costuma-se estudar o logos a partir do discurso declarativo, apofântico, quando o falar é um falar de algo. Lembremos que essa observação já se encontra n'*O sofista*

---

210. Cf. *Carta sobre o humanismo*, ed. bilíngue, Paris: Aubier, 1964, p. 87; Coleção Os Pensadores, XLV, São Paulo: Abril Cultural, 1973, p. 355.

de Platão. Heidegger recorda que a lógica estuda o ente antes da separação entre o físico e o ético (o humano), mas ainda observa que esse algo não precisa ser tomado como ob-jeto, isto é, um *hypokeimenon*, aquela sub-stância base da predicação. Não há por que eleger o discurso declarativo como guia na procura do ser do ente. Outros discursos também não poderiam revelar o ente na sua totalidade? Quando o poeta nomeia a Lua, não a pensa tão só como o satélite da Terra, mas carrega esse objeto de muitas outras determinações simbólicas e de tonalidades afetivas. Ele não diz algo sobre ela que, em seguida, se mostraria verdadeiro ou falso, mas sua nomeação a revela na sua verdade, o que ela é sendo e dispondo.

A partir desse exemplo já devemos esperar que discursos não declarativos, não apofânticos, possam trazer a verdade. "Em outras palavras, não está de forma alguma decidido qual seja o verdadeiro próprio e o original — quer seja teórico, quer seja prático; antes de tudo vem a pergunta sobre o verdadeiro próprio e original, isto é, sobre o ser primeiro da verdade, a questão mais fundamental da lógica, sobretudo quando ela pretende ser uma lógica investigativa, científica e filosófica."[211] Antes, portanto, da distinção entre proposições apofânticas e outras formas de enunciado, é preciso encontrar a forma pela qual a verdade se instala, isto é, sua essência (*Wesen*), sua essencialização. Ora, já Aristóteles, num texto muito discutido — que Heidegger transforma num dos eixos de sua argumentação —, admite a possibilidade de que a verdade possa transparecer fora da *apophansis*, fora do juízo. No capítulo 9 do livro *Teta* (10) da *Metafísica*, o filósofo diferencia a verdade que depende da síntese das coisas refletidas na síntese dos juízos, daquela verdade que apreende unicamente os simples. Como funciona essa verdade ante-predicativa?

De modo nenhum, mediante um recuo aos atos da consciên-

---

211. *Gesamtausgabe*, 21, pp. 11-2.

cia e aos procedimentos psicológicos. Heidegger quer ir mais além da crítica husserliana ao psicologismo. Quando se considera o pensar exclusivamente do ponto de vista da psicologia, não é possível escapar da dualidade pela qual essa ciência trata seus objetos. Desde os gregos, ela é tanto teoria natural da alma e da vida biológica, vale dizer, ciência natural, como teoria da existência humana, relacionada à ética, por conseguinte aos valores. Procura conexões causais, assim como motivos encadeados. Por isso a psicologia hesita entre uma análise dos objetos pensados, dos pensamentos, e uma análise dos atos de pensar, do próprio pensar. É o que se evidencia quando se examina como Stuart Mill entende o princípio da contradição: este resultaria da generalização tanto das vivências do pensar como das leis a serem seguidas por esse pensamento.

Ao reduzir as leis lógicas a leis psicológicas, o psicologismo se esquece de que a psicologia, como qualquer outra ciência, não se pergunta pela natureza do ser dos entes a serem estudados, aceita sem discutir um campo de objetos como tema de estudo. Isso a despeito, neste caso, da ambiguidade desses entes, considerados tanto da perspectiva das ciências naturais como da perspectiva das ciências do espírito. E a moderna psicologia, que, na Alemanha e no início do século XX, se armava a partir da ideia de vida, não deslinda essa ambiguidade. Por conseguinte o psicologismo não leva em conta o caráter ideal e puro das leis lógicas, confunde verdade de fato com verdade das razões, não distingue pensamento de pensamento correto, confundindo o ser psíquico real com ser ideal da lei (*Gesetze*), o empírico com a pura legalidade. O que significa, porém, essa pureza? Nas *Investigações lógicas*, Husserl insiste no caráter absoluto, em si do verdadeiro: a verdade é sempre uma, valendo para os homens, para os anjos ou para Deus. Mas, se ela nunca poderia ser relativa, não é por isso que deve ser absoluta e configurada a partir do que já está pensado, deixando de lado os diversos níveis da atividade do pensar, inclusive sua temporalidade. A verdade do ente criado não é "diferente" da verdade da Forma platônica?

Heidegger obviamente não ignora que a análise husserliana parte da intencionalidade e se desdobra entre os atos da consciência e seus objetos, entre *noesis* e *noema*, mas observa que essa análise se alinha sempre a partir do *noema*, isto é, a partir da proposição já constituída e se tornando evidente: "Primeiramente o verdadeiro não é o pôr ou as conexões da posição, mas o posto [*Gesetzte*] como tal, a proposição [*Satz*, "pro-posição"]. A verdade se abrigou na proposição; a própria proposição — como tal — vem a ser nomeada precisamente como verdade, uma verdade em si. [Tal como] $2 \times 2 = 4$".[212]

Essa crítica tem sua pertinência. Mesmo quando estuda a verdade depois da redução fenomenológica, Husserl não abre mão de procurá-la na evidência, isto é, do lado do que aparece, do que está presente, sem levar em conta a especificidade dos modos de ser mais elementares pelos quais o ser humano chega a ela. Se, para Husserl, ser verdadeiro aparece pelo logos, continua, entretanto, se dando exemplarmente pelo dito, enclausurado no já expresso, no posto, na proposição, deixando de lado a atividade desse logos presente no falar. Em resumo, esquecendo-se da diferença entre o ser e o ente. Somente a partir de uma evidência intelectual a verdade poderá assumir o caráter de ser ideal. Mas, questiona Heidegger,[213] para chegar a essa evidência Husserl não termina ressuscitando o dizível (*lekton*), tal como foi pensado pelos estoicos? Introduz entre a palavra e a coisa um ente intermediário, nem propriamente subjetivo nem propriamente objetivo, pois somente vem a ser verdadeiro depois do assentimento operado pelo eu transcendental.

212. Idem, p. 54.
213. Idem.

Convém nos demorarmos nessa crítica. Por certo Husserl, nos textos posteriores às *Investigações lógicas*, escapa da dualidade entre ser real e ser ideal. Depois de operada a *epochê*, a relação entre ato e conteúdo se exerce exclusivamente no interior da consciência reduzida, de sorte que tudo se passa no processo de conferir sentido ao que já se apresenta como dado. Para ele, a pergunta pelo sentido é fenomenologicamente anterior à pergunta pelo ser, sendo que a pura fenomenologia precede qualquer ontologia. Heidegger vai mais longe: além de reinterpretar a *epochê*, procura mostrar que o conceito husserliano de verdade sempre se apoia numa evidência, na apresentação de algo, que pode até mesmo não ser clara e distinta — a apreensão da essência da mesa se dá atravessando seus perfis —, mas depende de uma implementação, de um cumprimento (*Erfüllung*), que a consciência transcendental acompanha conforme algo se presentifica. O que é o mesmo da mesa, sua ipseidade (do latim *ipse*, "ele próprio"), sempre é posto como ser ideal. E o sentido da mesa acompanha a presença desta mesa que, graças a esse sentido, se con-forma com outra mesa, vem a se adequar a ela, e assim por diante. Essa adequação se faz no nível do próprio aparecer das coisas. Muito mais tarde, quando Husserl aprofunda sua análise genética dos conteúdos ideais, quando liga a gênese dos conceitos geométricos, por exemplo, à prática da agrimensura, continua precisando revirar essa prática para que esses conceitos sejam apreendidos por uma intuição eidética, isto é, postos como algo puro e universal. Mas por que sempre ligar a verdade a essa universalidade do posto? Não cabe examinar como o próprio eu vem a ser se estruturando para pôr e se pôr? A questão do ser do eu não é anterior à pergunta pela verdade do sentido do eu? Mas neste seu ser o eu não mostra uma travação comum ao tu, ao ele e a todos nós? E assim se coloca a pergunta pelo ser do homem.

5.

Entenderemos melhor essa crítica se levarmos em conta o que Heidegger diz, num curso de 1927,[214] sobre as noções kantianas de predicação e de existência. Kant retoma essas questões quando tenta refutar a prova da existência de Deus elaborada pelo filósofo medieval Anselmo de Cantuária. Heidegger a apresenta sob a forma de um silogismo: 1) Deus, graças a seu conceito, é o ente mais perfeito; 2) A existência pertence ao ente mais perfeito; 3) Deus existe.

Kant trata de refutar essa prova negando a proposição 2, isto é, a menor do silogismo. A existência não é um predicado real. A palavra alemã *Dasein*, "ser-aí", traduz a palavra latina *existentia*. É de notar que a primeira premissa já está longe da noção heideggeriana de ser, pois considera Deus como ente, *ens perfectissimum*. Mas interessa aqui o que Kant entende por "real" e por "existência" (*Dasein*).

A realidade está ligada, como mostra a própria palavra, à coisa, em latim *res*; ela diz respeito à coisidade, o que faz de algo (*aliquid*) uma coisa. Pertence à casa efetiva suas fundações, suas paredes, suas cores, e assim por diante; todas são determinações que a ela são predicáveis, são postas nela. Essas determinações, vale dizer, esses predicados são afirmados ou negados do sujeito casa. Até mesmo um predicado indefinido pode ser dito dela, por exemplo: "A casa é não-pintada". Dessas relações lógicas Kant deriva o modo pelo qual o ente casa é categorizado. "A casa é pintada" — a pintura é afirmada da coisa como uma realidade. "A casa não é pintada" — nega-se uma determinação da casa. "A casa é não-

---

214. *Die Grundprobleme der Phänomenologie*, I, Frankfurt: Vittorio Klostermann, 1975, cap. 1; cf. *Les problèmes fondamentaux de la phénoménologie*, trad. Jean-François Cortine, Paris: Gallimard, 1985.

-pintada" — indica-se uma limitação da casa. A realidade se apresenta, pois, como feixe de possibilidades da casa. Quando Heidegger diz que o ente é tomado na sua totalidade (*im Ganzen*), ele está se referindo a esse tipo de determinação do ente como coisa, como algo, *quid*, cuja quididade está se pondo no seu todo.

Segundo a lógica tradicional, os juízos, sínteses formais do entendimento, se dividem segundo a quantidade (universais, particulares, singulares), a qualidade (afirmativos, negativos, indefinidos), a relação (categóricos, hipotéticos e disjuntivos) e, por fim, a modalidade (problemáticos, assertóricos e apodíticos). Note-se que a modalidade diz respeito ao modo de julgar, nada dizendo a respeito do que está sendo julgado: expressa uma relação do eu com o estado de coisa. Como se sabe, a esse quadro dos juízos Kant faz corresponder o quadro das categorias. Com isso acredita ter descoberto o caminho que lhe permite enumerar todas as categorias possíveis. Às sínteses lógicas corresponderiam possíveis sínteses do que vem a ser, as categorias. Às três qualidades do juízo correspondem três categorias: realidade (*Realität*), negação e limitação. Deixemos as outras deduções e passemos diretamente às três modalidades do juízo, a cada uma corresponde um modo de pôr um estado de coisa: ao problemático corresponde possibilidade e impossibilidade; ao assertórico corresponde existência (*Dasein*) e não-existência (*Nichtsein*); finalmente, ao apodítico corresponde necessidade e contingência. Note-se que realidade (*Realität*) e existência (*Dasein*) adquirem, então, sentidos totalmente diversos. A realidade é a maneira de algo ser na medida em que desse algo outro algo, um qual (*quale*), é afirmado como predicado, enquanto a existência (*Dasein*) advém a algo na medida em que alguém afirma dele algo de modo assertórico, de modo que venha a ser efetivo e seja verdadeiro. Isso em oposição àquela afirmação problemática ou apodítica, esta necessitando ser verdadeira.

Ao dizer, pois, que, em vez da realidade, somente a existência (*Dasein*) não é um predicado real, Kant está afirmando que a predicação da existência, "Deus é", "A coisa é", está pondo no ente, perfeitíssimo ou não, uma determinação que não está ligada à entidade dele, ao feixe de suas possibilidades de existir, à sua coisidade, à sua efetividade, mas como sendo verdadeiramente. "A modalidade dos juízos é uma função bem particular dos mesmos que possui o caráter distintivo de nada contribuir para o conteúdo do juízo [...] mas de dizer respeito apenas ao valor da cópula com referência ao pensamento em geral."[215] Desse modo, a existência provém de um ato de pensar ponente que, para Kant, está ligado ao eu transcendental. Esta casa vem a ser sendo graças a um eu ponente que vem a ser ente enquanto é. A existência não categoriza a casa, mas resulta de um ato desse eu, que, no fundo, é de todos. Desse modo, a existência não é uma propriedade do objeto, mas um modo pelo qual ele é posto. Como ela diz respeito a este ou a qualquer ente, como é intrinsecamente um modo de operar do ser do homem, Heidegger nomeia esse ser que se reporta a um aí de um ente mediante o termo *ser-aí*. Caracteriza a existência humana estar se jogando entre os entes, isto é, no mundo. Em examinar então as formas dessa existência consiste a tarefa de uma analítica existencial.

A existência, *Dasein*, está ligada ao ser sendo do próprio homem. Kant interpreta esse ser sendo uma posição, ato constituinte, sintetizante, do eu transcendental que configura um objeto. Essa configuração pode ser meramente lógica, quando, por exemplo, se diz "A casa é vermelha". Sujeito e predicado estão ligados pela cópula "é", sendo que este ser é meramente formal. Quando se diz, porém, "A casa é", esta é uma posição absoluta, que põe tão só a

---

215. *Crítica da razão pura*, B100; Coleção Os Pensadores, São Paulo: Abril Cultural, 1980, p. 71.

casa como existente, apresentando-se ao intelecto mediante conteúdos, as sensações, elaborados pela percepção. Heidegger vai procurar mostrar que Kant se embaralha nesse ponto precisamente porque não domina o conceito de intencionalidade, desenvolvido por Franz Brentano e por Husserl.

Em primeiro lugar, a percepção é ato que se reporta a um conteúdo, *noesis* em vista de seu *noema*. Mas ao contrário da imaginação, por exemplo, quando o imaginar se reporta à coisa ausente, o perceber se reporta ao percebido de tal modo que o percebido se apresenta como pleno, como um ente que é. Ora, para que o sujeito tenha acesso à casa mediante a percepção, é preciso que a casa já lhe esteja presente no modo de uma presença possível como sendo casa. Quem nunca foi a um museu de cera pode confundir o boneco na porta com um guarda. Kant, seguindo a tradição empirista, transforma a percepção num reunir de sensações diversas, em suma, num juízo. Mas não é isso que percebemos diretamente. Vemos a casa, habitamos nela, encontramos outras casas na rua, e assim por diante. As sensações diversas são determinações da casa, a quididade da casa está sendo pressuposta quando ela é percebida. Em suma, o perceber (*vor-nehmen*) é um tomar anteriormente algo que, como percebido, tanto é um ente quanto é sendo, demarcado, assim, por um modo de ser. O percebido pressupõe uma perceptiva. Kant faz do perceber um juízo de percepção, Heidegger vê nesse juízo um ato assertórico que, sendo generalizado, diz de algo que ele é verdadeiro antes do ato propriamente de julgar. Daí a combinação entre *vor-nehmen* e *whar-nehmen*, a anterioridade do com-preender está ligada ao tomar como verdadeiro, uma pré-concepção de verdade que o ser do homem tem antes de afirmar que isto ou aquilo é verdadeiro, isto é, antes de ajuizar.

E o sujeito perceptor, como se dá? Se ele percebe, ele existe; isso sabemos enfaticamente desde Descartes. Mas em geral se privilegia no enunciado "*Cogito ergo sum*", o cogito, o pensar, que, no fundo, se resolve numa representação qualquer de. Como se apresenta este *sum*, como este sou confirma sua existência, seu ser-aí, seu *Dasein*?

Descartes se confunde, tomando a existência própria como coisa, como *res* pensante. Para ele, tanto o eu penso, cogito, como o ser pensado, *cogitatum*, são postos no mesmo nível da coisa; de um lado, a coisa pensante, de outro, a coisa extensa. A boa teoria da intencionalidade impede, contudo, que se pense o pensar desse modo. Sou um ente que se debruça sobre as coisas, mas sendo, existindo, este meu ente não é na sua totalidade uma coisa, e sim um dirigir-se para as outras coisas presentes. Segue-se que a existência do ser humano, seu *Dasein*, é um ser de um ente que está sempre se debruçando sobre as coisas, sempre aí. Uma identidade, muito diferente daquela de uma coisa.

Mais do que um sujeito oposto a um objeto, este sujeito é um modo de estar junto ao objeto, de se abrir para ele. Perguntar-se pela existência do mundo exterior é, para Heidegger, um contrassenso, pois o ato existente do perguntar já implica estar junto ao mundo. O homem com-preende algo, mesmo antes de tematizar essa com-preensão, o modo de ser desse objeto e de si mesmo. Ao perceber esta casa, não estou confundindo seu modo de ser com o choque que recebo ao esbarrar num fio elétrico descoberto, nem confundo esse choque com todo o meu ser que se relaciona com a casa e o choque. O modo de ser do sujeito é, portanto, um ser-aí, *Dasein*, isto é, um *Sein* (um ser) que é aí (*da*), no caso, que lida com a mesa, com o choque e comigo mesmo. Esse é o *Dasein* original, a estrutura da intencionalidade que, além de capturar uma presença, tem uma compreensão tácita de seu ser, mas, nem por isso, deixa de se jogar no mundo. *Dasein* e mundo são determinações que se completam.

Nem sempre convém traduzir *Dasein* por "ser-aí", porque, como o próprio Heidegger comenta na *Carta sobre o humanismo*, é preciso ter cuidado para não pensar este ser-aí como um *être-là*, visto que não se trata, de modo algum, de partir de uma presença que se diz "*Me voici*", "Estou aqui". Por isso, vamos deixar de traduzir esse nome e tomá-lo como se fosse uma palavra da língua portuguesa. Seja como for, cabe sublinhar que o antigo problema a respeito do sentido do ser termina solicitando uma análise dos modos de ser daquele ente para o qual se dá seu próprio ser. Não é esse o projeto de *Ser e tempo*? Heidegger o publica em 1927, no ano em que dá o curso Problemas Fundamentais da Fenomenologia, a cuja parte sobre Kant acabamos de aludir da forma mais sucinta. Publica sua grande obra ainda inacabada, pois somente assim poderia cumprir as exigências burocráticas para ser nomeado professor da universidade de Marburgo.

6.

O ponto de partida de *Ser e tempo* vem a ser então: o Dasein compreende-se a si mesmo a partir de sua existência, da possibilidade de ele ser si mesmo ou de não ser si mesmo aí. Antes de tudo é preciso ter muito cuidado com o uso do verbo *compreender*. Não se trata aqui de uma operação do pensar, do entendimento, capaz de ser apreendida por uma evidência de si, mas de um comportamento do ser humano se com-preender, de dar-se a si mesmo como isto ou aquilo. O Dasein se com-preende sendo ali ou aqui e se tomando a si mesmo como sendo, por isso, de modo autêntico ou inautêntico. Ao se ocupar de seu ser, o Dasein é se assumindo como é para ser ou não, em resumo, se decidindo, abrindo uma clareira no ser, uma abertura (*Erschlossenheit*) por meio de uma decisão (*Entschlossenheit*). Note-se que o ser do homem está ligado intrinsecamente a um não-ser.

O Dasein se encontra originariamente entre duas escolhas,

ser ou não ser si mesmo, mas quase sempre age no meio-termo, repondo a tradição que o viu nascer e crescer. Por isso mesmo quase sempre se esquecendo da peculiaridade de sua dimensão ontológica. A existência (*Existenz*) somente pode ser decidida e esclarecida pelo próprio Dasein. A compreensão (*Vertändnis*) que assim se perfaz de si mesma, Heidegger denomina compreensão existenciária (*existentielle*). Essa questão da existência é "assunto" ôntico do próprio Dasein, o modo pelo qual ele vive, sem que para isso tenha clareza da estrutura ontológica de sua vida. Não está sempre se perguntando o que é o ser da mesa, o que é o ser do copo, nem mesmo o que é seu próprio ser. No entanto, sem sequer levantar essa última questão, já a coloca implicitamente no modo de se comportar, pois está sempre diante do horizonte de se ocupar com a totalidade e o sentido de seu ser. O próprio ser-aí se impõe a diferença estrutural entre os entes sendo e o ser deles, na medida em que o ser-aí do homem opera em dois planos, no ôntico e no ontológico. A totalidade das estruturas nem sempre explícitas das entidades dos entes, Heidegger chama de existencialidade (*Existentialität*). Mas a análise da existencialidade não é existenciária, e sim existencial, vale dizer, que respeita ao modo de ser do próprio Dasein.[216]

Notem-se os dois planos em que a análise se desenvolve. Em primeiro lugar, cabe examinar todas as determinações do que existe; trabalho que começou com Aristóteles e se desenhou, pela primeira vez, na tábua das categorias. Tem por fio condutor a noção de predicação, toma como natural a separação, a diferença, entre sujeito e predicado e, por isso mesmo, encontra na substância, no sujeito subjacente a todas as predicações, a matriz do

---

216. Cf. *Sein und Zeit*, Tübingen: Max Niemeyer Verlag, 1986, p. 12; *Ser e tempo*, trad. Márcia Sá Cavalcante Schuback, Petrópolis/Bragança Paulista: Vozes/Ed. Universitária São Francisco, 2009, p. 48.

mesmo e do outro. Quando a filosofia se torna idealista, a própria consciência será tomada, pelo menos no início, como coisa subsistente. Em segundo lugar, é preciso examinar as "determinações" existenciais dos existenciários, aquelas "determinações" que não podem ser confundidas com as determinações categoriais, já que dizem respeito aos modos de ser do Dasein. Convém sublinhar que tais "determinações" são fenômenos, aparecem para o homem ele mesmo se ocupando de seu ser. Numa passagem de *Ser e tempo* Heidegger escreve: "A substância do homem é a existência [*Existenz*]".[217] Aqui a palavra *existência* não denota a realidade em geral, mas a realidade que se afirma num movimento de dentro para fora, num jogar-se no mundo e, por isso mesmo, circunscrevendo um ambiente em torno do qual o mundo se confirma, se mundifica. Desse ponto de vista a pedra é, mas não existe, não possui transcendência. O mesmo acontece com Deus, que é sem existir. Somente o Dasein existe.

Transcendência, porém, sempre ligada a um recolher, ao deixar que o ente seja na sua inteireza (*im Ganzen*). Daí uma concepção muito peculiar da negatividade. É anterior à bipolaridade do verdadeiro e do falso, que, aliás, encontra seu fundamento nesse jogar-se no mundo que também é um recolher-se.

Cabe ao homem estar ali ou aqui, em suma, estar no mundo. A redução fenomenológica, tal como propunha Husserl, é ontologicamente cega: não é possível suspender a tese do mundo, porque o homem sempre está nele. Além do mais, está sempre com os outros, sem que isso obscureça a determinação de que o ser, sempre em jogo, seja meu ser. *Ser e tempo* começa, então, desenhando o mapa das "determinações" existenciais do Dasein. Citemos apenas alguns exemplos delas: ser-no-mundo, por conseguinte ser--em, assim como ser-com, na medida em que esta sua abertura

217. *Sein und Zeit*, p. 212; trad., p. 282.

para o mundo sempre se faz "junto a" alguém. Esse "ser-em" é uma forma de estar com os outros e, igualmente, um modo de conhecer o mundo (*Welterkennen*).

Note-se que não é examinando as faculdades da alma, assim como não é estudando as várias formas da intencionalidade da consciência — o perceber, o imaginar, o pensar, e assim por diante — que chegaremos às estruturas do Dasein. O método husserliano, embora colocando esses atos entre parênteses, termina apelando para um ato de evidência, para uma intuição intelectual. Esta há de fornecer a essência do perceber, do imaginar, do pensar etc. Sempre aparece uma transcendência, inscrita na própria consciência reduzida a um feixe de atos doadores de sentido, à espera de ser preenchida. No fundo, como esclarece *Ser e tempo* no parágrafo 43, esse modo de pensar privilegia o conhecimento intuitivo como forma de chegar ao real, mas esse real passa, então, a ser tomado primordialmente como algo substancial, em suma, como ob-jeto, subjacente ao agir consciente. Cria-se uma dualidade entre consciência e realidade e, feita a separação no nível natural, surge o problema de como unir as duas partes. Esse saber do mundo, entretanto, não está previamente dado como uma estrutura existencial do próprio Dasein? Levando-se em conta essa "determinação" ontológica do Dasein, qualquer modo da consciência chegar ao real somente pode ser elucidado e fundado no existencial estar no mundo, sendo que o real tão só se torna acessível como ente intramundano, mesmo quando permanece oculto e somente se revele, como veremos posteriormente, mediante outro existencial mais complexo, o cuidado.

Por fim, convém observar por que Heidegger se desinteressa da lógica formal. Se a lógica estuda a constituição dos sentidos e as estruturas do dizer, não pode reduzir o relacionamento significativo a meras relações funcionais e combinatórias. A função coloca em correspondência algo com algo na medida em que são elementos de conjuntos, cada conjunto formado, em princípio, pela extensão de uma propriedade. Os elementos são diferenciados estritamente pelo número. Desse modo, a formalização identifica elementos com as substâncias, sujeitos das propriedades, e nivela de tal modo os fenômenos que eles perdem o conteúdo fenomenal na medida em que as remissões entre eles são todas projetadas para um mesmo plano. Mas, para salientar e distinguir as maneiras pelas quais os entes aparecem e se fazem sentidos, não é preciso chegar até eles mesmos?

7.

As coisas, no seu sentido mais geral, precisam ser, pois, captadas no modo em que se coisificam, isto é, encontram suas determinações de coisa na medida em que se colocam para o ser-aí do homem. Diremos "se mani-festam", levando em consideração a etimologia latina dessa palavra: o que vem a ser aprendido (*festum*) pela mão (*manus*). Essa é a melhor tradução que conseguimos de *Vorhandensein*, já que essa palavra precisa ser diferenciada de *Zuhandensein*, "estar à mão, ser-manejável, ser-manual". Nos dois termos alemães comparece *Hand*, isto é, "mão". Do ponto de vista do ser-mani-festável, "mundo" significa então a totalidade dos entes tais como podem ser mani-festáveis. Nesse plano, podemos nos referir ao mundo dos objetos matemáticos ou ao mundo dos animais. Em contrapartida, do ponto de vista existencial, "mundo" não mais significa tudo aquilo que o Dasein não é, mas, pelo contrário, onde o Dasein de fato "vive" como tal. Agora "mundo" passa a ter um significado pré-ontológico, que se diversifica em mundo familiar ou mundo público, e assim por diante. Por fim, "mundo" significa o conceito ontológico-existencial de mundanidade, que captura nos diversos mundos anteriores a dimensão *a priori* do ser desses diversos mundos.

Privilegiando o terceiro sentido, onde o Dasein "vive", cabe distinguir neste mundo da vida o seu ambiente, a abertura que se dá para os modos de vida, desenhando assim um mundo ambiente circundante (*Umwelt*). Nele o mani-festável se dá como manejável. Uma porta está ali separando meu escritório do meu quarto. Eu tanto a conheço como sei manejá-la. Ela se dá como possibilidade de minha preocupação, de minha cura (*Sorge*). Esta é outra "determinação" ontológica existencial, já reconhecida pelos gregos e latinos quando faziam do cuidado de si (*cura sui*) forma particular de sociabilidade. Ao abrir a porta, cuido dela e assim ela se me dá como utensílio, a maçaneta sendo a peça de que faço uso direto. Note-se que o manejável não provém, segundo Heidegger, de um ato produtivo, não é um valor de uso, mas um ente que o Dasein "instrumentaliza" em função de seus interesses vitais.

Um martelo martela, remete-se ao prego que há de ser pregado, que juntará as tábuas que comporão uma mesa, que estará no meu escritório, na minha casa, cada ente se congeminando com outros e assim se apresentando para mim, enquanto ser humano dotado dessa estrutura do Dasein. Por isso cada ente intramundano só pode se mostrar porque o próprio mundo se dá, *es gibt*, junto a ele. No mundo cada manejável se configura como reportar-se a outro. Mas o manejável somente revela seu ser quando essa referência é bloqueada, quando o martelo se quebra e deixa de martelar.

Essa primeira interpretação da estrutura de ser do manejável torna visível o fenômeno da referência (*Verweisung*), como esse manejável enquanto instrumento (*Zeug*; "objeto de uso", "pragma") está sempre se reportando a outro: o martelo martela o prego, este prega a tábua, e assim por diante. Mas essa referência pode se resumir a um simples indicar, a um mostrar sem que o mostrado esteja sempre indicável. Não é o que acontece com os signos (*Zeichen*), no seu sentido mais amplo, quando por "signo" entendemos os sinais, os símbolos, e ainda marcas de memória e assim por diante? Para melhor compreender a diferença entre o ser-manejável e o signo, Heidegger toma como exemplo aquela seta vermelha que, no seu tempo, havia sido instalada nos automóveis para indicar direções — hoje foi substituída pelo pisca-pisca. Agora o instrumento é um sinal (*Zeichen*), que está à mão, servindo tanto ao motorista para indicar direções, quanto aos outros, como podem e devem se comportar. O sinal, por fim, se reporta à totalidade do conjunto instrumental dos meios de transporte e das regras de trânsito. Possui o caráter de "ser para" (*Um-zu*), de mostrador, função que pode ser compreendida como um referenciar (*Verweisung*), na medida em que coloca os manejáveis em volta de algo dominante (*Worumwillen*). Esse referenciar se funda na *estrutura de ser* do instrumento (*Seinsstruktur von Zeug*), na sua serventia.[218] Mas essa estrutura se exerce em condições muito especiais no signo, porquanto nela, graças a uma referência mostrativa, todo o âmbito de sua referência é desenhado, âmbito que por fim é o próprio mundo que está se apresentando. O signo mostra seu ser, na medida em que se remete a uma totalidade de uso que, em última análise, se reporta à totalização operada pelo Dasein na sua ocupação, seja com os entes do mundo, seja o modo de se ocupar dos outros e de si mesmo. É de notar que essa reflexão do Dasein, que se ocupa tanto das coisas como de seu próprio ser, marcará todo o ritmo da análise existencial.

Quando a seta se levanta, alguns carros se desviam, outros ficam parados, os pedestres se orientam e tratam de se precaver. "Sinal não é uma coisa que se ache numa relação caracterizada pelo mostrar, mas um instrumento que, explicitamente, eleva um todo instrumental à circunvisão [*Umsicht*], de modo que a determinação mundana do manejável se anuncie conjuntamente."[219]

---

218. Idem, p. 78; trad., p. 127.
219. Idem, p. 80; trad., p. 129.

Em resumo, o signo remete a uma visão totalizante dos entes, configura uma orientação na qual o mundo também se anuncia — no vocabulário de Heidegger, o mundo se mundaniza.

É a partir daí, da análise de como os signos se imbricam entre si, que Heidegger entende o ser da palavra e da linguagem, passando do nível desses comportamentos significativos para o plano propriamente do discurso, do logos se explicitando. É num plano anterior à predicação, ante-predicativo, que a linguagem encontra sua fundação (*Fundierung*),[220] mas se apoiando na trama dos instrumentos que servem para que os seres humanos cuidem e cuidem de si, porém de tal modo que esses instrumentos, ao funcionarem como sinais, projetam suas referências para a totalidade do mundo. Os signos abrem um mundo circundante, totalizante, mediante o qual o mundo se faz mundo.

O manejável se dá como referência (*Verweisung*). O Dasein, na sua preocupação, encontra antes de tudo os manejáveis, os utensílios, uns se remetendo aos outros. Eles mesmos se mostram como úteis, inoportunos ou inaplicáveis etc. Convém não esquecer que o martelar do martelo, o serrar do serrote, e assim por diante não são propriedades no sentido daquelas que determinam as coisas, mas configuram determinações que aparecem residindo nos manejáveis na medida em que correspondem à preocupação do Dasein. Todavia, perdem essa determinação de manejável tão logo escapam do mundo preocupante e preocupado, caindo no nível dos mani-festáveis, por exemplo, daquilo que é sinalizado. Essas duas formas de ser, o ser-mani-festável (*Vorhandensein*) e o ser-manejável (*Zuhandensein*), ainda podem ser, fora de suas respectivas formas de apresentação, consideradas do ponto de vista

---

220. Idem, p. 87; trad., p. 138.

das categorias, mas passam a estar ligadas às ocupações do Dasein tão logo se mostram maneiras de ele estar no mundo.[221]

Essa interpretação do signo serve sobretudo para mostrar um importante ponto de apoio fenomenal característico da referência (*Verweisung*). É tripla a relação entre signo e referência: 1) o mostrar do signo, vindo a ser uma possível realização do "para-que" duma utilidade, se funda na estrutura do utensílio em geral, a sua referência; 2) o mostrar do sinal, traço de um manejável, pertence a um complexo de referências, ligado a uma inspeção circundante do Dasein mediante a qual se coloca o seu mundo circundante; 3) o signo não se reduz a um manual porquanto por meio de sua manualidade possibilita ao mundo circundante (*Umwelt*) tornar-se visível em sua circunvizinhança. Ora, esse tornar visível do mundo circundante faz com que os encontros dos instrumentos manuais salientem como estes *estão* sendo integrados no mundo, em resumo, ressalta seu *ser-manual* (*Zuhandensein*). "O ente se descobre enquanto referido a uma coisa como o ente que ele mesmo é, ele é referido a algo. O ente tem com o ser que ele é algo junto. O caráter ontológico do manejável é a con-juntura (*Bewandtnis*). Na conjuntura se diz: algo se deixa e se faz junto a. É essa remissão de 'con-junto' que se pretende indicar com o termo *referência*."[222] *Bewandtnis* é uma palavra difícil de traduzir, pois indica tanto a conexão de um manejável com o outro como a ambiguidade que surge quando o referir dirigindo-se ao referido revela a entidade do referir enquanto ente referindo-se, por conseguinte desvendando o ser que ele é como sendo.

---

221. Idem, p. 88; trad., p. 139.
222. "*Er* hat mit him *etwas sein Bewenden. Der Seinscharakter des Zustandenes ist die* Bewandtnis. *In Bewandtnis des 'mit... bei...' soll durch der Termimins Werveisung angezeit warden.*" Idem, p. 84; trad., modificada, p. 134.

Já vimos que Aristóteles entende por predicação uma síntese de dois nomes. Convém lembrar que a oposição entre síntese e divisão (*synthesis* e *diairesis*) já se encontra também no próprio ente.[223] Heidegger se agarra a essa anterioridade para sublinhar uma síntese no com-preender anterior ao entender da linguagem enunciada. No plano do manejável a coisa se dá no para que ...: "o que inicialmente é dado é o para escrever — para sair e entrar — para iluminar — para sentar; ou seja, escrever, entrar e sair, sentar e coisas do gênero são algo em que nos movimentamos desde o princípio: o que conhecemos quando nos versamos sobre algo e o que aprendemos são esses para quês".[224] Algo aparece então como utilizável desta ou daquela maneira, portanto "algo como algo". É de notar que essa síntese que separa, esse "como" (em latim, *qua*, em alemão, *als*), é anterior ao enunciado, que é então, já num curso de 1921, dito "como hermenêutico", uma ligação separadora que envolve em si mesma "um ligar e um cindir".[225] Lembremos que, desde Aristóteles, a forma da proposição predicativa é "algo como algo". Heidegger está buscando num nível ante-predicativo essa dualidade que vai lhe servir para, num primeiro momento, tentar "fundar" a linguagem nesse plano.

Para isso, o algo não é coisa presente, *Vorhandensein*, mas manejável, *Zuhandensein*:

> Aquilo junto a que possui uma con-juntura é o para que [*Wozu*] da serventia, o em que [*Wofür*] da possibilidade de emprego. Com o para que [*Wozu*] da serventia pode-se dar, novamente, uma conjuntura própria: por exemplo, junto com esse manejável que cha-

---

223. *Metafísica*, 1043 a, 16-8.
224. *Gesamtausgabe*, 21, p. 144; cf. Günter Figal, *Martin Heidegger: Fenomenologia da liberdade*, Rio de Janeiro: Forense Universitária, 2005, pp. 50 ss.
225. *Gesamtausgabe*, 21, p. 141.

mamos, por isso mesmo, de martelo, age a conjuntura de pregar, junto com o pregar dá-se a proteção contra as intempéries: esta "é" em virtude do abrigo do Dasein, ou seja, está em virtude de uma possibilidade de seu ser.[226]

Heidegger considera, em todos os entes que se nos apresentam finalizados em nossos relacionamentos com o mundo, uma juntura de algo com algo, uma remissão objetivante e objetivada como uma possibilidade do Dasein, como se fosse uma dobradiça, uma parte que tem a outra por fim, esta por sua vez segurando-se na outra, encontrando nela seu fim, sua meta, sua razão de *ser* assim. É nessa duplicidade do envio, da remissão de algo a algo, que os signos se nos apresentam, de sorte que tanto se mostram nela, quanto fazem transparecer um modo pelo qual algo que dá como algo. A dobradiça apresenta a dimensão ontológica do ente-manejável significante e cria o espaço no qual vai se ancorar o enunciado que diz algo como algo. Antes da forma tradicional da predicação, "algo como algo", reside um travejamento de junções ligando os entes instrumentais. O manejável se mostra no que ele é propriamente, mas então inserido numa totalidade instrumental: na casa onde eu moro, na cidade em que habito, no mundo em que me situo. Desde logo o mundo se me apresenta como mundo, meu mundo assim como para os outros e, por isso mesmo, emergindo como logos.

A própria con-juntura se mostra, pois, como base a partir da qual os utensílios se apresentam em totalidade, tornam-se fenômenos do mundo, cujo ser se liga então a uma forma de ser do Dasein. Desvenda-se uma estrutura finalizada, uma trama abrangente de fins cruzados se apresentando ao ser-aí do homem. Este, por sua vez, passa a compreender (*verstellen*), a entender, melhor

---

226. *Sein und Zeit*, p. 84; trad., p. 134.

o que o circunda, encontrando-se numa totalização *a priori* para si mesmo, a mundialização do mundo. Compreendendo esse complexo referencial dos instrumentos, dos objetos simplesmente finalizados, o Dasein com-preende suas próprias possibilidades de ser, como lidar com os entes manejáveis satisfazendo suas circunstâncias, suas junturas, e, desse modo, podendo ele próprio descobrir seu próprio ser.

Esse complexo finalizado, contudo, pode surpreender: o martelo se quebra, o telefone está mudo, a energia faltou. Estando no mundo, o Dasein se descobre como possibilidade superior, mais perfeita do que sua própria realidade, de sua própria facticidade. Compreendendo-se mediante o complexo referencial, que acabamos de descrever, o Dasein alinhava suas próprias possibilidades de ser, sejam elas autênticas ou não.

Note-se que essa compreensão "prévia" do mundo, essa familiaridade com a qual o Dasein lida com ele, não é teórica nem prática, sendo anterior a essa divisão. Ligando-se essencialmente a entes manejáveis, opera num nível onde o Dasein se comporta e se compreende antes de formular essas ações no nível propriamente do discurso. Mas prepara seu terreno: "Aprendemos o caráter de remissão dessas remissões de referência como ação de signi-ficar [*be-deuten*]",[227] como um sinalizar que se faz indicar, interpretar, em suma, como signo. Esses complexos "energéticos" — no sentido aristotélico da palavra *energia* —, prévios aos discursos propriamente ditos, possuem sentido, conformando assim um terreno onde os seres humanos se entendem e estão prontos para falar e pensar:

> Chamamos de significância [*Bedeutsamkeit*] o todo das remissões dessa ação de significar [*Bedeuten*]. A significância é o que constitui

227. Idem, p. 87; trad., p. 137.

a estrutura do mundo em que o Dasein já é sempre como é. Em sua familiaridade com a significância, o Dasein é a condição ôntica de possibilidade para se poder descobrir os entes que no mundo vêm ao no modo de ser da conjuntura (manejabilidade) e que se podem enunciar em seu si.[228]

Convém notar, mais uma vez, que a significância se arma a partir de uma abertura do Dasein, na qual ele é como ele próprio é ou deixa de ser o que é. Como sempre, o nada é anterior a qualquer forma de negação. Ele acompanha o ser, enquadrando as ações e as vicissitudes da vida numa significância e compreensibilidade *a priori*.

Esse descobrir, porém, também encobre. Essa dualidade não lembra a dualidade hegeliana, quando o ser, na sua abstração, se mostra tendo o mesmo significado que o nada? Mas para Heidegger ser e nada já estão prenhes de sentido, na medida em que operam na mundialização do mundo para o Dasein. Porém, esse sentido, anterior ao discurso, está sempre vinculado à potência do ser-aí, do *Sein-da*, que cai no mundo, se perde e se recupera. *Ser e tempo* descreve o percurso dessa abertura, da queda e da recuperação, cada passo no caminho dessa trilogia enriquece suas "determinações" existenciais. É como se o pecado original e a salvação pela práxis marcassem o ritmo histórico da existência humana. O Dasein decai (*verfallen*). Mas Heidegger recusa explicitamente ligar essa queda com o pecado.

Se, ao falarmos, temos uma compreensão "prévia" do mundo, é preciso ter o cuidado de colocar "prévia" entre aspas, antes de tudo para indicar que essa "anterioridade" é apenas um modo de falar essencial, pois essa compreensão se faz ao mesmo tempo que o mundo se mundifica, isto é, se apresenta como totalidade. Para

---

228. Idem; trad., modificada, p. 138.

mostrar essa coincidência, é preciso então caminhar em sentido inverso. O ser-aí é no aí, está sempre cuidando e se preocupando com o que acontece no mundo e, desse modo, se configura como sendo. Os modos de ser do Dasein, descritos pelos existenciais, não emanam nem derivam de um Ser abstrato. O ser somente tem sentido na práxis reflexionante do Dasein. Determina-se sempre paralelamente à "determinação" do mundo.

Mas, para que esse paralelismo não seja pensado como pura abstração, formalização de tipo matemático, convém, então, levar em conta outras formas intermediárias de "determinação", isto é, do ser-aí ser, ou melhor, o ser-aí sendo. Isso porque a essência do homem se ancora na sua existência. O seu ser lhe é dado como possibilidade de ser isto ou aquilo; mas, sempre sendo ou isto ou aquilo, ao mesmo tempo ele está se dando com um outro, ele ou aquele. Não percorre um percurso a partir de si mesmo para encontrar o outro. Vem a ser antes da oposição entre sujeito e objeto; oposição que privilegia o plano da natureza e tem como ponto de partida os entes-manifestáveis (*Vorhandensein*). Antes dessa manifestação o Dasein está operando, comportando-se, antes de tudo, com entes manejáveis, ele próprio se circunscrevendo e participando, como os entes em geral, de um tecido finalizado que abre o espaço para as significações.

8.

O pensamento teórico retirou o colorido do mundo, suas múltiplas dimensões existenciais. Aferra-se aos seres manifestáveis, que estão à mão conforme se apresentam desprovidos do tecido prévio das finalizações recíprocas e das significâncias. Por isso separa a coisa de seus valores, o ser-aí passando a ser configurado, a exemplo da filosofia cartesiana, como coisa pensante (*res cogitans*). Ao se ocupar e se preocupar com as coisas, os instrumentos e os outros, o Dasein não se determina tão só segundo os modos das substâncias e de outras determinações a elas ligadas — isso acontece enquanto ele é ente —, mas sobretudo mediante existenciais demarcando os modos em que ele é em..., está em..., é com..., na con-juntura, na significância, no com-preender etc. Espinosa dizia que a respeito das coisas humanas é preciso, em vez de enaltecer ou ridicularizar, sobretudo entender; Blaise Pascal, na linha de Agostinho, lembrava que, a propósito das coisas divinas, é o amor que permite entendê-las. Ao citar essa passagem,[229] Heidegger está sublinhando a importância dos existenciais para compreender o próprio entendimento, privilegiando o tecido dos entes na sua trama finalizada, aquela que dá lugar para a palavra e a linguagem, em particular para a pro-posição. Mas com isso não está subvertendo a antiga trilogia: lógica, física e moral?

Note-se a importância do sentimento de estar afinado com algo sintonizado com algo, que descreve uma das formas de abertura do Dasein para o mundo. A palavra alemã *Stimmung* nomeia essa afinação, essa disposição, essa sintonia. Esse modo de ser do ente, que não é "subjetivo" pois antecede à distinção sujeito/objeto, é quase um assentir, um considerar, um situar-se (*befinden*) quando visto no plano ontológico. Desse modo, ao estar a fim de..., o Dasein está se dis-pondo, de sorte que à sintonia (*Stimmung*) no plano ôntico corresponde a dis-posição (*Befindlichkeit*) no plano ontológico. Ora, essa dis-posição — uma possibilidade existencial do próprio Dasein —, ao se abrir para o disponível, o manejável, assim como para outrem, também se dá no modo do temor (*Furcht*). Quando a coisa, o instrumento ou o outro aparecem quebrados, quando uma con-juntura e uma sintonia se rompem, aparece o medo.

---

229. Idem, p. 139, nota; trad., p. 198.

O Dasein está no mundo como seu mundo, mas igualmente como juntando-se a outros. No decorrer da vida cotidiana tende a perder sua mesmidade, seu caráter de si, passando a integrar-se no mundo dos outros sem marcar essa diferença ontológica entre o si e o outro. Vive na impessoalidade. Isso já se percebe quando alguém, numa dada situação, se esconde ao dizer: "A gente faz isso". O medo vem quebrar essa impessoalidade, mas ele é sempre medo disto ou daquilo. Ora, isso não acontece com a angústia (*Angst*), que quebra a familiaridade com o mundo e puxa o ser humano para si mesmo sem detectar aquilo que o está apavorando. Ela coloca em questão o próprio estar no mundo:

> A angústia não é somente angústia com ... mas, enquanto disposição, é também angústia por ... O porquê a angústia se angustia não é um modo determinado de ser e de possibilidade do Dasein. A própria ameaça é indeterminada, não chegando, portanto, a penetrar como ameaça neste ou naquele poder-ser faticamente concreto. A angústia se angustia pelo próprio ser no mundo. Na angústia perde-se o que se encontra à mão no mundo circundante, ou seja, o ente intramundano em geral. O "mundo" não é mais capaz de oferecer alguma coisa, nem sequer a co-presença dos outros. A angústia retira, pois, do Dasein a possibilidade de, na decadência, compreender a si mesmo a partir do "mundo" e da interpretação pública.[230]

Se a *epochê* husserliana suspende a posição do mundo, a angústia, tal como Heidegger a entende, trava os entes na sua totalidade de mundo e o próprio mundo se faz inteiro.

Ao pôr em xeque o mundo na sua totalidade, o próprio Dasein se mostra um singular cheio de possibilidades, surge como

---

230. Idem, p. 187; trad., p. 254.

único em si mesmo (*solus ipse*), mas nesse solipsismo descobre suas potencialidades e sua liberdade. Por isso, já que sempre é ser--aí, incapaz de se desligar inteiramente do mundo, ele passa a cuidar disto ou daquilo, mas no horizonte de sua inteireza. Descobre-se então sendo determinado pela cura, *Sorge*, existencial que estabelece a base da hermenêutica do sujeito. Michel Foucault examina pormenorizadamente num de seus cursos todo o percurso histórico dessa trama. A pista, ele a encontra no texto de Heidegger que, numa nota, cita uma carta de Sêneca a esse respeito.[231]

Antes de ser definido como animal racional, o homem é basicamente cuidadoso, firma-se no cuidado, não cuidando tão só disto ou daquilo, mas cuidando de si próprio, e a partir disso pode cuidar dos outros e de todo o resto. Nesse nível, de um lado, é um projetar-se para, reside num projeto; de outro, é um descobrir-se lançado no mundo. Mas, nesse caminho de ir e vir, o ser humano se descobre, de um lado, como próprio, um preceder-a-si-mesmo, de outro, como lançado no mundo e ao lado de algo ou de alguém.

Note-se ainda que vontade e desejo se enraízam ontologicamente na cura. Para Heidegger carece de sentido pensar a alma desempenhando-se mediante três dimensões superiores, o intelecto, a vontade e o desejo. Essas determinações ônticas não refletem as "determinações" ontológicas do ser-aí, nem fazem parte da ontologia fundamental. No que concerne propriamente à vontade, convém observar que ela sempre se reporta a algo desejado, que se revela para o Dasein e, assim, se conecta a uma estrutura significante. Por isso mesmo, considerando-se essa estrutura, percebe-se como está fundada no existencial mais geral da cura.

No cuidar o Dasein vive num mundo circundante que se totaliza. Já os gregos distinguiam o todo (*hólon*) da soma (*pān*), o

---

231. Idem, p. 199; trad., p. 267.

todo se dando como tal, diferente do composto. O mundo se soma, se compõe graças ao modo pelo qual o Dasein se soma. Não teremos condições de examinar extensamente como essa soma decorre no tempo, podemos apenas lembrar que vivemos o cuidar no presente como um projeto, como sendo no presente sendo para o futuro. Mas o que falta não é uma parte que simplesmente se adicionaria ao já tido, como se fosse aquele lance do caminho que precisaria ser percorrido. Seria como aquela parte que o fruto ainda não possui porque não está maduro? Ou aquela quantia ainda devida e que vai ser paga logo mais? "O que no Dasein constitui a 'não totalidade', o insistente anteceder-a-si-mesmo, não é nem algo pendente numa junção aditiva, nem um ainda-não-se--ter-tornado-acessível. É um ainda-não que, enquanto ente que é, cada presença tem de ser."[232] Tem de ser porque o Dasein perece, encontra seu término. O homem ontologicamente não estraga como um fruto ou perece como um animal. O futuro que lhe falta não está pendente, constitui uma possibilidade iminente ao qual os entes vêm ao encontro. O término reside nessa possibilidade e assim se apresenta como morte: "A morte desvela-se como a possibilidade mais própria, irremissível, insuperável. Como tal ela é um impendente [que não tem pendência] privilegiado. Essa possibilidade existencial funda-se em que o Dasein está essencialmente aberto para si mesmo e isso no modo de anteceder-a-si-próprio. Esse momento estrutural da cura possui sua concreção mais originária no ser-para-a-morte".[233] Se não fossem as circunstâncias da vida cotidiana, estaríamos sempre presenciando a morte como o término da vida.

---

232. Idem, p. 244; trad., p. 318.
233. Idem, p. 251; trad., p. 326.

9.

Por fim examinemos como a cura se desenrola no tempo. Vimos que, para Husserl, a consciência do tempo é a estrutura pela qual o eu transcendental se orienta para isto ou para aquilo, assim como pode orientar-se para si mesmo. É o ponto de inflexão da intencionalidade da consciência — lembrando a imagem anteriormente usada —, é a dobradiça que liga o múltiplo ao uno. Vimos que, para Heidegger, o mundo se mundifica, o logos se estende no discurso, ou melhor, ambos vêm a ser nessa extensão. O ser se liga, pois, intrinsecamente à temporalidade. Mas tempo em que sentido?

Cabe voltar à linguagem filosófica original e examinar o que Heidegger chama de concepção vulgar do tempo, que se configura pela primeira vez, de um modo inigualável, na filosofia de Aristóteles, em particular em *Física*, no livro IV, cap. 10-10. Infelizmente não temos condições de seguir sua análise, somos obrigados a nos contentar com a menção de alguns de seus tópicos. Várias vezes lembramos que Aristóteles define o tempo como número do movimento no que respeita ao antes e ao depois. Desde logo é preciso sublinhar que número não é o que numera, mas o numerado, a determinação que se incrusta no movimento no seu sentido mais geral de movimentar-se para fora e assim se completar, de *energeia*.

Como entender, além do mais, o "antes" e o "depois"? À primeira vista, como o anterior e o posterior a um agora, que se mostra quer como limite quer como algo que se expande conforme o tempo é ele próprio determinado. Para Husserl, o agora se estende conforme vai antecipando o agora futuro e retém o agora passado. Heidegger, recorrendo a Aristóteles, projeta essa ambiguidade do agora no próprio movimento, "o agora é ou não é o mesmo".²³⁴ No fundo o tempo parece com aquela ambiguidade sem substância que os sofistas sublinhavam ao afirmar que Sócrates seria diferente conforme está no liceu ou no mercado. Não se trata, pois, de uma diferença de foco, mas intrínseca ao próprio ente, ao próprio movimento. O agora acompanha o móbil, é coapreendido na experiência do movimento.

Em geral dizemos o tempo recorrendo a um relógio, "São dez horas" quando o ponteiro marca o número 10 no mostrador. Não é por isso, todavia, que o tempo se espacializa, não importa tanto o percurso do ponteiro, mas o modo pelo qual dizemos o agora em vista do que aconteceu antes das dez e depois das dez. "Quando vemos a hora, damos previamente o tempo ao relógio, na medida em que o próprio tempo não reside no relógio. Olhando a hora, dizemos 'agora'."²³⁵ Esse agora, contudo, marca o nosso tempo, nossa temporalidade no mundo, pois agora ainda tenho tempo para chegar à aula, sendo que não tive tempo para tomar um lanche. Noutras palavras, o agora marca o tempo como oportuno, disponível, ou inoportuno, indisponível.

No plano do dizer, o tempo lido no relógio é sempre um tempo que revela uma falta de tempo, um contratempo (*Unzeit*), e, como tal, está intrinsecamente ligado a uma temporalização do mundo. Ora, o mundo, como já vimos, não se dá como a totalidade das coisas, mas no travejamento do "em vista de", "no fim de", "em vista de" dos manejáveis, em suma, na trama daquelas determinações que articulam uma con-juntura (*Bewandtnis*), isto é, uma significância. Esta se apresenta, então, como um dos principais momentos da estrutura do tempo expressa linguisticamente.

234. *Física*, IV, 11, 219 b, 13.
235. *Die Grundprobleme der Phänomenologie*, p. 367; trad. francesa, p. 313.

A con-juntura fundadora da linguagem vem sempre temporalizada, cobrindo o mundo dos manejáveis com o manto da oportunidade ou da inoportunidade das ações humanas. Por isso o tempo original não reside na natureza, não consiste numa dimensão que se junta a outras para determinar o movimento dos astros, mas consiste antes de tudo numa forma pela qual o Dasein se abre para o mundo e nele encontra a significância que lhe permite falar do mundo e dele mesmo.[236]

Heidegger indica ainda outras determinações do tempo falado. Em primeiro lugar, a databilidade, isto é, o agora sempre marca um momento a partir do qual o curso temporal fica determinado como "sendo dado que", "a partir de que" etc. O agora do nascimento de Cristo demarca nosso calendário. Outra determinação é o distanciamento: antes desse nascimento, depois desse nascimento até um determinado momento. Por fim, o tempo expresso marca um agora a partir do qual nos comunicamos, tecemos com outros uma comunidade (*Miteinandersein*).

Tudo nos leva, pois, a encontrar a origem do tempo na temporalidade existencial do próprio Dasein, no modo pelo qual ele se temporaliza, porquanto ele chega a si mesmo na unidade respectiva da projeção para o futuro, do ter sido e da presentificação. Ao se projetar para o futuro, ele se afasta de si mesmo e como tal existe. Heidegger recupera a palavra grega *ekstatikón* para caracterizar essa estrutura existencial:

> O termo *ekstático* nada tem a ver aqui com os estados de estase ou outros fenômenos da mesma ordem. O termo grego corrente: *ekstatikón* designa o fato de sair-de-si-mesmo. Está próximo da palavra *existência*. É com a ajuda desse caráter ekstático que interpretamos a existência, a qual, numa perspectiva ontológica, é a unidade

[236]. Idem, p. 369; trad., pp. 314 ss.

originária do ser-fora-de-si advindo-a-si-mesmo, praticando o retorno-a-si e se presentificando. A temporalidade determinada ekstaticamente é a condição de possibilidade da constituição ontológica do Dasein.[237]

Convém, finalmente, observar que essa temporalidade original se temporaliza em cada *ekstase*. Vimos que o Dasein se temporaliza antes de tudo como um compreender (*Verstehen*), uma disposição (*Befindlichkeit*) e decadência (*Verfallen*). Por isso: "O compreender funda-se, primariamente, no porvir (antecipar e aguardar). A disposição temporaliza-se, primariamente, no vigor de ter sido [*Gewesenheit*] (retomada e esquecimento). A decadência enraíza-se, primária e temporalmente, na atualidade (atualização e instante)".[238] Obviamente essas três *ekstases* são coroadas pela estrutura fundamental do cuidado, cuja temporalidade, marcada pela angústia, tem na morte seu término absoluto.

10.

Até agora tratamos de esboçar o quadro das primeiras "determinações" do Dasein. Ao conhecimento dos manifestáveis (*Vorhandensein*) foi possível contrapor, graças a uma análise do mundo circundante e posto em função da vida humana, graças à trama dos *Zuhandensein*, a verdade do logos. Mas, estrategicamente, embora a questão da verdade apareça desde as primeiras linhas de nosso texto, pulamos o parágrafo 44 de *Ser e tempo*, onde esse problema encontra sua análise mais completa. Não só por causa da dificuldade da análise, mas, sobretudo, porque pode nos

237. Idem, pp. 377-8; trad., p. 321.
238. *Sein und Zeit*, p. 350; trad., p. 437.

servir de ponte a nos conduzir de *Ser e tempo* para os escritos posteriores.

Por volta de 1929 — exatamente quando começa a Grande Depressão com nefastas consequências para a Alemanha — o filósofo percebe que seu livro terminava num impasse. Deixa de publicar a segunda parte prometida, altera o curso de suas investigações, passa pela famosa reviravolta (*Kehre*) e se distancia ainda mais da ideia tradicional do conhecimento, aproximando pensamento e poesia. Esse percurso se torna muito evidente quando examinamos as mudanças de sua concepção de verdade, como desvelamento.

O que Heidegger entende por verdade? O parágrafo 44 de *Ser e tempo* começa lembrando que, desde seu início, a filosofia correlacionou verdade a ser. Os primeiros filósofos não se deixaram conduzir pelo ser das próprias coisas? No fundo, estudar a verdade é examinar como o Dasein se abre para aquilo que se mostra como a coisa sendo. Antes, portanto, de situar a verdade na síntese do juízo, reunindo ideias ou representações, como se costumou fazer depois de Platão e Aristóteles, cabe sublinhar uma verdade ante-predicativa, a apresentação da coisa em si mesma.

Se se disser "A pedra é vermelha", antes de poder examinar como esse enunciado concorda, se coaduna ou não, com a realidade, é preciso levar em conta o modo pelo qual a pedra se mostra como sendo vermelha. Desse novo ponto de vista, ante-predicativo, o sentido do enunciado não reside, como ensinava, por exemplo, Husserl, na construção de expressões com sentido ou contrassentido, segundo regras de uma gramática universal. Nem mesmo, como dirá Wittgenstein, na possibilidade de, ao afirmar o enunciado, também negá-lo. Heidegger faz do sentido o âmbito, no fundo o ser, onde algo se mostra como algo. É a abertura desse âmbito (*Gegend*), dessa clareira (*Lichtung*) como dirá mais tarde, que marca o sentido do sentido e o sentido da verdade.

Costuma-se entender a verdade judicativa, expressa na proposição declarativa, apofântica, como concordância, copertencimento, adequação da coisa ao intelecto, *adaequatio intellectus et rei*, segundo a formulação clássica de Tomás de Aquino. Essa adequação entre palavras e coisas não pode resultar de múltiplos atos do juízo e o conteúdo ajuizado, pois, se assim fosse, cair-se-ia no psicologismo, que reduz o falar verdadeiro numa multiplicidade de atos de fala. Em contrapartida, não cabe projetar esse mesmo ligando a sentença e o estado de coisa, expresso pela concórdia, numa ideia atemporal, pois cometeríamos o erro inverso de tomar o conteúdo proposicional como uma essência contraposta a uma existência. Se ocorrer uma relação subsistente entre as duas partes, entre o "ideal" e o fato, no que consiste tal relação? Quando a relação se efetiva, quando não se mostra falsa, obtém-se o conhecimento verdadeiro do estado de coisa, pouco importando se esse conhecimento venha a ser uma representação ou uma fala.

Suponhamos que, de costas para a parede, eu diga "O quadro na parede está torto". Em seguida me volto e confirmo o que disse. No que consiste essa confirmação? A pergunta deve ser respondida no nível operacional do enunciado e da coisa, sendo incorreto introduzir um intermediário entre eles. Heidegger sempre combateu a ilusão do *lekton* estoico, a admissão de um conteúdo proposicional entre o signo e o estado de coisa: "Toda interpretação que introduzisse aqui alguma outra coisa, que deveria estar implicada no enunciado que apenas representa, falsificaria o conteúdo fenomenal a respeito do qual se propõe o enunciado. O enunciado é um ser para a própria coisa que é. O que se verifica através da percepção? Somente que é o próprio ente que se visava no enunciado".[239]

Reafirma-se o propósito da análise fenomenológica. As pala-

---

239. Idem, p. 218; trad., p. 288.

vras ditas ou pensadas concretamente se dão como ser verdadeiro. O ente enunciado está sendo na modalidade da descoberta, ele se mostra como o mesmo na expressão e no real: "O que se deve verificar é unicamente o ser e o estar descoberto do próprio ente, o ente na modalidade de sua descoberta. Isso se confirma uma vez que o enunciado, isto é, o ente em si mesmo, mostra-se como o mesmo. Confirmação significa: que o ente se mostra em si mesmo".[240]

Há uma mesmidade entre o enunciado e o real, o ente visado se apresentando como o mesmo. O enunciado "A pedra é vermelha" se apresenta como um mesmo, a despeito de marcar sua diferença, já que a pedra se dá como vermelha. "O quadro está pendurado" como o mesmo que o quadro como pendurado. O ser verdadeiro, a verdade, descobre o ente em si mesmo, de sorte que a expressão há de ser entendida como um ser descobridor (*Entdekendsein*). Ora, esse ser descobridor, se reside no enunciado, é porque originariamente reside no modo pelo qual o Dasein se abre para este ou aquele ente, o que depende de como se abre para o ente em sua totalidade. A verdade só pode fundar-se num modo de ser do próprio Dasein, de este estar sempre em, ou melhor, no mundo.

"A pedra é vermelha." Graças a esse enunciado a coisa se mostra como vermelha, algo se dá como, isto como (*so... wie*) o outro. O que visa essa verificação? Não procura a concordância, mas a própria coisa como ela é. Em resumo, antes da adequação, um ente se mostra como sendo, a questão originária da verdade se concentrando nesse jogo entre o ente e o ser:

> O que se deve verificar é unicamente o ser-descoberto [*Entdeckt-sein*] do próprio ente, o ente no como [*wie*] de sua descoberta. Esta se

---

240. Idem; trad., pp. 288-9.

verifica na medida em que o que é enunciado vem a ser o próprio ente, que se mostra, então, como o mesmo. Verificação significa: o mostrar-se do ente em si na [sua] mesmidade. A verificação cumpre-se na base de um mostrar-se dos entes. Isso só é possível porque o conhecimento, enquanto enunciado e se verificando, segundo seu sentido ontológico, é um ser que descobrindo é para o próprio ente real.[241]

Para afirmar que o enunciado "A coisa é vermelha" vem a ser verdadeiro, isto é, vale como conhecimento, é necessário verificar se esse enunciado faz aparecer a própria coisa na sua mesmidade como vermelha. Mas então o próprio conhecimento — o enunciado verificando-se — mostra-se como sendo para a coisa vermelha. Ele possui um ser-para, movendo-se, portanto, na estrutura do Dasein que se abre para o ente. Não sou eu ou o ele que assim nos comportamos, mas o que é mais íntimo em nossa estrutura de ser, que somente é, se abre para o mundo, procura, mediante o cuidado, possuir uma visão circundante do ente tal como ele é. A verdade original não reside, pois, no juízo e no enunciado, mas no próprio Dasein, não como sujeito, mas como estrutura de apropriar-se de si e se lançar no mundo: "O Dasein é e está na verdade".[242] Por isso, em sua essência, o ser-aí tem de tomar posse do que se descobriu contra a aparência e a distorção, sempre se reassegurando de sua descoberta.

Se a forma geral da proposição for algo como algo, então essa forma, como já vimos, se mostra fundada num como hermenêutico (*wie... so*), que tem sua raiz no compreender existencial. A proposição comunica o ente no modo de sua descoberta, transforma o enunciado num manejável (*Zuhandensein*). Mas o manejável não está ligado a um modo de ser do Dasein? Note-se que a mera

---

241. Idem.
242. Idem, p. 222; trad., p. 293.

tradução do termo grego *aletheia* por "verdade" encobre essa abertura, porquanto "verdade" deixa de lado a estrutura da palavra grega onde o *a* nega o *letês*, o escondido. O Dasein é essa abertura para o mundo, ele está na verdade, mas verdade como *a-letheia*, des-velamento. Isso não equivale a brincar com as palavras? Mas evitar a mística dos termos, como nos aconselha Heidegger, não pode coibir os filósofos de preservarem a força das palavras mais elementares. E cada vez mais essa força servirá de método para a investigação heideggeriana.

Em resumo: 1) a abertura (*Erschlossenheit*) em geral pertence essencialmente à constituição do ser-aí; nessa abertura ele vem a ser verdadeiro; 2) para isso este se lança no mundo; de sorte que o estar-lançado (*Geworfenheit*) é uma situação de fato, embora estrutural, do ser-aí se abrindo para a verdade; 3) nisso o Dasein se pro-jeta, atravessa o presente e sai dele, ligando-se, pois, irremediavelmente a um lançar-se além da presença como projeto (*Entwurf*). Nesse projetar-se ele abre seu ser para seu próprio poder-ser.

Resta, porém, sublinhar uma quarta dimensão do des-velamento: a abertura está ligada essencialmente a uma clausura. Como já vimos, a decadência (*Verfallen*) pertence à estrutura de ser do Dasein, por fim, ao próprio ser. Trata-se de uma decadência originária, ligada ao com-preender. À medida que lida com entes, o Dasein perde o empuxo de tomar o ente na sua totalidade, permanece, por assim dizer, no varejo, des-cuidando-se no palavrório da vida cotidiana, na publicidade inautêntica e irresponsável. Tendência que se fortalece porque o enunciado é modo derivado do interpretar. Por isso o Dasein é e está na verdade, assim como é e está na não verdade. Note-se que seria incorreto dizer "O Dasein não é verdade", porque ele é tanto verdade como não verdade. Não escapa da diferença ontológica entre o ente e o ser. O ser do homem é necessariamente um lançar-se fático no mundo, mas, na medida em que a possibilidade é mais forte do que o real, esse lançar-se sempre escorrega quer para o lado da autenticidade quer para o lado da decadência, de sorte que, ao se encontrar nessa encruzilhada, o Dasein se obriga a se decidir antes de pronunciar qualquer juízo.

Mas, por isso mesmo, se o ser precisa do ente para ser, em particular necessita do fato humano, visto que o ente humano é, em resumo, vem a ser, existe na verdade enquanto existir o Dasein. E não cabe afirmar que o Dasein é eterno — este é um resquício da tradição cristã —, porquanto verdade e Dasein são temporalmente codeterminantes. A verdade não é eterna. Quando Newton formula as leis da mecânica, ele faz com que essas leis sejam. Por certo a toda ação, por exemplo, corresponde uma reação, mas essa relação entre as coisas ainda não tinha penetrado na verdade: "Antes das leis de Newton serem descobertas, elas não eram 'verdadeiras'; daí não se segue, porém, que fossem falsas, nem que seriam falsas se, do ponto de vista ôntico, nenhuma descoberta fosse mais possível".[243]

11.

Publicado *Ser e tempo* em 1927, Heidegger continua a publicar. Seu gênio estava solto, era impossível emoldurá-lo num esquema. Como reitor recém-empossado da universidade de Friburgo pronuncia, em 1929, a conferência "O que é a metafísica", texto que somente pode ser compreendido se for levada em conta sua intenção de falar para todo o corpo universitário. Frente a frente com os cientistas ele precisa salientar a especificidade da metafísica e tentar mostrar como essa disciplina, usualmente entendida como uma ciência, extravasa dos limites desse discurso. A aula termina com um desafio:

---

243. Idem, p. 227; trad., p. 298.

A filosofia somente se põe em movimento por um peculiar salto da própria existência nas possibilidades fundamentais do ser-aí, em sua totalidade. Para esse salto são decisivos: primeiro, o dar espaço para o ente em sua totalidade; segundo, o abandonar-se para dentro do nada, quer dizer, o libertar-se dos ídolos que cada qual possui e para onde costuma refugiar-se sub-repticiamente; e, por último, permitir que se envolva este estar suspenso para que constantemente retorne à questão fundamental da Metafísica que domina o próprio nada: Por que existe afinal o ente e não antes do Nada?[244]

Embora reformule a questão básica da metafísica em termos leibnizianos, Heidegger está lhe conferindo uma tonalidade especial: o enunciado se esvazia se não for ligado à inserção específica de minha própria existência nas possibilidades fundamentais da realidade humana em seu conjunto, isto é, se não participar ativamente do destino de meu povo. Estamos em pleno florescimento do nazismo, e Heidegger se curva a essa referência genérica ao povo. Mais tarde ela desaparece, substituída por uma invocação do próprio Ser. Mas o que agora nos importa nesse texto é sua insistência no caráter geral da metafísica em oposição ao âmbito restrito de cada ciência que estuda determinado tipo de ente e nada mais. O que se entende por esse nada?

Logo depois dessa aula, também em 1929, Heidegger publica *Da essência da verdade. Ser e tempo* examina as determinações existenciais do Dasein como um ser que está sendo no mundo. Nessa sua abertura a verdade se dá como desvelamento do ente, assim como abre espaço para uma nova forma de velar. Ser no mundo, ou de modo mais preciso segundo um novo vocabulário que começa a se constituir, a ek-istência é constitutiva da verdade.

---

244. *Que é metafísica*, Coleção Os Pensadores, XLV, São Paulo: Abril Cultural, 1973, p. 238.

Para que haja o verdadeiro, é necessário um ser revelador, um ser que, ao contrário do eu transcendental kantiano ou husserliano, que se voltava para si mesmo, se joga no mundo e além dele. Não é por isso que o homem cria a verdade, configura seus conteúdos, embora, segundo *Ser e tempo*, o sentido da verdade corresponda aos projetos do próprio Dasein. A partir da publicação de *Da essência da verdade* o ente passa a ser considerado em si mesmo assumindo uma significação própria. Ek-istência, ainda sinônimo de com-preender, passa a sublinhar sobretudo um projeto que se enraíza num comportamento (*Verhalten*) que deixa-ser o ser do ente como tal e em sua totalidade.[245]

Se a linguagem se vê agora ligada a um "comportamento" do Dasein em vista de seu ser, não poderia mais estar fundada nas articulações práticas da con-juntura. Nas notas marginais que Heidegger escreve em seu exemplar de *Ser e tempo*, na página 87, quando a palavra *fundar* (*fundieren*) é usada para caracterizar esse assentamento da linguagem nessas travações práticas, o autor anota: "Não verdadeiro, a linguagem não é implantada [*aufgestockt*], mas é a essência original da verdade como ali [*da*]". Se estamos querendo vislumbrar o caminho filosófico de Heidegger a partir de sua concepção de linguagem, ou melhor, do logos, só nos resta começar de novo. Mas então estas lições precisariam se lançar no abismo dos últimos escritos de Heidegger, sobretudo verificar como o logos cada vez mais se aproxima do poetar. O estudante que começou relembrando as origens pré-socráticas do pensar filosófico e foi passo a passo aprofundando seus conhe-

---

245. Cf. a introdução de Alphonse de Waelhens e Walter Biemel ao texto bilíngue alemão-francês, Louvain/Paris: E. Nauwelaerts/J. Vrin, 1948; Françoise Dastur, *Heidegger*, Paris: Vrin, 2007; Marco Antônio Casanova, *Compreender Heidegger*, Petrópolis: Vozes, 2009; Ernildo Stein, *Seminários sobre a verdade*, Petrópolis: Vozes, 1993.

cimentos e seus problemas, até chegar neste ponto em que a filosofia contemporânea desenha seus destinos, precisa agora abandonar o banco escolar, encarar a si próprio como semeador de ideias e topar mergulhar nos textos como um aventureiro do pensar. O texto que lhe interessa, então, adquire outro caráter. Proponho-lhe um contraponto entre Heidegger e Wittgenstein, a meu juízo os dois maiores filósofos do século XX que se ocuparam do questionamento do logos. Antes, porém, de apresentar-lhe um novo livro, é preciso dar uma última demão no terreno, para que este possa então ser cultivado.

v. Linguagem como jogo: Wittgenstein

1.

Certos textos filosóficos parecem muito fáceis. O *Discurso do método* de Descartes se lê de uma assentada, a *Investigação acerca do entendimento humano*, de David Hume, é uma aventura para antever os limites do conhecimento. Mas a leitura rápida desses textos deixa de lado o intrincado das ideias e o diálogo que mantêm com outros filósofos. Os últimos escritos de Wittgenstein se dão como sequência de notas, cada uma é compreendida quase de imediato, mas o leitor, a não ser que tenha sólida educação filosófica, não entenderá a que vêm, não perceberá o diálogo travado com textos de outros pensadores. Essa dissolução da linha argumentativa é proposital e resulta dos enganos que o próprio Wittgenstein cometeu quando quis transformar seu primeiro livro, o *Tractatus logico-philosophicus*, num edifício tão claro e tão estruturado como se ele fosse desenhado por um arquiteto da Bauhaus.

Qual foi o intento de tamanha empreitada? Estabelecer as

condições de construção de qualquer linguagem humana cujas proposições empíricas sempre tivessem sentido preciso. Para isso elas deveriam ser construídas a partir de proposições elementares, bem analisáveis, de sorte que a síntese de seus nomes (o verbo, como veremos, será um nome) haveria de corresponder a uma síntese possível de objetos que forma estados de coisa do mundo. Wittgenstein pretendia resolver de vez a questão da verdade como adequação da proposição à coisa e assim expulsar a metafísica do quadro das ciências bem-comportadas.

Obviamente esse projeto somente pôde ter sido desenhado com a nova lógica como pano de fundo. Já que esta se propunha ser inteiramente formal, isenta de compromissos metafísicos; já que estabelecia uma linha de continuidade entre si, as matemáticas e as ciências, porquanto todas as proposições verdadeiras poderiam ser deduzidas de axiomas bem temperados segundo esquemas aceitos de dedução, tudo o que poderia ser dito corretamente estaria separado dos modos enganosos do dizer. Dentro de certos limites, de um lado, o dizer nunca se confundiria com o mostrar; de outro, as tautologias, sempre verdadeiras, e as contradições, sempre falsas, são proposições corretas, na medida em que constituem casos limites da boa combinação de seus valores de verdade. Em contrapartida, não possuem sentido, visto que este depende das alternativas desse jogo. Mas, sendo proposições corretamente formuladas, desenham os limites do real. São analíticas, elas próprias são as proposições lógicas, que nada dizem a respeito do mundo. Nessas condições podem ser utilizadas para mostrar os limites que as proposições empíricas não devem ultrapassar. O mesmo se pode dizer da contradição. É de notar que, nessas condições, a negação consiste numa operação que incide sobre a proposição como um todo, invertendo o seu sentido. Dada uma proposição qualquer, sua negação consiste em alterar cada valor de verdade pelo seu contrário. V por F e F por V.

Obviamente esse projeto somente tinha sentido depois que o cálculo proposicional havia sido claramente elaborado. Em primeiro lugar, porque todas as proposições se mostram sendo compostas pelos conectivos lógicos como "e", "ou", "se... então" etc., que não possuem sentido, sendo armadas a partir de proposições elementares. Note-se ainda que todos esses conectivos podem ser descritos pela dupla negação. Nesse nível é que se coloca a questão do sentido, a que se reduz assim ao jogo dos valores de verdade. Se não houvesse proposições elementares, os sentidos das proposições não seriam inteiramente determinados, estariam cercados de uma zona nebulosa. Precisamente esse é o pressuposto que Wittgenstein mais tarde precisará abandonar. Se os sentidos estão envoltos numa nuvem difusa, eles somente podem se engatar em semelhanças de família, de sorte que a combinatória dos valores de verdade será substituída por um jogo, pelo mero exercício da linguagem.

Vejamos, contudo, o que nos diz o *Tractatus*. Uma proposição elementar é uma unidade de sentido, uma síntese que por conseguinte comporta no mínimo duas partes, os nomes. Como entendê-los? A nova lógica, como vimos, reduz a proposição a uma função proposicional "$f(x)$", cuja variável foi substituída por um argumento "a". Por exemplo, "... é mortal" resulta em "Sócrates é mortal" desde que a variável seja substituída por um nome, sendo que o nomeado pertença a um campo de variação bem delimitado. Em princípio, postula-se que se possam discriminar todos os mortais contrapostos aos imortais, o que implica uma separação entre seres vivos e os outros entes. Além disso, "$f(x)$" pode se transformar numa proposição graças aos quantificadores, quando "todos" ou "existe um x" se junta à função proposicional.

Esta não é nem verdadeira nem falsa, mas são bipolares as proposições formadas por ela. Na qualidade de função, próxima da relação matemática que liga um elemento de um conjunto a vários do mesmo ou de outros conjuntos, a função proposicional se relaciona no mesmo plano lógico, no mesmo plano sintático, com um dos valores de verdade. Foi por isso que Frege transformou os valores de verdade na referência da proposição. Revoluciona-se o conceito tradicional de predicação. Quando se diz "Sócrates é mortal", ou, lembrando a fórmula aristotélica, "Mortal é dito de Sócrates", o predicado não é dito do nome, "Sócrates", mas do objeto nomeado, o próprio Sócrates. Agora "f(a)" se relaciona no mesmo plano com V ou F, sendo que a verdade da proposição há de ser investigada depois de essa relação ter sido estabelecida. A referência deixa de ser uma questão interna da proposição para se transformar numa questão que se coloca pelo fato de ela ser posta primeiramente como verdadeira ou falsa. O *Tractatus* vai explorar ao máximo essa nova situação.

Antes de tudo cabe pensar o nome e o predicado, cada um semelhante a uma função proposicional, isto é, abrindo-se para a síntese. É como se cada nome aspirasse a outro nome para compor uma proposição, aspiração que reside necessariamente nele mesmo para que ele possa ser nome de uma proposição, não se confunda com um índice aposto a uma coisa. Como então deve a coisa ser logicamente para que possa ser nomeada? Precisa, como os nomes, aspirar a entrar em contato com outras, conter na sua individualidade a possibilidade de se ligar com tais e tais coisas, assim como a impossibilidade de se ligar com tais e tais outras coisas. Mas, enquanto vários nomes podem ser ditos de uma coisa, esta, em última instância, há de se reduzir a um objeto simples, irredutível, quase uma mônada que contivesse em si mesma a possibilidade de representar outras coisas.

Nessas condições, a verdade ou a falsidade de uma proposição corresponde ao fato de ela espelhar ou não uma síntese que ocorreu ou não ocorreu entre as coisas. Daí a proposição ser pensada como *Bild*, "imagem, modelo, figuração". Figuração construída pelos seres humanos para poderem se relacionar com a realidade. Note-se que, se a proposição é um fato, ela afigura outro fato, uma conexão ou uma não-conexão entre coisas, a saber, um estado de coisa. O fato proposicional contém uma estrutura lógica que reproduz, representa, afigura, uma parte do real.

Vejamos isso mais de perto. Para assegurar a determinidade das significações, a síntese dos nomes deve afigurar uma síntese, um estado de coisa, redutível a uma síntese de objetos simples. Cada um deles contém em si mesmo um leque de suas combinações possíveis. Quando acontece essa síntese, temos um fato positivo. Mas o não-acontecer já está inscrito em cada um dos objetos simples. A realidade é tudo o que está acontecendo em contraposição ao que não está acontecendo. Parece com uma figura luminosa que existe conforme uma rede de lâmpadas se acende ou se apaga. O real é a figura luminosa configurada numa rede, o espaço lógico, isto é, o espaço onde os objetos se inscrevem segundo suas próprias possibilidades de síntese.

Um objeto colorido está inscrito num espaço das cores possíveis, um objeto táctil no espaço das sensações tácteis possíveis. Do mesmo modo, um objeto simples reside num espaço de suas vinculações possíveis com outros objetos simples. Esse é o espaço lógico. A proposição afigurativa representa uma situação existente ou inexistente, uma síntese possível de objetos simples, nesse espaço lógico. Mas, como este está determinando tudo o que pode acontecer assim como tudo o que não pode acontecer, a realidade se constitui do que acontece, de fatos positivos em oposição aos fatos negativos. Daí a necessidade de considerar o mundo como a totalidade dos fatos no espaço lógico.

Já que cada proposição afigura uma síntese real ou não real, ela se apresenta como regra a determinar seus casos. As proposições podem ser totalizadas porque os fatos já são totalizados pelo espaço lógico, que determina o que pode acontecer e o que não pode acontecer. O *Tractatus* se inicia com o aforismo "O mundo é tudo o que é o caso". Mundo é tudo o que acontece segundo uma regra afigurativa e proposicional. O conceito de mundo, como sempre, é transcendental, estabelece uma condição de existência para que as proposições tenham sentido. O mundo é a totalidade dos fatos que determina o que é o caso e, igualmente, tudo o que não é o caso. Os objetos constituem a substância do mundo. Se o mundo não tivesse substância, o sentido de uma proposição dependeria de que outra proposição fosse ou não verdadeira, se amoldasse com outras para ter sentido. Ora, para que ela seja figuração do real, ela afigura ou não, seu sentido depende de como ela representa o real independentemente do sentido ou da verdade de outras proposições.

Até agora basicamente comentamos sucintamente os dois primeiros aforismos do *Tractatus* e seus adendos. O livro é composto a partir de sete proposições fundamentais que mostram como as proposições podem ter sentido. Para entender melhor o conceito tractariano de verdade, é preciso ir adiante e nos reportar ao aforismo 4063, onde Wittgenstein nos apresenta um símile da verdade. Suponhamos uma mancha preta sobre uma folha de papel branco. É possível descrever a forma da mancha indicando, a respeito de cada ponto da superfície, se ele é branco ou preto. Ser preto corresponde a um fato positivo, ser branco, a um fato negativo. Quando designo um ponto na superfície, é como se apresentasse uma suposição a ser julgada representando um fato. Além do mais, para que possa dizer se um ponto é preto ou branco, preciso saber como o chamo de preto ou de branco. Do mesmo modo, para dizer que "p" é verdadeira ou falsa, já devo ter determinado em que circunstâncias chamo "p" de verdadeira e com isso determino o sentido da proposição.

Mas esse modelo é incompleto. É possível apontar para um ponto do papel mesmo sem saber o que é o branco e o que é o preto;

o apontar ainda não tem sentido. Uma proposição sem sentido, entretanto, não é uma proposição, não passa de sons, os quais podem até mesmo estar articulados mas não se projetam para o real. Noutras palavras, a proposição é intrinsecamente intencional. Designa, por assim dizer, uma síntese de coisas, um conteúdo, que pode ser dito ou não verdadeiro. O verbo dela já está contido no "é verdadeiro", está mobilizado internamente para se reportar à verdade.

Notemos que, assim entendida, a proposição não precisa, como quer Heidegger, estar ancorada numa apresentação, no desvelamento de uma coisa. Por certo os seres humanos estão no mundo, mas este se dá como condição de existência da linguagem, sendo que a verdade e a falsidade dependem da correspondência entre a síntese proposicional e a síntese constitutiva do estado de coisa. E essa correspondência não pode ser dita, mas exclusivamente mostrada.

Uma proposição elementar é formada de dois nomes parecidos a dois ímãs que se atraem ou se repelem. Por isso ela exprime como os objetos simples se engatam ou não. A lógica não faz o inventário das proposições elementares nem dos objetos simples, essa é tarefa de outras ciências. Mas, se a síntese proposicional mostra algo juntando-se (ou não) a algo, ela possui uma forma lógica: "*Es verhält sich so und so*".[246]

Desde Aristóteles sabemos que a proposição predicativa tem a forma "algo como algo" (*ti kata tinos*). Já que para o *Tractatus* os objetos simples se ligam ou não se ligam, o que importa é essa relação (*Verhältnis*) entre eles operando num mesmo plano, de sorte que os objetos são assim ou assim. As proposições complexas reiteram essa forma. Mas, se a linguagem mostra tão só o como das sínteses proposicionais se processando para que o como dos fatos seja afigurado, o *que* esses fatos são escapa de qualquer afiguração

---

246. *Tractatus logico-philosophicus*, 4.5.

possível. Não pode ser dito. Unicamente compreendemos que esse *que* é condição do fato ser apresentado enquanto algo como algo no quadro do espaço lógico, por conseguinte ligado à totalidade dos fatos positivos e negativos, vale dizer, do mundo. Mas nessas condições como um além do mundo.

A diferença entre o *que* e o *como*, extraída da análise da proposição, indica que o mundo tem limite, não inclui tudo na totalidade dos fatos, no fundo, do que é possível dizer. Não é possível dizer como se relaciona o *que* e o *como*, pois, de outro modo, o falante teria diante de si o mundo e seu fundo, estando por conseguinte fora da linguagem. Mas, estando no mundo, o sujeito, o ponto do ângulo da perspectiva do *como*, não faz parte do mundo como um fato. O sujeito só pode ser então limite do mundo, sujeito transcendental. Nessas condições sou meu mundo,[247] mas o mundo é tudo o que sou. O solipsismo se funda no mais estrito realismo. Se a possível afiguração do *como* do mundo se fecha em si mesma, nada se pode dizer do *que* do mundo sendo. O todo do mundo se mostra então como um todo limitado, intuído, portanto, *sub especie aeterni*, como eternidade: "O Místico não é como o mundo é, mas que ele é".[248] Logo em seguida: "O sentimento do mundo como totalidade limitada é o sentimento místico".[249] A metafísica tradicional mergulha no místico.

A linguagem significativa, no fundo científica, possui seus limites, os limites do mundo, em última instância, os limites de meu mundo. Deixarei apenas mencionado esse limite que cruza o máximo realismo com o máximo de idealismo. Ainda lembrarei que, concebido desse modo, todo valor não cabe no mundo, porquanto não há proposição valorativa capaz de dizê-lo. Por isso o sentido do

---

247. Idem, 5.63.
248. Idem, 6.44.
249. Idem, 6.45.

mundo deve estar fora dele. Segue-se, por fim, que não pode haver proposições da ética, já que uma proposição não pode exprimir o que vai além dela. Quando externamente se confere um sentido ao mundo, o mundo vai além do que pode ser dito. Se a este mundo se conferir outro sentido, ele é outro mundo. Por isso querer o bem ou querer o mal, assim como se aferrar ao belo ou se aferrar ao feio, altera o mundo, ou melhor, muda os limites do mundo, nunca a multiplicidade dos fatos, o que pode ser expresso pela linguagem:

> Em suma, o mundo deve então, com isso, tornar-se a rigor outro mundo. Deve, por assim dizer, minguar ou crescer como um todo. O mundo do feliz é um mundo diferente do [mundo do] infeliz.[250]

Note-se o uso muito peculiar da linguagem sobre a linguagem, uso, aliás, de que Wittgenstein lança mão para escrever o *Tractatus*: essa linguagem somente pode ser usada para mostrar. Não existe metalinguagem. Uma proposição do *Tractatus* pode valer apenas como um grito de dor, ou até mesmo como a expressão "Ai, como dói!". Serve de escada a ser abandonada quando se atinge o patamar desejado.

E assim todos os problemas filosóficos estariam resolvidos, na medida em que pretendem dizer o que não pode ser dito. E como afirma o último aforismo do *Tractatus*: "Sobre aquilo de que não se pode falar, deve-se calar".

2.

Terminada sua tarefa, Wittgenstein abandona a filosofia, a universidade e volta para Viena, sua terra natal, dedicando-se à

---

250. Idem, 6.43.

jardinagem, mais tarde ao ensino primário e até mesmo ao desenho e à construção da casa de sua irmã. Lá nascera em 1889, numa família principesca, requintada, de origem judia, mas convertida ao protestantismo. Iniciou-se nos estudos de engenharia, trabalhou no aperfeiçoamento de motores de avião, naquela época uma pesquisa de ponta. Interessando-se por lógica, vai até Frege, que o aconselha a ir para Cambridge, a fim de estudar com Bertrand Russell. Torna-se grande amigo dele, que o introduz no refinado círculo intelectual da universidade e suas imediações. Mas volta à Áustria para servir na Primeira Guerra Mundial. Trabalhou o *Tractatus* até mesmo no front.

Da herança que recebe com a morte de seu pai, uma parte transforma em prêmio literário, outra, entrega à sua irmã. Conserva para si o suficiente para viver modestamente. E quando, anos depois, de novo sendo roído pelo interesse pela filosofia, aceita voltar para Cambridge, precisa que o amigo John Maynard Keynes lhe pague a passagem. Wittgenstein sempre teve uma vida extremamente regrada, muito cioso de suas tarefas, muito amigo de seus poucos amigos.

No entanto, quem é picado pelo vírus da filosofia não mais se salva dela. Wittgenstein, além do mais, havia sofrido forte influência do pessimismo de Arthur Schopenhauer, que lhe obrigava a enfrentar os dilemas da vontade e da representação. Se esta lhe tinha aparecido como *Bild*, figuração de um estado de coisa, o lado prático da vontade já se insinuava na variação dos limites do mundo. Aos poucos, todavia, começa a perceber que a figuração, tal como exposta no *Tractatus*, não dava conta dos matizes do sentido proposicional. Como afigurar os graus e as tonalidades, por exemplo, das cores?

Há, porém, nesse livro um ponto cego. Consideremos uma figuração que nos é muito comum. Tomando o metrô de São Paulo, passamos a conferir a ordem das estações seguindo a ordem dos círculos colocados numa linha do mapa disposto em nossa frente. A ordem dos círculos é a mesma daquela das estações. Isso porque estamos desde logo aceitando um método de projeção que liga a sequência dos círculos à sequência das estações, que até mesmo transforma numa linha, quase sempre reta, as ondulações do caminho real. Por exemplo, teríamos a sequência: Luz, São Bento, Sé, Liberdade, São Joaquim. Vamos supor, contudo, que diante de nossos olhos esteja a sequência: Luz, São Joaquim, São Bento, Liberdade e Sé. O usuário teria sido treinado para identificar as estações mediante esse método cruzado que, ao menos, tem a vantagem de indicar no fim a estação intermediária.

Nada, do ponto de vista lógico, privilegia este ou aquele método de projeção. A teoria da figuração pressupõe, portanto, uma atividade entre a imagem e o estado de coisa que, como dizia o *Tractatus*, não pode ser dita. No entanto, além disso, o que o *Tractatus* não dizia, que depende de um aprendizado para que a própria figura possa ser empregada. Não cabe afirmar que a sequência dos círculos e dos nomes apenas indica as condições lógicas da imagem, sendo que as condições pragmáticas poderiam em seguida ser estipuladas. A sequência não afigura sem seu método de projeção, porque o "... é verdadeiro" já deve ser inscrito nele. Isso não significa que a sequência não possa estar errada, mas o usuário somente pode errar se ela for publicamente aceita como verdadeira. De outro modo, não estaria seguindo uma regra. Não é regra uma sequência que, ao ser seguida, levaria o passageiro sempre a desembarcar numa estação errada. Condições de sentido não se confundem com condições de verdade, mas as primeiras não se constituiriam em sentido se não se limitassem ao âmbito das segundas.

3.[251]

Atrás da figuração se encontram, pois, costumes ligados a formas de viver. Não é a própria noção de cálculo lógico que precisa ser repensada? Mas, para que isso seja feito até a raiz, as proposições necessitam mostrar como se entranham na vida cotidiana, de sorte que a própria lógica matemática passa então a ser considerada como um sistema linguístico no nível de outros sistemas formais. A questão do logos, no sentido grego da palavra, ressuscita sob novas feições.

Na base dos sistemas formais está o uso de variáveis. Desde a lógica de Aristóteles estamos acostumados a substituir partes da proposição por letras. O cálculo proposicional substitui proposições inteiras por letras "p", "q", "r", e assim por diante. Cada uma vale, no cálculo, por seus valores de verdade: V,F; as proposições compostas sendo formadas pela combinação desses valores.

Mas esse procedimento, importantíssimo para a construção do cálculo, termina reduzindo a variedade das proposições a seu comportamento no interior do cálculo, cuja base deve então ser formada por proposições elementares. Estas devem afigurar o modo de conexão dos dois objetos simples que compõem o fato elementar. Se a proposição predicativa elementar "S é P" se resolve na figuração de dois objetos simples que se ligam ou não para formarem um fato, se os conectivos não possuem sentido, a forma geral da proposição deverá ser "*Es verhält sich so und so*".[252] Numa tradução imperfeita: "Isto se relaciona [ou se comporta] assim e assim".

Ao retomar a forma aristotélica da predicação, "algo como

---

251. O texto que segue repete partes de uma conferência dada, em agosto de 2009, no Instituto Goethe, de São Paulo, a ser publicada numa coleção editada por Jorge de Almeida sob o título *Pensamento alemão no século XX*, vol. 2.
252. *Tractatus logico-philosophicus*, 4.5.

algo" (*ti kata tinos*), o *Tractatus* introduz entre os objetos uma relação (*Verhältnis*), um comportamento, que opera entre eles e é afigurada pela proposição. Os objetos são assim ou assim. As proposições complexas reiteram essa forma. Mas, no fundo, não está descrevendo um modo geral de operar das proposições, e sim somente explicitando o papel dos nomes exclusivamente no cálculo proposicional. Como dar conta da variedade dos métodos projetivos operando entre proposições e estados de coisa? É preciso repensar o próprio sentido da predicação e da afiguração, mas tentando explicitar essas variações. Reformulado o problema, o próprio texto necessita jogar em várias direções. Ao contrário do *Tractatus*, que parece ser um livro que saiu já pronto da coxa de Júpiter, os novos escritos formam um mosaico de reflexões onde, às vezes, transparecem os filósofos com quem dialogam, em particular Arthur Schopenhauer, Platão, Aristóteles e Agostinho.

O primeiro passo foi romper com a ideia de cálculo lógico, passando a compreender a linguagem como um jogo. Uma partida de xadrez se desenvolve segundo regras, mas seu resultado não está definido de antemão. A proposição declarativa "A rosa é amarela", do ponto de vista propriamente declarativo, só pode ser verdadeira ou falsa, mas dita por uma pessoa numa floricultura ou num palco passa por transformações de sentido ligadas ao contexto. Por que privilegiar este ou aquele contexto? Imaginemos que sempre fosse verdadeira, mas essa verdade afiguraria e se afiguraria de modo diferente conforme se estivesse jogando com ela. Por que o entendimento de uma proposição precisa ser perscrutado a partir de um esquema rígido de uma forma lógica que, no fundo, não passa de uma fórmula? Note-se que, no fundo, Wittgenstein passa a questionar a relação tradicional, unívoca, entre a regra e seus casos.

A proposição funciona no contexto de outras proposições ligadas a práticas que jogam com a linguagem. Seu sentido está associado a seu uso. E um jogo não funciona melhor do que o outro porque é mais verdadeiro, mas porque satisfaz necessidades diversas. Um jogo de linguagem precisa inclusive ter seu *Witz*,[253] seu sabor próprio, sua graça. Para poder mostrar como funciona todo esse ambiente, no qual os sentidos se conformam, Wittgenstein começa as *Investigações filosóficas* examinando jogos de linguagem muito simples. Vejamos aquele de número 2, quando um pedreiro e seu aprendiz trocam palavras e materiais de construção. Os vocábulos *pedra*, *telha*, *areia* não funcionam como conceitos comuns a identificar objetos. Aliás, é não-senso lógico afirmar que um conceito identifica. Isso equivale a deixar de lado a prática da palavra que somente se exerce junto com outras, inserindo-se numa gramática, desenhando, ainda, um método de projeção e demarcando vários níveis de alteridade.

No jogo de linguagem número 2 "pedra" não significa tão só um tipo de material ou a pedra que vejo no quintal, mas, digamos assim, algo que o mestre pedreiro pede e recebe, enquanto o aprendiz aprendeu, usando signos, a separar no meio das outras coisas e fazer a entrega esperada.

Nesse primeiro momento de sua nova investigação Wittgenstein está tentando pôr em xeque aquela visão tradicional da linguagem que a pensa a partir de atos de nomeação. Agostinho de Hipona é tomado como o representante dessa tradição. Desde logo, Wittgenstein mostra que o ato de nomear sempre está ligado a uma prática específica, está, neste caso, vinculado ao ir buscar e entregar.

Em resumo, nada nos obriga a partir de uma significação idealizada, a ideia, a matriz, o modelo, no fundo a substância da pedra inscrita nos céus ou na própria pedra, para em seguida nos

---

253. *Investigações filosóficas* (*Philosophiche Untersuchungen*), §142, *Schriften*, 1.

debruçar sobre este ou aquele modo de seu funcionamento no processo da fala. É o pressuposto da unicidade ideal da significação, admiravelmente exposto por Platão e Aristóteles, que está sendo posto em xeque. E o próprio conceito de significação se mostra ambíguo: "O conceito geral de significação das palavras envolve o funcionamento da linguagem com uma bruma que torna impossível a visão clara — dissipa-se a névoa quando estudamos os fenômenos da linguagem em espécies primitivas do seu emprego, nos quais se podem abranger claramente a finalidade e o funcionamento das palavras".[254] Se importa capturar os diversos modos do mútuo relacionamento das regras e seus casos, o método somente pode consistir no mostrar das diferenças mediante exemplos. Funcionamento que deve levar em consideração até mesmo o modo afetivo de as proposições se apresentarem. Se para estudar a linguagem é preciso falar, em suma, usá-la, não há como transformar esse círculo em procedimento virtuoso, se não forem apresentados exemplos em que aos poucos se mostrem as variações dos aspectos da questão filosófica a ser discutida. O próprio discurso filosófico, em vez de ser uma sequência de proposições encadeadas, se transforma num álbum de reflexões.

No entanto, cabe distinguir, de um lado, a prática do jogo, de outro, seu ensino, *Unterricht der Sprache*. Este vem a ser dos mais variados tipos. Um novo aprendiz pode simplesmente imitar o que faz o profissional treinado. Mas somente cabe dizer que os objetos estão sendo nomeados de maneira peculiar, mediante um ensino ostensivo das palavras, quando se mostra como a palavra funciona num determinado jogo: "Na práxis do uso da linguagem nº 2, um parceiro grita as palavras, o outro age de acordo com elas; no ensino da linguagem, porém, encontrar-se-á esse processo: o

---

254. Idem, §5, p. 291.

aprendiz nomeia os objetos. Isto é, ele diz a palavra quando o professor aponta para a pedra".[255]

Cada jogo é ensinado, mas, para tanto, as regras do jogo precisam ser evidenciadas. Gritar "pedra" e receber uma pedra passa a valer como uma regra do jogo que os agentes devem dominar. Nada impede que o domínio de um jogo, de uma técnica, seja aprendido mimeticamente, mas, para que a regra seja enunciada como regra, o próprio jogo passa a ser visto sob outro aspecto a fim de que dele se possam extrair enunciados a respeito de seu funcionamento. Daí a diferença marcante entre proposições, operando nos lances de um jogo, e proposições de essência, expressando como o jogo funciona, que demarcam o que é permitido em cada partida. Ganha nuances a rígida distinção entre o mostrar e o dizer tal como aparece no *Tractatus*.

Em geral se aprendem jogos e formas de falar deles. Mas essas formas estão igualmente enraizadas em técnicas. Ao mencionar esse *Unterricht der Sprache*, o próprio Wittgenstein recorre a lições já aprendidas ao longo de sua vida, embora igualmente as modifique para capturar o novo. A mudança de aspecto do jogo, para que dele se enunciem suas regras, não se resolve unicamente numa alteração de perspectiva do investigador, numa reviravolta de sua percepção e de seu entendimento, pois se embasa em modos públicos de proceder, no fundo, numa forma de vida. No caso, aquela de um professor vienense de filosofia formado na Inglaterra.

Estou insistindo nesse ponto porque ele está relacionado ao funcionamento do círculo hermenêutico que deu o que pensar aos filósofos ligados à fenomenologia. Não há como evitá-lo: a análise da linguagem emprega a linguagem. A gramática da língua portuguesa é escrita em português ou noutra língua qualquer. Mas a construção de um jogo de linguagem, a apresentação de

---

255. Idem, I, §7, p. 292.

suas regras, de sua gramática, e de seu funcionamento, separa a práxis linguística de um de seus ensinos possíveis. Em vez de registrar os modos de aparecer de uma palavra, em particular de seu conteúdo visado, importa a maneira pela qual uma ação falante está sendo ligada a outras para formar um jogo, estrutura complexa de ações ditas adequadas ou inadequadas diante da situação prevista. Previsão que deixa amplo espaço para a improvisação, para o novo e para resultados inesperados. Para captar esse domínio, cabe justapor exemplos, cenas reais ou fantásticas, pouco importa, onde agentes falam e mostram como estão se relacionando com regras linguísticas de significação e de verdade. Desse modo, é possível compreender contextualmente o nome em sua função nominativa, assim como seu lado normativo, o sistema de regras em que se insere.

Desde já se nota a enorme diferença nos pontos de partida assumidos por Nietzsche e Wittgenstein. Ambos são leitores de Schopenhauer, em particular de seu livro *O mundo como vontade e representação*. Mas o primeiro dá ênfase à vontade, transformando-a no princípio organizacional do mundo e da linguagem. Enquanto o segundo, depois da tentativa de fazer da representação a afiguração do mundo, inscreve a análise da proposição num determinado contexto vital que passa a operar simultaneamente entre três níveis: 1) aquele da bipolaridade entre o verdadeiro e o falso, cada valor alterando o sentido do outro; 2) aquele do relacionamento da regra com seus casos, diferindo para cada espécie de jogo, tanto na determinação do intervalo dos erros possíveis, como no modo em que a regra é seguida, o que depende de condições de sua existência ligadas ao mundo cotidiano; 3) aquele em que essas condições aparecem incrustadas no limite de uma forma de vida. Note-se *Lebensform*, nunca o próprio mundo da vida, *Lebenswelt*. Se ambos os autores abandonam o pressuposto clássico da unicidade do sentido, Nietzsche cai no nominalismo das perspectivações, enquanto Wittgenstein costura as diferentes formas de linguagem numa corda contínua que, embora não sendo percorrida por um único fio vermelho, mantém-se unida mediante o atrito de suas fibras: cada proposição se vincula a uma gramática que é explicitada por proposições monopolares, gramática que, para poder funcionar, demanda certas condições de existência, as quais, quando expressas, se apresentam como certezas relacionadas a uma forma de viver. Esta pode ser mais rica ou menos rica do que outra, mas nada tem a ver com uma vontade de potência. Espero que, ao longo deste meu texto, essas diferenças ainda se tornem mais evidentes.

4.

Se a nomeação somente funciona num contexto determinado cercado por um halo mais ou menos indefinido de determinação, não há como manter o postulado de que ela se assenta em expressões elementares que digam respeito a ligações de objetos absolutamente simples. Além do mais, mesmo quando as pessoas aprendem a falar nomeando e, em seguida, passam a seguir outros métodos de projeção de vincular palavras e coisas, não é por isso que todo enunciado deveria estar sob a forma de um dizer de algo, como ensina *O sofista* de Platão. Se disser "Chove", não estou me referindo à chuva que chove, mas tão só a uma situação que envolve todo o espaço em que estou metido. O poeta, porém, pode nomear a chuva: "Chove chuva choverando...". E, quando digo "Sinto dor", essa dor não é algo, embora a nomeie. Nem sempre, portanto, os enunciados se apresentam sob a forma de "algo como algo", nem sempre podem ser postos sob a forma predicativa "S é P", sem que se destrua o jogo de linguagem onde ganham sentido. O que deve ser analisado deve residir na própria superfície da linguagem.

Mesmo a proposição apofântica não é a mesma e diferente conforme o jogo em que se insere? Por exemplo, na física ou na sociologia?

Aliás, a diferença entre a proposição e outras palavras não pode ser feita fora desse contexto dos jogos de linguagem em que estão operando. No jogo número 2 "pedra", "areia", "tijolo" valem como proposições, porquanto, ao serem proferidas, desencadeiam comportamentos adequados ou não. Note-se que não tem cabimento afirmar que o adequado é valor de vida. É adequado à vida o silêncio dos monges trapistas? Daí, o primeiro passo para identificar um signo como proposição é levar em conta que ele aparece desde logo como proposição.[256] Esse não foi, entretanto, o erro do próprio Wittgenstein ao tomar a forma geral da proposição como uma proposição?

Seguem-se duas consequências. Primeira, em vez de uma significação matricial, é preciso examinar a semelhança de família que circunscreve seu universo. Segunda, perguntar pela forma geral de uma proposição é um falso problema. Importa examinar as várias gramáticas embutidas nas várias formas de linguagem, da matemática à música. A ontologia reside na gramática,[257] e nada é mais estapafúrdio do que a mística da verdade. Esse engano se faz presente, sobretudo, na estética, quando se pensa o belo como se ele residisse além das regras que "falam" dele.

5.

A forma predicativa da proposição tende a falsificar os problemas que nela aparecem. Um modo de projeção pode esconder

---

256. Idem, §134, p. 348.
257. Idem, §371.

os problemas levantados pelo funcionamento das proposições. Suponhamos uma projeção de figuras do plano I para o plano II. Podemos usar um método ortogonal de projeção de tal forma que as várias figuras de I são projetadas em círculos, quadrados e retângulos em II. Nada nos impede, contudo, de usar um método de projeção muito mais pobre, de tal modo que qualquer figura em I seja representada por um círculo em II.

As vantagens do primeiro método são grandes. Examinando as figuras do plano II, é possível, graças ao primeiro método de projeção, inferir certas propriedades das figuras do plano I. Isso não é possível a partir do segundo método de projeção. Dos vários círculos quase nada se pode dizer das figuras do plano I. Projetar as proposições para a fórmula "S é P" não pode estar ocultando o real funcionamento das proposições da linguagem?[258]

Mas reduzir a família de semelhança das expressões relativamente elementares a uma matriz independente de seu uso não dá ensejo a um erro gramatical que atravessa toda a filosofia? Uma nuvem de questões pode resultar tão só de um erro gramatical.

Tudo isso nos leva a repensar o próprio estatuto da filosofia. Herdamos problemas filosóficos e tentamos resolvê-los. Transformamos essa tarefa numa profissão e nos engajamos moralmente nela. Logo percebemos que muitos desses problemas surgem conforme a linguagem deixa de funcionar normalmente. A filosofia aparece quando a linguagem entra em férias,[259] por isso a investigação se trava antes de tudo no nível gramatical.

Desse ponto de vista, uma sequência de parágrafos das *Investigações filosóficas*, do 90 ao 97, nos interessa sobremaneira. Ao mostrar como pode desandar uma investigação gramatical, Wittgenstein termina apontando para os desvios que dão origem aos

---

258. *Gramática filosófica* (*Philosophische Grammatik*), p. 205; *Schriften*, 4.
259. *Investigações filosóficas*, §38, p. 309.

sistemas filosóficos, justamente porque pretendem ser sistemas, inclusive o sistema do *Tractatus*.

A tarefa é afastar os mal-entendidos, gerados quase sempre pelo uso inadequado das palavras, uso ancorado em analogias que não têm fundamento real. Muitos deles são afastados quando se analisam formas de expressão, quando se substitui uma forma por outra. A própria análise, porém, cria a ilusão de que poderia chegar ao limite, a uma forma de expressão totalmente decomposta, cujos elementos simples se tornariam, então, transparentes. Não foi o que o *Tractatus* esperou do conceito de coisa ou de objeto simples?

A análise exata mostraria, então, a essência da linguagem, algo que se ocultaria sob seu funcionamento natural. Torna-se assim óbvio que cabem então novas perguntas: "O que é a linguagem?"; "O que é a proposição?". E nas respostas os autores se dividem, uns afirmando que a proposição é a coisa mais corriqueira do mundo, outros dizendo que é a coisa mais estranha. E terminam colocando o falso problema: qual é a essência, o ser, da linguagem?

O filósofo deixa, então, de examinar como as proposições funcionam, já que uma forma oculta haveria de responder por todas essas diferenças. Por causa de um mal-entendido parece que a proposição faz algo estranho. Para que esse fazer se torne possível, introduz-se um intermediário entre a proposição e os fatos, entre o próprio signo e o que está sendo expresso. A investigação inventa a questão do sentido e um elemento inefável intervém entre o signo e o significado. Daí a atração pelo *lekton* estoico, que sempre ressuscita quando um autor deixa de examinar os diferentes usos das expressões, uma diferença que se resolve numa semelhança de família e nada tem a ver com as diferentes imagens de uma mesma matriz.

O parágrafo 95 toca no ponto nevrálgico e precisa ser comentado por inteiro, inclusive porque é de difícil tradução:

"Pensar deve ser algo estranho." Quando dizemos [*sagen*], queremos dizer [*meinen*] que isto procede assim e assim [*es sich so und so verhält*], então nos detemos diante do que queremos dizer, não diante do fato, mas queremos dizer que isto e isto — assim e assim — é. Mas podemos também exprimir esse paradoxo (que tem a forma de uma evidência) [*Selbstvertändlichkeit*] do seguinte modo: Pode-se pensar o que não é o caso.

Estamos traduzindo *meinen* por "querer dizer", seguindo uma indicação do próprio Wittgenstein. E *meinen* querendo dizer, significar, desempenha papel central na fenomenologia. Nos textos de Edmund Husserl *meinen* equivale a "ter em mente". Essa intermediação de um fato de consciência não tem cabimento nos textos de Wittgenstein, que está evitando qualquer intermediário entre o signo e o fato. Não importa se o signo seja apenas psicológico, o que se deve afastar é a solução, tradicional depois de Aristóteles, que insere a palavra numa cadeia de representações: as coisas sendo representadas por estados da alma e estes sendo representados pelos signos.

Essa falsa solução, contudo, tende a conferir estatuto especial à questão do ser. Se toda proposição tem a forma de dizer "algo como algo", ou ainda que "isto e isto" equivale a "assim e assim" (*so und so*), por sua vez a "assim ... como" (*so ... wie*), então terminamos sendo convencidos de que "algo como algo *é*". O que é, porém, esse *é*? Esse modo de proceder nos leva a considerar todas essas expressões como equivalentes sem inseri-las neste ou naquele jogo de linguagem. Quando falo "isto e isto é", no caso em que essa expressão seja falsa, aparece um paradoxo: atribuo um ser ao não-ser: "Mas podemos também exprimir esse paradoxo (que tem a forma de uma evidência) da seguinte forma: Pode-se pensar o que não é o caso". A indagação pelo ser resulta de um erro de linguagem, de tomar a possibilidade de dizer o falso como se o falso referido fosse algo. E assim caduca o parricídio de Parmênides, já que o problema do ser deixa de ter sentido quando o *é* da proposição predicativa passa a valer para todas as proposições.

Um jogo de linguagem é um pensamento. Aplicar suas regras é pensar. Pensa-se, pois, o que é o caso e o que não é o caso. Quando falo que o caso é, isso advém de um modo de falar que nega que o caso não seja. Para captar a existência, é preciso considerar a fala no interior de sua gramática, no seu jogo de linguagem. A gramática não cria o fato, mas que este apareça como caso ou não-caso depende dela. Este "é" tão só possui sentido quando contraposto ao "não-é". A bipolaridade de seguir a regra adequada ou inadequadamente é anterior a qualquer questão do ser, somente nela é que o termo *é* tem sentido. Noutras palavras: quando digo "x é", ou "x existe", simplesmente estou pronunciando uma frase exprimindo que "x" tem uma significação e que o *x* mencionado é o caso de uma regra. Mas, sem que se especifique essa regra, o correspondente de *x* se esfuma no ar. Não trata de algo nomeado por "x", mas simplesmente diz respeito ao uso dessa palavra.[260] Os lógicos modernos, depois de Frege, afirmam simplesmente que a existência é uma determinação do conceito, de uma regra que naturalmente tem seu caso, desde que o domínio da referência seja pressuposto ou articulado pelo próprio dizer.

Não existe dualidade alguma entre linguagem predicativa e outra ante-predicativa. Um jogo de linguagem pode ser não-verbal, como exemplifica um jogo de sinais de trânsito, a música ou a pintura. Cada um desses jogos possui seu tipo de verdade.

Mas, quando a diversidade das proposições é congelada numa forma, deixa de ser a expressão de uma regra de um jogo determinado, que está sendo visto da perspectiva de seu ensino. É graças a essa falha que as portas da metafísica se escancaram: "O

---

260. Idem, §56, p. 320.

pensar, a linguagem, aparece-nos agora como o correlato singular, a imagem [*Bild*], do mundo. Os conceitos: proposição, linguagem, pensar, mundo encontram-se numa série, um atrás do outro, um equivalente ao outro. (Mas para que são usadas essas palavras? Falta o jogo de linguagem no qual devem ser empregadas.)".[261] Posto o falso problema do ser, a linguagem adquire aquela unidade sublime que lhe permite se apresentar como imagem, figuração, pensante do mundo. Inclusive despertando o misticismo que se admira de que o mundo seja,[262] quando podemos conhecer apenas seu *como*. Basta, no entanto, colocar essas palavras *linguagem* e *mundo* num contexto corriqueiro, quando se mostram os jogos de linguagem que lhes conferem sentido, para que se perca essa ilusão de totalidade, quer da afiguração, quer do afigurado. Não tem sentido pensar o ente na sua totalidade (*im Ganzen*) porque *ente* é uma palavra desprovida de sentido fora dos jogos de linguagem onde funciona.

Não se pode escapar dos jogos de linguagem. A sequência de exemplos nos mostra que as expressões cumprem funções diversas. E um problema filosófico, que torna sublime uma questão de diferença, deve ser tratado como uma doença. Doença incurável, porque estamos sempre procurando uma unidade no pensar quando ela não existe nesse nível. Não haveria, porém, outros modos de unificar, inclusive aquele que confronta modos diferentes de dizer? A persuasão pode unificar pontos de vista que primeiramente se apresentam como dissociados, visto que os homens têm um fundo de história prática mais ou menos em comum. A própria filosofia, para explicar a importância de um conceito, termina apontando para fatos naturais extraordinariamente gerais, nunca mencionados por causa de sua grande generalidade.[263] Des-

---

261. Idem, §96, p. 339.
262. *Tractatus logico-philosophicus*, 6.44.
263. *Investigações filosóficas*, adendo 143, p. 415.

vendar a ilusão dos problemas filosóficos não nos joga no senso comum, contudo faz com que nos lembremos de fatos primários que fogem de nossos olhos mas que costuram certas formas de vida. Quanto mais simples, melhores, porque nos resguardam de ilusões grandiloquentes.

E que não se conclua daí que tudo pode ser dito. A linguagem funciona demarcando terrenos do dizer. E, se os limites não são absolutos, não é por isso que tudo é relativo. Qualquer jogo de linguagem pretende persuadir. A filosofia terapêutica é de suma importância porque descobre os absurdos e revela as contusões que o entendimento recebe ao ir de encontro às fronteiras da linguagem.[264] Mas também aponta para certas práticas comuns a todos os homens, que fazem de todos nós indivíduos capazes de nos entender. Pela filosofia, ou pela política?

---

264. Idem, §119, p. 344.

VI. Considerações transitórias

O caminho percorrido desemboca numa radical oposição entre dois traçados filosóficos: de um lado, Heidegger encaixa todos os sistemas na longa duração do esquecimento do Ser; de outro, Wittgenstein os considera simplesmente como sistematizações apoiadas em erros gramaticais, cuja história, se houver, não diz respeito ao núcleo da filosofia como terapia da linguagem. Ambos, porém, retiram a filosofia da prática dialogal montada a partir de perguntas e respostas declarativas tal como ela fora concebida, com as devidas modificações, por Platão e Aristóteles; ambos distanciam filosofia da ciência. Para Heidegger as respostas devem fazer ver, mostrar, cada decisão historial do Ser. Para Wittgenstein o diálogo termina denunciando um erro gramatical a partir do qual ele foi armado. A filosofia se resolve, então, num álbum de exemplos e considerações que não podem ser enfeixados num discurso declarativo. Por isso a linguagem heideggeriana é evocativa, enquanto a linguagem wittgensteiniana se resume numa rede solta de perguntas e respostas à procura de erros gramaticais, que, sendo sanados, passariam a conduzir o pensamento humano dentro de seus limites. E, se para falar com sentido é preciso levar em conta uma gramática, vale dizer, regras articuladas entre si que mostram como se deve falar, é preciso ter todo o cuidado para não cair num outro abismo, representado por Nietzsche. Afirmar que toda regra depende de uma avaliação anterior a qualquer bipolaridade, sendo unicamente motivada por uma força vital, termina por considerar as mais diversas funções da linguagem a afirmação da vida como potência. Qual é a justificativa dessa unificação? Além do mais, para que essa avaliação transpasse toda forma de logos, é preciso transformar a nominação no primeiro ato da linguagem. Seguem-se o nominalismo e o jogo das perspectivações, sem que esse jogo seja pensado como jogo, isto é, obedecendo a alguma gramaticalidade.

Levando em consideração esses resultados tão surpreendentes, que tarefas ainda restam para a filosofia? Salvo engano meu, os textos mais atuais representam uma espécie de recuo diante das questões originais, como se elas precisassem ficar fermentando à espera, como disse uma vez Heidegger, de um novo deus. Enquanto isso, os filósofos se convertem em comentadores, ou passam a explorar ontologias regionais, isto é, determinadas formas históricas do pensar. Uns geniais, outros nem tanto, mas todos colaborando para que a prática da filosofia se converta numa monótona repetição. Se grande parte da filosofia inglesa ou americana foge desse esquema, é porque continua a digladiar empregando argumentos que têm no horizonte a lógica formal como a matriz da verdade.

Seria interessante examinar como os extraordinários trabalhos de Michel Foucault, de Gilles Deleuze e de toda a Teoria Crítica, conhecida ainda pelo nome de Escola de Frankfurt, se emaranham em problemas lógicos quando tentam compor uma teoria do sentido. Que sirvam de exemplo *L'Archéologie du savoir*, de Foucault, *Logique du sens*, de Deleuze, a *Dialética negativa*, de Theodor W. Adorno, e a *Teoria da ação comunicativa*, de Jürgen Habermas. Por que todas elas reinventam o *lekton* estoico, jogando os sentidos efetivos das palavras para o nível diáfano da significação? Se na própria prática da linguagem se insere uma cunha idealizada, não é o próprio sentido da linguagem que se idealiza? Como pode Deleuze assumir a teoria estoica da proposição sem se dar conta de que ela não incorpora os quantificadores, o que bloqueia qualquer gramática capaz de se reportar formalmente à existência? Aqui não tenho condições de fazer esse estudo, mas que fique o alerta apontando essa possível deficiência.

Este livro é uma tentativa de mostrar como problemas lógicos e ontológicos, embora nem sempre pensados, continuam a dar rumo pelo menos a algumas das investigações filosóficas mais potentes do século xx. Como o pensamento de Marx, que foi considerado o horizonte de toda filosofia possível nesse século, se situa nesse quadro?

O bloqueio que, nos últimos anos, sofreu a teoria marxista merece ser pensado. Ela dominou o pensamento europeu durante o século xx, foi considerada por Jean-Paul Sartre o horizonte de qualquer filosofia contemporânea. O próprio Heidegger, tão distante dela, faz o seu elogio. Na *Carta sobre o humanismo* afirma enfaticamente:

> O que Marx a partir de Hegel reconheceu, num sentido essencial e significativo, como a alienação do homem, alcança, com suas raízes, até a apatridade do homem moderno. Esta alienação é provocada e isto a partir do destino do ser, na forma da metafísica, é por ela consolidada e ao mesmo tempo por ela mesma encoberta como apatridade. Pelo fato de Marx, enquanto experimenta a alienação, atingir uma dimensão essencial da história, a visão marxista da história é superior a qualquer outro tipo de historiografia.[265]

---

265. *Sobre o humanismo*, cit., p. 102; Coleção Os Pensadores, xlv, cit., p. 360.

Evidentemente Heidegger lê Marx do ponto de vista da história do ser, vê nele um grande êmulo da técnica destrutiva que desenraíza os homens de suas pátrias, embora seja obrigado a reconhecer que a problemática da alienação toca num dos pontos essenciais da crise da modernidade.

Nos textos maduros de Marx essa crítica se desenvolve "a partir da lógica de Hegel", que pretendia inverter para que ela, em vez de idealista, se convertesse ao materialismo. A promessa de escrever uma nova lógica dialética nunca foi cumprida. Os marxistas militantes aceitaram de boa vontade a existência de duas lógicas, uma formal, limitada, obediente ao princípio da contradição, outra dialética, que corretamente o recusava. Mas para isso precisavam encontrar contradições reais em toda parte, confundindo oposição com contradição. Nunca explicaram que significado poderia ter a contradição operando em termos reais. Bloqueados por essa crença, muitos deles cegos ao totalitarismo vigente na União Soviética e nos partidos comunistas, contribuíram para que o marxismo fosse caracterizado como o ópio dos intelectuais.

A dificuldade lógica ficou encruada. É sabido que a analítica kantiana depende de uma lógica formal, corrente na sua época, mas que hoje não satisfaz os requisitos para que possa ser traduzida num bom sistema formal. Por sua vez, a crítica hegeliana parte de Kant, para se contrapor a ela, mas depende de uma crítica da proposição declarativa, cujo sentido é tomado em bloco sem levar em conta as múltiplas interpretações da fórmula "S é P". Os filósofos marxistas mais abertos às questões da filosofia da lógica ficaram balançando entre Kant e Hegel sem chegar a uma crítica radical de seus pressupostos lógicos. E assim tudo contribuiu para que o pensamento filosófico marxista se transformasse numa *langue de bois*, puro psitacismo.

No entanto, o problema da alienação continua a ser posto praticamente todos os dias: que lógica move certas ações humanas que resultam no contrário do que elas pressupõem quando são deslanchadas? A psicanálise trata dele em seus termos. Mas como funciona no nível da sociabilidade? Um dos resultados de nossas análises permite lhe dar uma nova formulação: como funciona a gramática de tais relações sociais de produção? Insistimos que a noção de gramática, tal como a analisa Wittgenstein, sublinha as diferenças com que cada regra se reporta com os seus casos. A normatividade de uma regra de futebol não é a mesma que a normatividade de uma relação de trabalho. Esta mesma relação, aliás, é diferente quando for tomada tão só como o relacionamento técnico do trabalhador com seu objeto ou quando estiver inserida num modo de produção, como o capitalista, cuja intencionalidade está ligada a um contínuo crescimento do próprio capital. Nessa gramática a atividade do trabalho tem como condição de existência o pressuposto da relação livre e igualitária da compra e venda da força de trabalho, mas que resulta num produto social que precisa aumentar o valor inicial e dar sentido aos atos particulares de trabalho. Noutras palavras, o tradicional problema da alienação se resolve numa relação muito peculiar de um sistema de regra que, pressupondo um contrato livre entre os agentes funcionando inteiramente numa situação de mercado, termina resultando no contrário da intencionalidade do sistema. Essa relação extraordinária da regra com seus casos merece um exame detalhado. Como funciona a gramática em que ela se insere? Que tipo de relação social ela instaura? E, se a ontologia está na gramática, a que realidade social ela está ligada? Desse ponto de vista, ganha sentido um livro de Georg Lukács, *Ontologia do ser social*, mas cabe desde já perguntar por que teve tão pouca repercussão.

Em resumo, Marx nos legou certos problemas filosóficos que merecem ser pensados. Como todo sistema, ele tem pés de barro, mas em virtude de sua instabilidade é que cada sistema suscita nosso pensamento e nossa admiração. Ao esticar os problemas onto-lógicos até os domínios da evocação poética e dos jogos de linguagem, pretendi alertar sobre determinados limites que, se não forem refletidos, avaliados e jogados para a frente, podem transformar-se em barreiras à própria liberdade do pensamento. Para entender e avaliar os limites de nosso pensar atual, creio ser necessário examinar as torções por que passaram os sistemas filosóficos do passado, os quais, no entanto, ainda atuam em nós como se estivessem no presente. Se o bom gramático trata os problemas da filosofia como uma doença, talvez seja necessário lembrar que, no final das contas, como já indicou Hegel, o homem é um animal doente. O poeta encontra uma pedra no meio do caminho, nós, que continuamos a estudar filosofia, encontramos um muro de pedras, que pode fechar ou abrir caminhos. Não é preciso, então, começar de novo e lançar na arena os dois pensamentos mais radicais do século XX para que possamos recolher os despojos vivos dessa luta de gigantes?

Índice remissivo

Absoluto, 181
Academia, 60, 78
acatalepsia, 173
acidente, 80, 87, 100, 110, 112, 121, 141
ações humanas, 50, 121, 156, 300, 334, 373
Adão, 185
adêlon, 168
Adeodato, 186-7
adiaphora, 166
Adorno, Theodor W., 371
afirmação, 56, 75, 108-9, 111, 151-2, 161, 207-8, 210, 226-7, 230, 232, 236-8, 243, 310, 371; *ver também* negação
aforismos, 244
África, 177-9
agon, 228
Agostinho de Hipona, 10, 12, 176-9, 181, 183, 184-90, 193, 195-6, 198-202, 205, 328, 357-8

aidôs, 42
Alarico, 202
Além do bem e do mal (Nietzsche), 209, 220
Alemanha, 24, 294-5, 306, 336
além-do-homem, 211, 225
Alexandre Magno, 22, 130, 163
Alexandria, 130, 138, 176, 178
alma, 37, 50, 55, 58, 62-4, 67, 80, 90, 93, 102, 111, 118, 123, 127, 136-7, 142, 149-51, 156-8, 163, 167, 170-2, 178, 183, 186, 190-1, 193, 195, 197, 199, 201, 210, 222, 235, 252-3, 274, 286, 296, 306, 317, 330, 366; *ver também* imortalidade da alma; vida eterna
alteridade, 71, 73, 75, 94, 182-3, 290, 358; *ver também* mesmidade
Ambrósio, bispo de Milão, 178
anax, 29, 31
Anaximandro, 22, 32, 42
andreia, 61
anepikrita, 166

Angst, 329
angústia, 329, 335
animais, 79, 99, 103, 156, 166, 185, 245, 259, 318
Anselmo de Cantuária, 174, 309
Anticristo, 245
Antigo Testamento, 200
Antiguidade, 10, 30, 129, 138, 163, 195, 239, 248
Antístenes, 40, 71, 75, 91
Anwesen, 304
apangelia, 171
apatê, 76
apathia, 173
apeiron, 32
aphasia, 169
apolíneo, 30, 213-4, 231; *ver também* dionisíaco
Apolo, 29-30, 46, 212
Apologia de Sócrates (Platão), 44, 46
Apolônio, 130
apophansis, 275, 305
apophasis, 75, 112
Aquiles, 42
archê, 53, 221, 239
Archéologie du savoir, L' (Foucault), 371
Ário, 178
Arístocles, 164-5, 169
Aristóteles, 9, 11, 17, 21, 42, 44, 70, 78-80, 82, 84-6, 88, 90-96, 98, 100-2, 104-5, 108, 110-4, 118-23, 126-7, 129-30, 133-4, 141, 143-4, 147, 153-5, 158, 164-5, 183-4, 188, 201, 208, 210, 219, 247-8, 252-4, 256-7, 280, 292, 296, 298, 303, 305, 315, 323, 332, 336, 351, 356-7, 359, 366, 370

aritmética, 10-1, 219, 243, 246, 249, 258, 262-4
Arnauld, Antoine, 252
arte, 41, 45, 69, 76, 132, 213, 223, 230-2, 235, 237, 250
ascese, 31-2, 59, 180, 244
Asclépio, 48
Ásia Menor, 29
assentimento, 136-7, 144, 151, 153, 156-7, 167-8, 170-1, 180-1, 189, 192, 285, 307
astathmêta, 166
astronomia, 104, 130
astros, 30, 32, 34, 125-6, 198, 334
ataraxia, 173
ateísmo, 23-4
Atena, 41
Atenas, 31, 37, 46, 50, 60, 130-1, 132
atividades instintivas, 210
atomismo, 123
atualismo, 146
Aubenque, Pierre, 100
Aufhebung, 291
autossuperação, 209
axiomas, 248-9, 263, 346

Bach, Johann Sebastian, 258
Baco, 213
Bacon, Francis, 23
basileus, 29
Bedeutung, 239
Befindlichkeit, 328, 335
Begriffsschrift (Frege), 250
Behauptungssätze, 252
beleza, 26, 64, 136, 231
Bem, 17, 64, 74, 92, 127, 158, 177, 181-3, 185, 190, 194, 199-200, 298
bem, o, 10, 137, 169, 194, 207, 234, 353
Berkeley, George, 23

Bewandtinis, 322
Big Bang, teoria do, 195
Bild, 348, 354, 368
biologia, 53
bipolaridade, 10, 139-40, 145-6, 155, 185, 212, 228, 292, 316, 361, 367, 371
Boole, George, 251
Brentano, Franz, 266, 276, 296, 312
Burnet, John, 35

Cantor, Georg, 259, 266
Capadócia, 130
capitalismo, 15
Carnap, Rudolf, 262, 277
Carta sobre o humanismo (Heidegger), 313, 372
Cartago, 177
catástrofes, 156
categorias, 82-4, 96, 107, 109, 111, 117, 120, 122, 124-5, 129, 134, 143, 181, 183, 188, 205-6, 210, 239, 272, 282, 293, 296, 310, 315, 322
Categorias (Aristóteles), 78, 82, 84, 96, 97, 106
causa motriz, 154, 158
causa quae facit, 153
Certa herança marxista (Giannotti), 11
ceticismo, 162-3, 165, 167, 169, 284
céticos, 162, 164, 168
Cícero, 131, 136, 173, 177
Cidade de Deus, A (Agostinho), 202
ciência, 31, 49-50, 53-5, 59, 68, 72, 76, 78, 88, 105-8, 110-1, 113, 118, 120-4, 127-8, 132, 137, 140, 161, 199, 225, 227, 242, 250, 252-4, 261-2, 273, 288, 294, 296, 299-300, 302-3, 306, 341-2, 370

Círculo de Viena, 262
Cirene, 60
Cleanto, 131, 144
cogitationes, 284, 287
Cogito ergo sum, 312
cognoscível, 53, 72, 208
combinação, 80, 82, 97, 113
compreensão, 50, 313, 315, 325, 326
Concílio de Niceia, 177
Confissões (Agostinho), 178, 180, 184, 186, 193-5, 202
conhecimento, 12, 26, 30, 41, 44, 47, 50, 54, 56, 63, 80, 88, 108, 111-2, 114, 118-9, 122-4, 136-7, 145, 164-5, 173, 180, 186, 189-90, 192, 197, 199, 202, 208, 212, 215, 217, 219, 227-8, 232, 247, 250, 262, 267-9, 285, 317, 335-7, 339, 345
conhecimento científico, 26, 54, 250, 285
consciência, 16, 17, 27, 43, 46, 53, 132, 145, 157, 158, 199, 206, 220, 266-7, 269, 271-2, 277, 280-2, 284-91, 296, 298-9, 305, 307-8, 316, 317, 332, 366
consciência transcendental, 292, 308
Constantino, imperador, 177
contradição, 15, 35, 76, 91, 103, 114, 138, 265, 274, 275, 280, 346, 373
contradição, princípio da, 39, 63, 94, 96, 104, 165, 252-3, 306, 373
contrassenso, 276, 279, 300, 313
coragem, 43-5, 61-2, 80
cores, 72, 95, 136, 151, 309, 349, 354
corpo, o, 79, 103, 117, 123, 125, 134-5, 142, 147, 193, 289, 341
corporal, 35, 126, 134, 137, 142, 149, 154-5, 180, 200, 213, 291
corpos, 34, 58, 60, 86, 102, 103, 106,

109-10, 123, 125, 127, 133-5, 137, 143-4, 152-3, 187, 228, 250, 254, 261
corrupção, 33, 52, 120, 124, 178; *ver também* geração
cosmo, 26, 132-3, 138, 158
cosmologia, 26, 152, 157
Creta, 60, 130
criação do mundo, 177, 192, 195, 201
Crise das ciências europeias e a fenomenologia transcendental, A (Husserl), 268
Crisipo, 131, 135-6, 140-1, 144-5, 150, 152, 154-6, 167
cristianismo, 22, 176-8, 208
Cristina da Suécia, rainha, 23
Cristo *ver* Jesus Cristo
Críton, 48
cultos pagãos, 178

Da essência da verdade (Heidegger), 342-3
Dasein, 297, 299, 309-11, 313-4, 316-22, 324-30, 334-6, 338-43
De Anima (Aristóteles), 123
De generatione et corruptione (Aristóteles), 120
décadence, 210
decadência, 21-2, 211, 235, 241, 301, 329, 335, 340
Deleuze, Gilles, 371-2
Delfos, 46
Delos, 38
democracia, 15, 29, 36, 42
Demócrito, 123
demos, 29
Dênis I, tirano de Siracusa, 60
Descartes, René, 12, 23, 36, 111, 161-2, 174, 207, 272-4, 284-5, 312-3, 345

desejo, 57, 62, 192, 210, 330
desmedida, 192, 241
destino, 41, 152, 155-6, 234, 245, 372
Deus, 12, 57, 65, 108, 127, 133, 136-7, 141, 155, 158, 174, 176, 178-86, 190-3, 195, 197, 199-202, 207, 237, 241, 244, 297-8, 303, 306, 309, 311, 316
deuses, 29, 38, 41, 48, 57-8, 126, 137, 153, 176, 186, 202, 225, 297
dever-ser, 43, 157, 253
Díada, 86
diafonia, 173, 175
diairêsis, 69, 323
dialética, 15, 54-6, 59-61, 65, 77, 110, 114, 141, 373
Dialética negativa (Adorno), 371
diálogos platônicos, 44, 49, 56, 68, 190
diaphonia, 166
dikê, 33, 42
Dikê, 32, 35
Dilthey, Wilhelm, 300
Diodoro Crono, 138
Diógenes Laércio, 131
Díon, 60, 146-7
dionisíaco, 30, 213-4, 231-2
Dioniso, 30, 212, 243
Discurso do método (Descartes), 273, 345
discurso filosófico, 11, 13, 14, 207, 359
dizível, 133-4, 141-2, 145-6, 149-50, 156, 172, 188, 257, 307
Do mestre (Agostinho), 186
doença, 13, 119, 157, 210, 212, 368, 375
dogmas, 162
dogmata, 163, 171, 174
dogmatismo, 165
Donato, 179

dor, 226, 353, 362
Doutrina da vontade de poder em Nietzsche, A (Müller-Lauter), 222
doxografia, 174
dúvida, 16, 38, 51, 82, 110, 160-1, 163, 175, 187, 209, 228, 237, 246, 283-4

Ecce homo (Nietzsche), 211
Egina, 60
Egito, 60, 200
ego, 269, 288
egoidade, 287-8
eidos, 51, 102, 104, 270, 279, 286, 288, 303
einai, 75, 98, 100, 109, 133
Einfühlungen, 289
ekstatikón, 334
emoções, 226-7, 233
empiristas ingleses, 163, 233
Enéadas (Plotino), 182
energeia, 105, 111, 332
energia, 34, 124, 128, 144, 325
enganação, 76
ens creatum, 303
ens perfectissimum, 309
entendimento, 100, 196, 225, 238, 248, 265, 274, 278-80, 310, 314, 328, 357, 360, 369
entes, 10, 33, 71, 76, 80, 104, 124, 184-5, 206, 214, 224, 250, 265, 285, 294, 298-9, 302-3, 306, 311, 315, 318, 320-1, 324-9, 331, 339-40, 347
epagôgê, 122
epicurismo, 163
Epicuro, 135, 155
Epimeteu, 41
episteme, 56, 121, 302
Epiteto, 131, 140, 157

epochê, 169-71, 173, 284-7, 289, 296, 299, 308, 329
"equilibrações", 208, 214, 220, 225
Erfüllung, 308
Erfurt, Thomas de, 301
Erkentnistriebe, 208
Eros, 213
esferas, 104, 126, 218
Espanha, 130
Esparta, 31, 38, 60
especulação teórica, 274
Espinosa, Bento de, 24, 328
Espírito Santo, 181, 183, 196, 197
essência, 54, 68-9, 79, 88, 93, 99, 101-2, 110, 119, 134, 138, 141, 158, 171, 181, 184-5, 187-8, 190, 193-4, 218, 270-1, 273-4, 290, 292, 304, 317, 327, 343, 365
Estado-Nação, 23
estoicismo, 129, 131, 133, 136-7, 163, 173
estoicos, 129-32, 134-6, 138-9, 141-5, 147-50, 153-5, 157, 168, 180, 188, 307
éter, 126
eternidade, 125, 158, 184, 192, 195-7, 199-201, 352
eterno retorno, 152, 234, 242-3, 245
ética, 121, 302, 306, 353
êtos, 121
eu transcendental, 11, 199, 226, 286, 307, 311, 332, 343
euboulía, 40
Euclides, 130, 138
eudaimonia, 121
Eudóxio, 126
Europa, 23, 241
Eusébio, 164
existência concreta, 133, 153

existentia, 309
Existentialität, 315
Existenz, 304, 315-6
Experiência e juízo (Husserl), 268

falsidade, 76, 89, 94-5, 98, 139, 165, 169, 216, 219, 224, 233, 240, 243, 253, 255, 348, 351; *ver também* mentira; verdade
Fatum, 155, 234
fé, 23, 178-80, 205
Fédon (Platão), 48
felicidade, 121, 158, 165, 173, 192, 197
fenomenologia, 11, 31, 195, 199, 266-7, 269, 272-3, 277-8, 288, 295-7, 299, 308, 360, 366
fenomenólogos, 265, 268
fenômenos, 30, 32, 39, 43, 68, 74, 76, 110, 120-1, 125, 157, 213, 220, 253, 267, 269, 272, 274, 286, 292, 316, 318, 324, 334, 359
Feuerbach, Ludwig Andreas, 14
Fichte, Johann Gottlieb, 11, 24
figuras geométricas, 54, 105
Filebo (Platão), 247
Filho, 178, 179, 181, 183, 196-7, 200
Fílon, 138-9
filosofemas *ver* problemas filosóficos
"Filosofia como ciência rigorosa" (Husserl), 298
Filosofia da aritmética (Husserl), 266, 268
física, 52-4, 119, 124, 130-2, 154, 158, 250, 302
Física (Aristóteles), 332
fogo, 33, 38, 41, 91, 119-20, 135, 137, 194
forma, 34, 39-40, 51, 54-5, 58, 60, 94, 98, 102-4, 109, 117, 122-3, 231, 253, 275, 291, 301; *ver também* matéria
Forma, 51-2, 54-60, 63-4, 68, 70-5, 78-9, 85-6, 89-90, 94, 96, 104, 127, 138, 153, 182, 190, 192, 199, 201, 243, 246-7, 298, 307
formalismo, 138, 263
Foucault, Michel, 330, 371
França, 23
Frege, Friedrich Ludwig Gottlob, 17, 172, 250, 252-8, 261-2, 266, 348, 354, 367
Fürwahrhalten, 251-2
futuro, tempo, 134-5, 151, 157, 199, 304, 331, 334

Gaia ciência, A (Nietzsche), 227
Galeno, 130
Galileu Galilei, 86, 158, 274
Galois, Evariste, 247-8
Gegenspiel, 222
Genealogia da moral (Nietzsche), 217, 233
gênero, 69-70, 98-9, 119
genos, 70, 98
geografia, 267
geometria, 88, 130, 267, 290
geração, 33, 52, 120, 124, 167, 214; *ver também* corrupção
Gilson, Étienne, 185
Gödel, Kurt, 264
Goldschmidt, Victor, 64, 173-4
Górgias, 39, 40, 71, 91
graça divina, 191-2
gramática, 149, 180, 224, 236, 238, 263, 275-6, 280, 301, 336, 358, 360, 362-3, 367, 371-2, 374
Grande Depressão, 336
Grécia, 15, 22, 28, 36-7, 130

gregos, 31-2, 52, 57, 63, 101, 119, 125, 151, 302-3, 306, 330
Gueroult, Martial, 173-4
guerra, 41, 45, 57, 60, 294
Guerra do Peloponeso, 38

Habermas, Jürgen, 371
Hefaístos, 41
Hegel, Georg Wilhelm Friedrich, 10-1, 294, 372-3, 375
Heidegger, Martin, 11, 13-4, 24, 33, 224, 237, 244, 292-8, 300-44, 351, 370-3
helenismo, 30, 138, 163, 165, 202
Heráclito, 33-4, 137, 176, 265, 298
Hércules, 132
Hermes, 41
heteros, 71
Hípias, 40
Hipócrates, 130
Hipotiposes pirronianas (Sexto Empírico), 166
história da filosofia, 11, 13, 16, 27, 163, 166, 261, 289
Hitler, Adolf, 293
Hobbes, Thomas, 23
hólon, 330
Homero, 32, 37, 57-8
hormai, 168
Hortensius (Cícero), 177
Hume, David, 12, 23, 169, 345
Husserl, Edmund, 199, 266, 268-9, 273, 276-7, 279, 281, 284-5, 287-90, 296, 298, 300-1, 306-8, 312, 316, 332, 336, 366
hybris, 192
hylê, 102, 221, 239
hyparchein, 85, 133, 147
hyphistanai, 133

hypokeimenon, 98, 143, 305

Idade Média, 83, 87, 100, 102, 107, 115-6, 125
idea, 51
idealismo, 316, 352, 373
Ideias para uma fenomenologia pura e para uma filosofia fenomenológica (Husserl), 269
ignorância, 16, 44-7, 164
Igreja, 22, 177-9, 202
igualdades, 229, 272
Ilíada (Homero), 57
Iluminismo, 30
im Ganzen, 224, 265, 297, 303, 310, 316, 368
imagens, 13, 52-4, 56, 58-9, 76, 136, 180, 208, 217, 220-2, 224, 231, 365
imanência, 176, 277
imortalidade da alma, 43, 48, 58
impessoalidade, 329
impulsos, 62, 64, 168, 178, 225
incorporal, 133-6, 141-5, 147, 149, 153-4, 156, 180
Índia, 163
indução, 54, 61, 122, 249
injustiça, 33
Instink-Tätigkeinten, 210
intelecto, 93, 111, 121, 124, 191, 201, 215, 227, 230, 238, 279, 312, 330, 337
inteligível, 54, 85, 93, 105, 111, 118-9, 122, 127, 133, 142, 153, 166, 183, 200, 247, 252, 274, 278
intelligentia, 201
interioridade, 158, 181, 191, 289
intolerância, 27, 37
Investigação acerca do entendimento humano (Hume), 345

Investigações filosóficas (Wittgenstein), 358, 364
Investigações lógicas (Husserl), 266, 268, 277, 296, 306, 308
invisível, 30, 91, 200
Isaías, profeta, 180
isegoria, 28, 42
isonomia, 29, 42
Israel, 200
Itália, 29

Jesus Cristo, 178-80, 182, 186, 190, 192, 200, 245, 257, 334
Jônia, 29, 31
judaísmo, 177
juízo, 28, 40, 163, 167, 169-71, 181, 185, 207, 216-20, 224, 226-7, 233, 240, 254, 275, 278, 283-7, 291, 300-1, 305, 310-2, 336-7, 339, 341, 344; *ver também* suspensão do juízo
justiça, 32-3, 42,-3, 50, 55, 57, 61-2

Kant, Immanuel, 11-2, 17, 23, 63, 117, 145, 226, 262, 285, 294, 309-12, 314, 373
kata pantos, 119
kataphasis, 75, 112
katholou, 98
Keynes, John Maynard, 354
kinêsis, 71
koinônia, 74

Landgrebe, Ludwig, 268
Laws of Thougth (Boole), 251
Lebensform/Lebenswelt, 361
Lebrun, Gérard, 221, 223-4, 236, 239
legein, 75

Leibniz, Gottfried Wilhelm von, 12, 23, 175, 256, 263, 265, 287
Leis, As (Platão), 60
lekton, 133-4, 142, 144-5, 188, 257, 276, 307, 337, 365, 371
Licurgo, 31, 132
limitação, 310
linguagem, 9-10, 13, 16, 26, 35, 41, 56, 67, 74, 81, 83, 85, 90-2, 95, 97, 111, 118, 133, 136, 143, 156, 158, 167, 180, 184-6, 188, 195, 197, 215-6, 218, 220-5, 229, 232, 236, 238-9, 243, 251, 256, 260-4, 267, 277, 293, 295, 303, 321, 323, 328, 332, 334, 343, 346-7, 351-3, 357-70, 372, 375; *ver também* logos
linguagens filosóficas, 10, 261, 332
línguas, 90, 197, 256
linguistic turn, 295
Locke, John, 23
lógica, 9-12, 15, 78, 81-2, 89, 98, 102, 111-4, 116-8, 129, 131-2, 138, 140-1, 144, 147, 151, 171-2, 185, 187, 198, 205, 207, 210, 216, 219, 223-4, 228-9, 232, 239, 242, 250-3, 256, 259-61, 263, 265, 269, 271-2, 277, 280, 290, 293, 296, 300-2, 305, 310, 311, 317, 328, 346-7, 349, 351, 354, 356-7, 371, 373
Lógica de Port-Royal (Arnauld & Nicole), 252
Lógica formal e lógica transcendental (Husserl), 273
Logical Syntax of Language, The (Carnap), 262
logikê, 302
Logique du sens (Deleuze), 371
Logische Aufbau der Welt, Der (Carnap), 262

logos, 10, 26, 31, 40, 56, 74-5, 82, 89-90, 96, 111, 114, 117, 125, 134, 137, 152, 156, 158, 168, 170, 183, 208, 295, 301-2, 304, 307, 321, 324, 332, 335, 343, 356, 371
Louvain, 268
Lua, 126, 305
Lukács, Georg, 374
Lukasiewicz, J., 140

Magna Grécia, 29
mal, o, 10, 137, 156, 169, 177, 192, 194, 207, 234, 353
Mani, 177
maniqueístas, 177, 181, 193
Marco Aurélio, imperador, 131, 158
Marx, Karl, 14-5, 372-4
marxismo, 11, 14, 373
marxistas, 373
matemática, 10, 12, 53, 86, 101, 106, 119, 122, 124, 130, 158, 244, 263-4, 268, 300-1, 347, 356, 363
matéria, 34, 53-4, 59, 94, 98, 101-5, 109, 111, 118, 121, 123, 125, 133, 137, 141, 201, 221, 228, 235, 238, 271
materia signata, 102
materialismo, 137, 373
Mates, Benson, 140
mathesis universalis, 272
Maxêncio, 177
mediações, 118, 121
medicina, 48, 130
Mediterrâneo, 29, 130-1, 177, 202
megáricos, 138-9
Meleto, 46
Melissos, 68
Memorabilia (Xenofonte), 44

memória, 55, 116, 190, 196, 201, 284, 319
memoria Dei, 202
Mênon (Platão), 190
mens, 201, 286
mente, 97, 191, 201
mentira, 28, 215-6, 233
Merleau-Ponty, Maurice, 199, 289
mesmidade, 71, 236-7, 271, 299, 329, 338-9
metafísica, 10-2, 26, 98, 107, 124-5, 162, 209-10, 218, 239, 265, 288, 341-2, 346, 352, 367, 372
Metafísica (Aristóteles), 44, 98, 105, 108, 113, 119, 305
metáfora, 216, 233
metempsicose, 58
método hipotético-dedutivo, 54, 88, 273
metonímia, 218-20
"milagre grego", 26
Milão, 178
Mill, John Stuart, 252, 306
misticismo, 180, 352, 368
mitologia, 26, 58, 293
modernidade, 208, 373
modos de ser, 81-2, 107, 143, 307, 314, 316, 327
Moisés, 200
mônada, 12, 123, 285, 287, 348
Mônica, santa, 177
monismo, 35, 137
moral, 25, 28, 43, 120, 131-2, 138, 152, 154, 158, 192, 205, 212, 214, 223, 230, 233-4, 237, 240, 285, 328
morfologia, 223, 237, 275
morte, 42, 87, 101, 120, 130, 157, 159, 192, 207, 211, 244, 268, 331, 335, 354

motor primeiro *ver* primeiro motor
Moura, Carlos Alberto R. de, 236
movimento, 52, 54, 58, 66, 71-3, 75, 83, 90, 101, 103-4, 110, 112, 117, 120, 122, 124-7, 134, 144, 154-5, 158, 167, 195, 197-8, 210, 248, 332-3, 342; *ver também* repouso
Müller-Lauter, Wolfgang, 222-4, 237-8
mundo, 10, 14, 23, 30, 33, 64, 126-7, 135, 137, 152, 155, 170, 176, 180-1, 184-5, 195, 223, 225, 237-39, 275, 283-4, 290, 292, 299, 316, 317, 321, 324, 326, 328-9, 332-4, 339-40, 349-50, 352-3, 368
Mundo como vontade e representação, O (Schopenhauer), 207, 361
mundo sublunar, 30, 58, 106, 109, 118, 121-2

nada, o, 67, 208, 265, 292, 326, 342
"nadificação", 291
não-algos, 135
não-existência, 286, 310
não-senso, 276-7, 279, 358
não-ser, 67-8, 71, 73, 75, 77-8, 89-90, 94-6, 135, 201, 314, 366
não-totalidade, 331
Nascimento da tragédia, O (Nietzsche), 212, 230
Nassau, Maurício de, 23
natura, 31
nazismo, 14, 24, 293-4, 342
negação, 68, 71-2, 75, 90, 94-7, 103, 112, 135, 147-9, 151-2, 252, 263, 290-1, 310, 326, 346-7
Newton, Isaac, 12, 250, 341
Nichtigkeit, 291
Nicod, 149

Nicole, Pierre, 252
Nietzsche, Friedrich Wilhelm, 10, 17, 30, 152, 205-10, 212-3, 216-7, 219-24, 226-7, 229, 231, 233, 236-40, 242-5, 294, 361, 371
niilismo, 208, 211, 228, 232, 234, 244-5
nobreza, 23, 29, 233
noema, 267, 270, 272, 280-1, 286, 289-90, 307, 312
noesis, 267, 272, 280-1, 286, 290, 307, 312
nominalismo, 146, 148, 361, 371
notitia, 201
nous, 93, 111, 121, 123
Nova Academia, 180
números, 53, 72, 105, 106, 246, 249-50, 255, 259-60, 264

objeto intencional, 267, 276-8, 289-90
objeto real, 267, 276-7, 289-90
objeto significado, 133, 276
Ocidente, 9, 21, 49, 54, 261, 301
ócio, 22, 59
Odisseia (Homero), 43, 57
oikos, 29
ontologia, 9, 12, 82, 89-90, 105-6, 113, 117, 125, 128, 134, 207, 232, 250, 272, 274, 308, 330, 363, 374
Ontologia do ser social (Lukács), 374
opinião, 23, 32, 35, 37, 46, 55, 67, 76, 168
órganon, 111, 113, 250
Órganon (Aristóteles), 78, 85, 87, 252
Oriente, 38, 163
Origens do pensamento grego, As (Vernant), 36
ousia, 68, 73, 81, 93, 98, 100, 109, 181, 239, 243, 253
oútima, 135

Pai, 181-3, 196-7
Países Baixos, 23
paixões, 57, 127, 173, 211
pān, 330
paradoxo, 86, 96, 109, 201, 258, 264, 366
Parmênides, 32, 34-5, 66-8, 78, 85, 96, 138, 265, 298, 367
participação, 73, 78, 79, 214
Pascal, Blaise, 328
passado, tempo, 84, 134-5, 140, 151, 199, 304
pathos, 171, 221, 233, 236-7
patriarcas hebreus, 201
patrística, 177, 180
Paulo, apóstolo, 63, 177, 186
Peano, Giuseppe, 249
pecado original, 179, 185, 191, 193, 326
pecados, 178-80, 185, 186, 191-4, 202, 326
Pelágio, 178
pensamento, 10, 13-5, 17, 24, 26-7, 30, 32, 34-8, 46, 52-3, 60, 62-3, 66-7, 82, 86, 93, 116, 118, 123, 127, 129-32, 134, 136, 138, 140-2, 157, 176, 177-9, 189, 191-2, 199, 201, 205, 207, 213, 225-7, 238, 243-4, 246, 250-4, 263, 266-70, 290, 295, 300, 303, 306, 311, 327, 336, 367, 370, 372-4
pensamentos, 13, 44, 55, 131, 161-2, 180, 190, 227, 252, 254, 306, 375
"Penso, logo existo", 161, 273, 284
percepção, 16, 81, 84, 103, 111, 133-4, 136-7, 157, 161, 189, 231, 247, 270, 281, 284, 290, 301, 312, 337, 360
Pereira, Oswaldo Porchat, 18, 162
Péricles, 38, 132

persuasão, 37, 45-7, 69, 114, 368
phainestai, 52
phainomenon, 168
phantasia, 136, 145, 167
phasis, 75, 111
philos/philia, 31, 59
philosophia perennis, 27, 175
phonêsis, 121
physis, 31, 72, 123, 303
Pirro, 163-5, 173
Pitágoras, 12, 22, 246
pitagóricos, 246
planetas, 30, 72, 125
Platão, 11, 17, 21, 31, 38, 40-2, 44, 46, 48-55, 57-64, 66-8, 71-2, 76, 78, 85, 89, 91, 94, 96, 114, 118, 122, 125, 127, 130, 138, 153, 155, 177, 180, 182, 184, 190, 192, 199, 208, 219, 246-7, 273, 294, 298, 305, 336, 357, 359, 362, 370
platonismo, 78, 98, 137, 199, 208, 216, 303
Plotino, 131, 158, 180, 182, 199
pneumata, 137
poesia, 58, 294-5, 336
poiêsis, 120
poion, 143
polis, 22, 28, 31, 36-7, 40-2, 45, 51, 57-61
política, 22, 25, 26, 40-1, 45, 121, 131, 369
Político, O (Platão), 60
Porfírio, 131
Port-Royal, escola de, 207, 252
pôs echon, 143
positivismo, 208, 244
potência, 73, 86, 101, 103-4, 110-1, 122, 124, 126-8, 138, 154, 158, 197, 206, 209-10, 212, 215, 217, 219-25,

227, 230-2, 234-41, 244, 260, 282, 287, 297, 326, 362, 371
prazer, 155, 158, 165, 169, 193, 210, 226
predicados, 85, 94, 101, 129, 148, 168, 183, 281, 309
premissas, 114-7, 151, 167, 170, 254, 280
presente, tempo, 84, 134-5, 151, 154-5, 199, 287, 340
pré-socráticos, 32-4, 80, 176, 298
Primeira Guerra Mundial, 24, 354
primeiro motor, 126-7
Primeiros acadêmicos (Cícero), 136
Principia Mathematica (Russell & Whitehead), 259
princípio da contradição *ver* contradição, princípio da
Principles of Mathematics (Russell), 258
problemas filosóficos, 9, 48-9, 162, 263, 353, 364, 368-9, 374
procura da verdade, 113, 205, 210, 251
Prolegômenos a uma lógica pura (Husserl), 268
Prometeu, 41
pros ti pôs echon, 143
Protágoras, 38-42, 65
Providência, 152
prudência, 62, 121
pseudos, 76
psicologismo, 167, 207, 252, 257, 266, 268, 295, 300, 306, 337
ptôsis, 143
pulsões, 206-7, 211, 224, 236, 238

quantum, 106, 215, 221
quididade, 87, 98, 100, 101, 253, 310, 312
quietismo, 173

raciocínio, 31, 56, 114, 129, 190
racionalidade, 36, 137, 156, 158, 176
ratio, 118, 191, 295
razão, 16, 36, 37, 53-4, 64, 84, 86, 105, 111, 117-22, 149, 152, 154, 165, 168-9, 174, 176, 180, 184, 191, 208, 224, 247, 274, 301
real, o, 39, 75, 91, 96-7, 117, 119, 136, 145, 147, 317, 338, 340, 350-1, 364
realidade, 24, 59, 115, 231, 265, 288, 309, 316, 336, 349
realismo, 352
Realität, 310
reencarnação, 58
reflexão filosófica, 9, 21, 32, 294
Reforma protestante, 179
religião, 24, 30, 64, 176, 177, 179, 223, 237, 244
Religião de Platão, A (Goldschmidt), 64
Renascimento, 23, 272
repouso, 52, 70-1, 73-4, 124
representação, 103, 127, 136, 143, 145, 147, 149-50, 153, 157-8, 161-2, 167, 170-2, 206, 208, 221, 226, 237, 269, 276, 284-5, 287, 289, 295, 301, 313, 336-7, 354, 366
República, A (Platão), 50, 57, 60, 72
res cogitans, 285, 327
res extensa, 285
retórica, 47, 114, 177-8
Rickert, Heinrich, 300
Roma, 177-8, 202
romanos, 31, 48, 130, 131
romantismo, 208
Rousseau, Jean-Jacques, 23
Russell, Bertrand, 24, 255, 258, 259, 263, 354

sabedoria, 22, 35, 40, 46, 47, 61
sábio, 29, 31, 41, 46, 50, 100, 110, 129-30, 132, 137, 141, 179, 185, 192-3, 202
salvação, 59, 197, 326
Sartre, Jean-Paul, 304, 372
Schelling, Friedrich Wilhelm Joseph von, 11, 294
Schopenhauer, Arthur, 24, 63, 207, 354, 357, 361
Scotus, Duns, 301
Segunda Guerra Mundial, 294
Seiend, 224, 302
semaínon/semainómenon, 144
semelhanças, 229, 347
Sêneca, 131, 153, 330
senso comum, 10, 137, 162, 369
sentido ontológico, 281, 339
sentido, 10, 13, 16-7, 25, 27, 29, 31, 38, 42-3, 46, 56, 59, 63, 68, 74, 80, 82-4, 91-2, 94-7, 104-7, 112, 117, 127, 141, 147, 149, 152, 170-1, 201-2, 220, 222, 224, 241, 254, 257, 267, 271, 277-8, 281, 285, 295, 297-8, 300, 302-3, 308, 315, 326, 336, 343, 346-7, 350-2, 355, 357, 361-2, 365, 371; *ver também* significado
sentidos, 34, 136, 210; *ver também* percepção
Ser, 13, 34, 36, 64, 71, 183-4, 298, 299, 327, 342, 350, 370
Ser e tempo (Heidegger), 314, 316-7, 326, 335-6, 341-3
seres divinos, 57, 104, 137
seres humanos, 31, 42, 56-8, 113, 121, 123, 136, 141, 156, 185, 189, 202, 321, 325, 349, 351
seres vivos, 119-20, 122, 123, 127, 272, 347

Sexto Empírico, 39, 131, 145, 166, 170
Shaftesbury, conde de, 23
Sicília, 29, 60
significabilia, 188
significado, 72, 100, 144, 147, 150, 185, 222, 257, 267, 277-8, 280-2, 285, 365
significante, 71, 144, 150, 185, 188-9, 243, 324, 330
signos, 35, 74-5, 199, 221, 243, 319, 321, 324, 358, 366
silogismo, 114-7, 129, 150-2, 167, 251, 253, 280, 309
símbolos, 10, 90, 185, 264, 319
simulacros, 76
Sinngebende, 281
síntese mental, 143, 167, 187
Siracusa, 60
sistemas filosóficos, 11, 13, 163, 173-5, 206, 243, 365, 375
skeptikos, 162
skholê, 22
Sobre verdade e mentira no sentido extramoral (Nietzsche), 215
sociedades secretas, 30
Sócrates, 32, 42-50, 66, 68, 71, 83, 85-6, 94, 100, 102, 109, 110, 123, 160, 163-4, 232, 244, 333, 347-8
Sofista, O (Platão), 40, 66, 71-2, 94, 273, 294, 304, 362
sofistas, 22, 37-40, 42-3, 45, 67-8, 70-1, 76-7, 91-3, 96, 166, 333
Sol, 32, 34, 108, 126, 198
solipsismo, 330, 352
Sólon, 31, 37, 132
sons, 74, 136, 142, 188, 190, 195, 216, 351
sophos, 31, 46-7
sôphrôsynê, 61

sopros vitais, 137
Souza, Cavalcante de, 33
stasis, 71
Stein, Ernildo, 33
Stimmung, 328
stoa, 131
Stobaeus, 167
Stoffwechsel, 212
subjacente *ver* sujeito
substância, 52, 73, 81-2, 88-9, 96-8, 100, 102-5, 109, 119-20, 122-4, 126, 128, 133, 176, 178, 181-3, 193, 201, 207, 216, 219, 224, 227, 229-30, 238-9, 243, 253, 267, 287, 316, 333, 350, 358
Suíça, 244
sujeito, 82, 86-7, 94-5, 98-100, 112, 116-7, 119, 129, 143-4, 146-7, 172, 271, 278, 312, 352
Sumo Bem, 127
suspensão do juízo, 166, 169-71, 297
symplokê, 80, 82
synkatathesis, 167-8
synthesis, 323

Tagasta, 177
Tales, 21-2, 29, 31-2, 60
Tarski, Alfred, 261-2
tauto, 71
technê, 69
Teeteto (Platão), 68-9, 75
temperança, 24, 61-2
tempo, 34, 83-4, 112, 122, 125, 133, 135, 146, 158, 174, 184, 195-7, 199, 241, 244, 248, 287, 299-300, 304, 314, 332
temporalidade, 135, 152, 197-8, 300, 307, 332-5

teologia, 104, 106, 127-8, 158, 162, 185, 199, 207, 296
teorema de Pitágoras, 12, 246
Teoria da ação comunicativa (Habermas), 371
Teoria das categorias e da significação em Duns Scotus, A (Heidegger), 301
Terra, 126, 139, 198, 267, 305
tethenton, 114
theôreô, 119
thymoeides, 62-3
Timão, 164-5, 169
Tomás de Aquino, 12, 276, 337
totalitarismo, 14, 373
Tractatus logico-philosophicus (Wittgenstein), 261, 263, 345, 347-8, 350-1, 353-5, 357, 360, 365
tranquilidade, 158, 170, 173, 212
transcendência, 96, 176, 207, 277, 316-7
translação, 124, 126
Trasímaco, 50
Trindade, 178, 181-2, 183, 185, 196-7, 201
Troia, 43, 187

Übermensch, 211
Ulisses, 43
Umwelt, 319, 322
União Soviética, 24, 294, 373
universal, 98-9, 101, 111, 119, 121
Uno, 86, 97, 182, 183
Unsinn, 276
Unterricht der Sprache, 359, 360

vazio, 133, 134
Vênus, 256-7, 282

Verbo, 176, 180, 183-4, 190, 194-5, 200
verdade, 13, 31-2, 35, 39-40, 43, 45-7, 50, 56, 64-5, 67, 89-90, 94, 98, 113-6, 118, 128, 139, 141, 145, 148, 149, 151, 158, 163, 165, 169, 180, 185-6, 190-1, 195, 205-6, 208-10, 215-6, 228, 230, 232, 235, 237, 239, 244, 251, 254, 255, 257-8, 261, 265, 280, 295, 302, 305-6, 308, 335, 336, 338-41, 343, 346-8, 350-1, 355, 357, 363, 371
Verfallen, 335, 340
Vernant, Jean-Pierre, 36
Verstellung, 215
Vertändnis, 315
Verweisung, 319, 321-2
vício, 44, 161
vida eterna, 192, 211
violência, 62, 221, 230, 232
vir-a-ser, 103, 111, 207-8, 210, 220-1, 224, 236, 238
Virgílio, 186
virtude, 37, 41, 43-6, 49-50, 55, 60-2, 70, 103, 121, 132, 138, 161, 164, 299
visível, 30, 51, 95, 179, 184, 196, 200, 232, 319, 322
vita beata, 208
vivências, 216, 225, 269, 285-7, 291, 300, 306

voluntas, 202
vontade de potência, 209-10, 215, 217, 219-22, 224, 225, 227, 232, 235-40, 244, 362
Vorhandensein, 318, 321, 323, 327, 335

Wagner, Richard, 213
Wahrsein, 252
Weierstrass, Karl, 266
Weltanschaungen, 300
Wertschätzungen, 210
Wesen, 304, 305
Whitehead, Alfred, 259
Widersinn, 276
Wille zur Macht, 223, 238
Wittgenstein, Ludwig, 11, 13, 17, 24, 229, 236, 261, 263, 295, 336, 344-7, 350, 353-4, 357-8, 360v4, 366, 370, 374
Wolff, Christian, 23

Xenofonte, 44

Zaratustra, 241, 245
Zenão, 131, 136, 143-4, 156, 158
zero, 249
Zeug, 319
Zeus, 41-2, 158
Zingano, Marco, 18, 102
Zuhandensein, 318, 321-3, 335, 339
Zusammenspiel, 216, 222

1ª EDIÇÃO [2011] 1 reimpressão

ESTA OBRA FOI COMPOSTA PELA SPRESS EM MINION E IMPRESSA EM OFSETE PELA GEOGRÁFICA SOBRE PAPEL PÓLEN SOFT DA SUZANO S.A. PARA A EDITORA SCHWARCZ EM AGOSTO DE 2021

A marca FSC® é a garantia de que a madeira utilizada na fabricação do papel deste livro provém de florestas que foram gerenciadas de maneira ambientalmente correta, socialmente justa e economicamente viável, além de outras fontes de origem controlada.